TURBO C

Version 2.0

von
Professor Dr. Rudolf Herschel
Fachhochschule Ulm

4., verbesserte Auflage

R. Oldenbourg Verlag München Wien 1992

Die Programm-Diskette

Zu diesem Buch ist eine Diskette mit Programmen im MS-DOS-Format er-
hältlich; die Programme laufen auf IBM-kompatiblen Rechnern.

Die Diskette enthält alle Beispiele des Buches (und erspart Ihnen damit einige
Mühe).

Programm-Diskette im MS-DOS-Format
zu Herschel, Turbo C 2.0
ISBN 3-486-21802-6   DM 18,80 zzgl. Porto und Verpackung

Bestellkarte auf Seite 321

Die Deutsche Bibliothek — CIP-Einheitsaufnahme

Herschel, Rudolf:
Turbo C : Version 2.0 / von Rudolf Herschel. — München ;
Wien : Oldenbourg.

[Hauptw.]. — 4., verb. Aufl. — 1992
  ISBN 3-486-22348-8

Gesamtherstellung: Huber KG, Dießen

ISBN 3-486-22348-8

Inhalt

1. Einleitung

C ist um 1970 bei der Entwicklung und Implementierung von UNIX entstanden. Es ist die Systemsprache von UNIX. In den 70er Jahren wurde es an einigen US-Universitäten benutzt und weiterentwickelt. Erst in den letzten Jahren mit der Verbreitung und Entwicklung von UNIX zu einer Art Standardbetriebssystem hat C geradezu einen Boom erlebt.

Man kann C durch die folgenden Merkmale kennzeichnen:
– Es hat Kontrollstrukturen und Datentypen wie PASCAL.
– Es hat eine Programmstruktur bezüglich der einzelnen Funktionen und deren getrennter Übersetzbarkeit wie FORTRAN.
– Es gibt Operatoren bis auf die Ebene von Bits und die Maschinennähe eines Assemblers.

Diese Eigenschaften haben dazu geführt, daß sich C zur Implementierung einer großen Vielfalt von Problemen eignet. Insbesondere professionell erstellte PC-Software wird häufig in C geschrieben.

Zum C-Standard wäre folgendes zu sagen. Dennis Ritchie hat C bei der UNIX-Entwicklung konzipiert. Das Buch von Kernighan und Ritchie, The C Programming Language (Deutsch: Programmieren in C) [2], wird weltweit als Standard akzeptiert. Auch ohne internationale Norm ist die Einheitlichkeit und damit Portabilität von C-Programmen größer als bei vielen anderen Sprachen. Die meisten UNIX-Systeme benutzen C mit diesem Standard (abgekürzt K&R). In den USA wird z. Zt. der Versuch unternommen, für C eine ANSI-Norm zu schaffen, die über K&R hinausgeht. Turbo C umfaßt den Standard von K&R, die ANSI-Norm und spezielle Eigenschaften für den Gebrauch unter MS-DOS. Der Autor kennt einige C-Versionen für PC's. Turbo C zeichnet sich durch den größten Sprachumfang und die Eigenschaft aus, daß es einen sehr UNIX-artigen Gebrauch ermöglicht, d.h. man hat sehr gute Chancen, daß ein in Turbo C geschriebenes Programm auch unter UNIX V läuft und umgekehrt.

Dieses Buch ist für Leser gedacht, die schon etwas Programmiererfahrung haben und das Betriebssystem ihres PC kennen. Sie sollten sich in der Welt der Variablen, Schleifen, Funktionen, Parameter usw. leidlich auskennen. Dies ist jedenfalls kein Buch über Programmieren, sondern eine Beschreibung von Turbo C. Da ein solches Buch nicht nur zum Lernen, sondern nach einer gewissen Kenntnis oft zum Nachschlagen verwendet werden wird, ist die Darstellung relativ systematisch, d.h. alle Aspekte eines Gegenstandes werden an Ort und Stelle möglichst vollständig und formelhaft beschrieben. Ein Buch ist eine lineare Anordnung von Kapiteln, eine Programmiersprache aber ein vielfältiges Geflecht von Beziehungen, so daß sich der Gesamtüberblick erst am Ende des Buches zeigt. Es empfiehlt sich daher, die Kapitel mit den grundlegenden Themen (bis etwa Kapitel 8) zunächst einmal grob durchzugehen und dann später bei den

Details (etwa ab Kapitel 9) die grundlegenden Dinge genauer anzusehen. Den besten Gebrauch wird ein Leser machen, der es als Begleitung zu einem Kurs über C benutzt.

Als Grundsprache in der Informatikausbildung ist wohl Pascal am verbreitetsten. Für die vermutlich vielen Leser, die Pascal kennen und C als zweite Sprache erlernen wollen, wird an manchen Stellen auf die prinzipiellen Unterschiede hingewiesen. Dies geschieht in der Hoffnung, daß damit gewisse, für C typische Eigenschaften klarer hervortreten. Nach der Erfahrung des Autors ist eine reiche Pascalerfahrung aber eher hinderlich für einen eleganten Gebrauch von C. Man stellt sich die Formulierung eines Algorithmus unwillkürlich in Pascal vor und überträgt diese nach C. Die Folge ist, daß von C nur gebraucht wird, was es auch in Pascal gibt, womit viele schöne und zweckmäßige Formulierungen in C nicht genutzt werden.

Wer Turbo-Pascal in der Version 3 kennt und den Komfort und die Einfachheit der Programmierumgebung schätzt, wird Turbo C auf den ersten Blick als relativ umständlich und kompliziert zu handhaben empfinden. Das bringt das Konzept von C zwangsläufig mit sich, das dafür aber auch leistungsfähiger als das von Turbo-Pascal ist. In der Version 4 von Turbo Pascal wird Pascal in derselben Umgebung wie Turbo C angeboten.

Turbo C wird auf sechs Disketten und mit zwei Handbüchern von zusammen fast 1000 Seiten geliefert. Entsprechend umfangreich müßte eine vollständige Beschreibung von Turbo C und seiner Umgebung werden. Der Leser darf daher keine Vollständigkeit erwarten. Dieses Buch macht das Handbuch [1] nicht überflüssig. Es wird vielmehr der Versuch gemacht, den Zugang zu Turbo C zu erleichtern, d.h. aus dem Sprachumfang und den C-Bibliotheken, das auszuwählen, was besonders häufig und wichtig ist und ebenso aus der Umgebung von Turbo C die Dinge zu beschreiben, die einen mittleren bis gehobenen Gebrauch ermöglichen.

Das Buch wurde ursprünglich für die 1987 auf dem Markt erschienene Version 1.0 geschrieben. Nach einer relativ kurzlebigen Version 1.5 gibt es nun 2.0, und der Unterschied ist schnell beschrieben. Zunächst einmal sind alle für 1.0 bzw. 1.5 geschriebenen Programme auch unter 2.0 lauffähig. Bei der Version 2.0 sind nur die beiden folgenden Neuerungen hinzugekommen. Erstens gibt es eine neue Definitionsdatei graphics.h, die Dutzende von Graphikfunktionen bietet. Deren Anwendung ist in dem neuen Kap. 23 beschrieben. Zweitens verfügt Turbo C nun über einen integrierten Debugger, der die Fehlersuche erleichtert. Er ist im Kap. 24.2 beschrieben. Neuerdings gibt es Turbo C++, womit die Tür zum objektorientierten Programmieren geöffnet wird.

Zu diesem Buch gibt es eine Diskette mit den Beispiel-Programmen. Die Beispiele sind aus Platzgründen so angelegt, daß sie auf möglichst wenig Raum die wesentlichen Eigenschaften von C verdeutlichen. Es geht also bei den Beispielen nicht so sehr darum, Probleme zu lösen, sondern C zu demonstrieren.

2. Die Prinzipien von C

Bevor ab Kap. 4 auf die Einzelheiten von C eingegangen wird und auch um die Umgebung von Turbo C besser zu verstehen, seien zunächst die wesentlichen Merkmale von C beschrieben. Dazu sei zuerst ein einführendes Beispiel gebracht, das die wichtigsten Merkmale von C enthält. Es liest einen Namen ein, gibt eine in * eingefaßte freundliche Begrüßung bei Turbo C aus, zählt gegebenenfalls etwas vor und verabschiedet sich.

Beispiel 2.1:

```
/* Das ist ein Kommentar */
#include <stdio.h>
            /* Verweis auf die Definitionsdateien */

#include <dos.h>
            /*   stdio.h und dos.h */
#define CLEAR puts("\x1B[2J")
            /* Bildschirm loeschen */
void starline(int starcount);
            /* Funktionsprototypen */
void zaehle(int n);


            /* jetzt kommt das Hauptprogramm */
main ()
  { /* Definitionen: */
    char c, name[80];
    int n;

    /* Anweisungen */
    puts("Wie ist Ihr Name?"); gets(name);
    CLEAR;
    starline(40);
    puts("Hallo ");
    puts(name);
    puts("   Willkommen bei Turbo C");
    starline(40);
    puts("Kann ich Ihnen etwas vor(er)zaehlen? J/N");
    c = getch();
    if (c == 'J' || c == 'j')
       { puts("Wie weit bitte schoen?");
         scanf("%d",&n);
          zaehle(n);
```

```
            }
        else puts("dann eben nicht.");
    puts("\n\nBis später dann! \nbye bye");
    /* Damit das Programm mit Return beendet wird:
        s.a. die Anmerkung S.22 */
    puts("<RET>"); getch();
    }
                /* Funktion starline nach K&R */
void starline(starcount)
    /* Deklaration der formalen Parameter: */
    int starcount;
    { /* Vereinbarung der lokalen Variablen */
    int loopindex;
    /* Anweisungen */
    for
    (loopindex=0; loopindex < starcount; ++loopindex)
        printf("*");
    puts("\n");
    } /* End of starline */
                /* Funktion zaehle nach ANSI */
void zaehle(int n)
    { int i;
    i = 1;
    while (i < n)  printf("%3d",i++);
    sleep(2);
    puts("\n Da war doch noch etwas:");
    sleep(3);
    printf(" %7d ",n);
    } /* End of zaehle */
```

Der fundamentale Bestandteil von C ist der Begriff Funktion. Ein C-Programm besteht aus einer Aneinanderreihung von Funktionen. Genau eine davon muß den Namen main haben. Mit dieser Funktion beginnt das Programm beim Start. Die Reihenfolge der Funktionen im Quelltext ist beliebig. Es ist aber zweckmäßig, main entweder als erste oder als letzte Funktion im Quelltext aufzuführen. Jede Funktion hat genau einen Wert. Eine Funktion wird in einem Ausdruck aufgerufen, an den sie ihren Funktionswert übergibt.

In dem Beispiel 2.1 gibt es neben main noch die beiden Funktionen – starline()und zaehle(). Da Turbo C sowohl den Standard nach Kernighan/Ritchie ("K&R") als auch den ANSI-Standard ("ANSI") realisiert, ist zur Demonstration starline() entsprechend K&R, zaehle() entsprechend ANSI formuliert. In dem Handbuch ist auch von "klassisch" (=K&R) bzw. "modern" (=ANSI) die Rede.

Es gibt in C nicht den Begriff Standardfunktion wie in anderen Sprachen, d.h.
insbesondere, daß die Frage, ob es Funktionen wie ln oder cos oder sin oder
E/A-Funktionen wie read/write gibt, nicht in der Sprache C geregelt ist. Es
heißt vielmehr sinngemäß: "In Deiner C-Umgebung muß es Bibliotheken geben,
die mathematische Funktionen, E/A-Funktionen usw. enthalten, die man in ei-
nem C-Programm aufrufen kann." Auf den ersten Blick scheint dies eine große
Vielfalt von C-Umgebungen zur Folge zu haben. Das ist aber nicht so. Diese
Bibliotheken sind erstaunlich einheitlich. Und auch die zu Turbo C gehörenden
Bibliotheken entsprechen dem Standard, der bei UNIX üblich ist. Sie haben in
Turbo C das Attribut xxx.LIB .

Nicht eigentlich zur Sprache C, aber zur Programmierumgebung gehört ein Preprozessor; das ist ein vor dem Compilerlauf ablaufendes Programm. Die Anweisungen für den Preprozessor beginnen mit #. Dort können für das ganze Programm gültige Konstanten, Makros usw. definiert werden. Mit #include kann
man ganze Dateien solcher Angaben in den Quelltext einfügen. Solche Angaben
für die von den Bibliotheksfunktionen benötigten Konstanten und Makros stehen
in sog. Definitionsdateien (auch Includedateien, engl. Header Files genannt). Sie
haben in Turbo C das Attribut xxx.H (wie Haeder). In dem Beispiel 2.1 werden
die Bibliotheks-Funktionen, printf, puts, scanf, getch, gets verwendet, die Angaben aus stdio.h benötigen, und die Bibliotheks-Funktion sleep,
die Angaben aus dos.h benötigt.

In dem Beispiel 2.1 wird mit #define die Konstante CLEAR (Bildschirm löschen) definiert. Dazu ist vielleicht noch eine Bemerkung notwendig. Es gibt in
Turbo C keine Standardfunktion clearscreen (oder so ähnlich). Für MS-DOS gibt
es die ANSI-Escape-Sequenz ESC[2J = Löschen des Bildschirms. Damit das
funktioniert, sollte in Ihrer Datei CONFIG.SYS die Angabe
DEVICE=ANSI.SYS enthalten sein.

Jede Funktion stellt für sich eine einzeln kompilierbare Einheit dar. Das hat zur
Folge, daß die Frage der Gültigkeitsbereiche von Namen (für Variable, Konstanten, Typen, Funktionen) geregelt sein muß. Was ist nur der Funktion lokal bekannt und was aus der Umgebung, also an globalen Namen?

In Beispiel 2.1 hat jede Funktion lokale Variable
```
main:     c, name, n
starline: loopindex
zaehle:   i
```

Die Kommunikation zwischen den Funktionen wird über die Parameterliste geregelt:
```
starline: int starcount
zaehle:   int n
```

Es gibt (in dem Beispiel) keine für alle Funktionen globalen Namen.

Die Verhältnisse werden dadurch noch komplizierter, daß ein C-Programm auf der einen Seite aus einer Ansammlung von Funktionen besteht, auf der anderen der Quelltext in Textdateien gehalten wird. Müssen die zu einem Programm gehörenden Funktionen auch alle in einer Textdatei stehen, und dürfen in dieser Textdatei auch genau nur die zu dem Programm gehörenden Funktionen stehen? Die Frage ist mit Nein zu beantworten. Bei großen C-Programmen, die aus Dutzenden von Funktionen bestehen und an dem mehrere Personen gleichzeitig arbeiten wollen, möchte man den Quelltext natürlich in verschiedenen Textdateien halten. Und die dort vorkommenden Funktionen sollten möglichst getrennt kompiliert werden können, um Syntaxfehler aufzudecken. Dann wird die Frage der Gültigkeit von Namen noch komplizierter: Es gibt nicht nur Gültigkeit für die Funktionen einer Textdatei, sondern auch Gültigkeit für Funktionen in verschiedenen Textdateien. Um bei der Entwicklung von großen Programmen die Übersicht zu behalten, gibt es Projekt/MAKE.

Das Programm von Beispiel 2.1 möge in einer Textdatei WELCOME.C stehen und genau alle zu dem Programm gehörenden Funktionen enthalten. Die drei Funktionen `main`, `starline()` und `zaehle()` könnten aber auch in verschiedenen Textdateien stehen.

Das Kommando Compile wird auf die Funktionen einer Textdatei angewendet. Aus dem Quelltext xxx.C wird von dem Compiler der Objektcode xxx.OBJ erzeugt, der allein noch nicht lauffähig ist, sondern Bezüge auf Bibliotheksfunktionen (xxx.LIB) und (vielleicht) übersetzte Funktionen (xxx.OBJ) aus anderen Textdateien enthält. Um diese Bezüge zu befriedigen, ist ein Binder (engl. Lin-

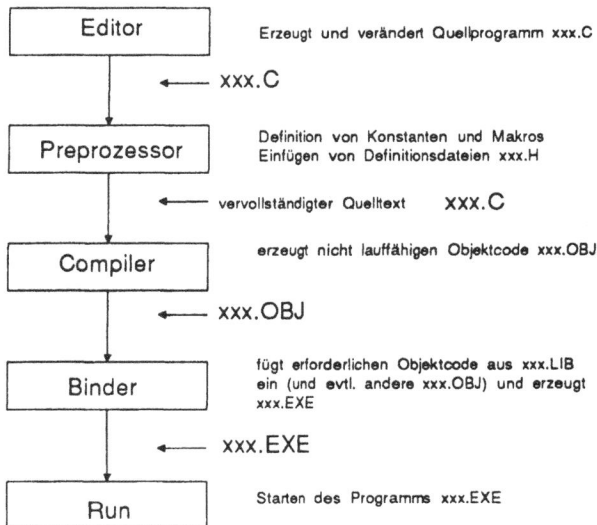

Bild 2.1: Lebenslauf eines Programms

ker) notwendig. Auf den Compilerlauf muß also ein Bindelauf folgen. Der vom Binder erzeugte Objektcode erhält das Attribut xxx.EXE. Das ist das lauffertige Programm und kann innerhalb von Turbo C oder von MS-DOS aus gestartet werden. Bild 2.1 zeigt den Zusammenhang. Wie man in Turbo C die einzelnen Tätigkeiten aktivieren kann, wird in dem folgenden Kapitel 3 behandelt werden.

Diese allgemeinen Bemerkungen über die Prinzipien von C sollten nicht ohne eine Warnung vor allem an die Kenner von Pascal enden. Überspitzt kann man Pascal als eine pessimistische Sprache, C als eine optimistische Sprache bezeichnen. Pascal ist dem Programmierer gegenüber extrem mißtrauisch. Bis zur Pingeligkeit werden dauernd Typen überprüft, bei Wertzuweisungen, Parametern usw.. Es könnte ja sein, daß dem Programmierer ein Irrtum unterlaufen ist. Demgegenüber ist C extrem großzügig und nachsichtig. Der Programmierer wird schon wissen, was er tut, und es wird fast alles auch so gemacht. Da gibt es keine Typprüfungen. C hat nichts dagegen, den Sinus aus einem Zeichen zu bilden und einen Zeiger auf ein Array daraus zu machen.

Unter UNIX gibt es neben dem C-Compiler ein Programm namens lint (soviel wie Staubteilchen), das ein C-Programm auf solche möglichen Ungereimtheiten durchkämmt und Warnungen ausspricht. Der Compiler von Turbo C enthält viele Eigenschaften von lint, d.h. es gibt nicht nur Fehler beim Compilieren, sondern auch Warnungen. Der erzeugte Objektcode ist zwar lauffähig, aber man sollte sich die Warnungen wenigstens ansehen. Ein offensichtlich erfahrener C-Programmierer sagte einmal: "C ist wie ein Rasiermesser ohne Griff". Schneiden Sie sich nicht zu oft.

Pascal:
In Pascal liegen die Verhältnisse viel einfacher. Die einzige compilierbare Einheit ist ein Programm, und dieses muß alle Angaben (insbesondere Funktionen und Prozeduren) enthalten. Der Compiler trifft immer auf den vollständigen Quelltext. Bei Turbo-Pascal (Version 3) gibt es gar nicht einmal einen Binder, sondern es werden zu dem vom Compiler erzeugten Objektcode immer alle Standardprozeduren und -funktionen in Form einer Run-Time-Library hinzugefügt. Deshalb ist die Umgebung von Turbo-Pascal auch so viel einfacher als die von Turbo C. Bei Version 4 gibt es einzeln compilierbare Einheiten (sog. Units) und einen Binder. Die Verhältnisse sind ähnlich wie bei Turbo C, und die Version 4 von Turbo Pascal gleicht äußerlich vollständig der von Turbo C.

3. Übersicht über das Turbo C - System

In diesem Kapitel soll ein grober Überblick über die Umgebung gegeben werden, um möglichst schnell mit Turbo C arbeiten zu können. Man kann C in zwei Versionen benutzen, unter einer integrierten, menügetriebenen Entwicklungsumgebung (TC) und als Kommandozeilen-Version (TCC). Die TCC-Version entspricht der Benutzung von C unter UNIX und wird erst in Kap. 20 beschrieben werden. In diesem Kapitel geht es nur um die TC-Version.

3.1 Installation

Als erstes hat man sich eine Umgebung einzurichten, unter der Turbo C zu benutzen ist. Dabei unterscheiden wir zwischen dem Betrieb mit zwei Floppy- Laufwerken und mit einer Festplatte (mit nur einem Laufwerk geht es auch, was aber wohl niemand ernsthaft versuchen wird).

Gebrauch von zwei Floppy-Laufwerken
Die erste Diskette (Laufwerk A) enthält:
    MS-DOS
    TC.EXE   (integrierte Entwicklungsumgebung)
    TCHELP.TCH (Hilfe-Erklärungen)
Die zweite Diskette (Laufwerk B) enthält:
    INCLUDE   Directory mit
                     alle Includedateien mit .H und SYS\STAT.H
    LIB   Directory mit
                     C0s.OBJ
                     EMU.LIB
                     FP87.LIB
                     MATHs.LIB
                     Cs.LIB

Mehr als die Hälfte der Diskette bleibt für eigene Programme. Wenn man die Datei TCHELP.TCH auf der zweiten Diskette hält, braucht man die erste Diskette nur zum Start von Turbo C, und hat dann noch ein Laufwerk für die eigenen Programme zur Verfügung.

Die Verzeichnisse müssen nicht INCLUDE bzw. LIB heißen, und es geht auch ganz ohne sie. Sie sind nach dem Start von TC unter *Options/Environment* anzugeben (s. Kap. 3.2 und die Zusammenfassung am Ende).

Es gibt für Turbo C mehrere Speichermodelle, die in Kap. 17.1 beschrieben werden. Das für die meisten Fälle geeignete Modell ist small. Dies bedeutet der

Kleinbuchstabe s in C0s.OBJ, MATHs.LIB, Cs.LIB. Wenn Sie mit einem anderen Modell arbeiten wollen, müssen Sie die entsprechenden anderen Versionen von C0x.OBJ, MATHx.LIB und Cx.LIB laden.

Gebrauch einer Festplatte
Richten Sie sich auf Ihrer Platte ein Verzeichnis \TURBOC ein. Dieses enthält dann weiter

```
\TURBOC\TC.EXE
        TCHELP.TCH
        evtl. die Graphiktreiber .BGI
        und Zeichensätze .CHR
        INCLUDE\alle Includedateien .H
              SYS\STAT.H
        LIB\C0x.OBJ
            EMU.LIB
            FP87.LIB
            MATHx.LIB
            Cx.LIB
```

Hier steht x für alle Speichermodelle (s. Kap. 17.1). Man kann dann bequem über das Hauptmenü bei *Options/Environment* ein passendes Modell auswählen.

Es gibt ferner ein Installations-Programm TCINST.COM, mit dem man spezielle Vereinbarungen über Directories, Editor-Kommandos, Bildschirmmodi und Farben treffen kann. Da Turbo C für PC-DOS hinreichend gut installiert geliefert wird und TCINST.COM sich selbsterklärend darstellt, wird hier nicht weiter darauf eingegangen.

3.2 Die integrierte Entwicklungsumgebung TC

Nach dem Start mit TC meldet sich Turbo C mit dem Hauptmenü von Bild 3.1. Der Bildschirm ist in (insgesamt vier) Fenster aufgeteilt. In dem Fenster Edit kann man Texte, also auch C-Programme, mit dem Editor erstellen und bearbeiten. In dem Fenster Message werden Meldungen des Compilers angezeigt. Mit

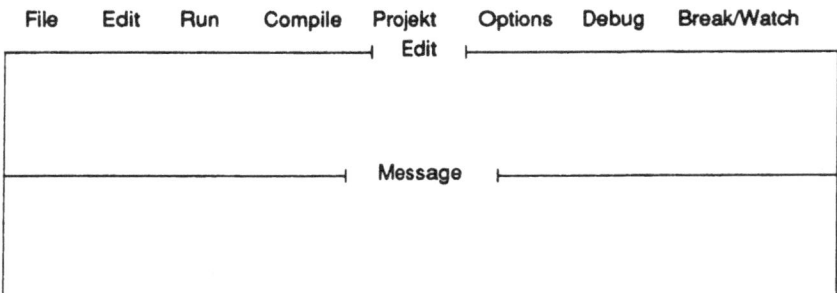

File   Edit   Run   Compile   Projekt   Options   Debug   Break/Watch
├──┤ Edit ├──────────────────────────────────┤

├──┤ Message ├──────────────────────────────┤

F1 Help   F5 Zoom   F6 Switch   F7 Trace   F8 Step   F9 Make   F10 Menu

Bild 3.1: Das Hauptmenü von TC

der Taste F5 kann man erreichen, daß jeweils der ganze Bildschirm entweder zum Editieren oder für die Meldungen oder beides benutzt wird. Ist der Bildschirm wie in Bild 3.1 in die Fenster Edit/Message aufgeteilt (eventuell nach F5), kann man mit F6 eines der beiden Fenster aktivieren. Ist das Fenster Message aktiv, kann man es mit Alt-F6 durch das Fenster Watch ersetzen, das für das Arbeiten mit dem Debugger gebraucht wird. Schließlich gibt es noch das sog. DOS-Fenster, das die von einem Programm erzeugten Ausgaben enthält. Mit Alt-F5 kommt man vom Editfenster zum DOS-Fenster und umgekehrt.

Hier scheint eine allgemeine Bemerkung zum Gebrauch von Turbo C notwendig. Bei der Version 1.0 ist zum Programmende das DOS-Fenster mit den Ausgaben

Tastenbefehl	Wirkung
F1	aktiviert das Help-System
F2	sichert die Arbeitsdatei des Editors
F3	lädt eine Datei in den Editor
F5	vergrößert/verkleinert das Feld Edit/Message
F6	schaltet von einem Fenster Edit/Message zum anderen
F7	Übergang zum vorhergehenden Fehler
F8	Übergang zum nächsten Fehler
F9	aktiviert Compile/MAKE
F10	aktiviert das Hauptmenü
Shift-F10	bringt Copyright und Versionsnummer auf den Bildschirm
Ctrl-F1	aktiviert Syntaxhilfe (nur innerhalb des Editors)
Ctrl-F2-F8	betrifft den Debugger (s. Kap. 24.2)
Ctrl-F9	aktiviert Compile/MAKE und startet das Programm
Alt-F1	bringt zuletzt gewählten Hilfe-Text zurück
Alt-F3	liefert Namen der zuletzt bearbeiteten Quelltext-Dateien und lädt eine davon in den Editor
Alt-F5	schaltet zwischen Turbo C und DOS-Fenster um
Alt-F6	wechselt das aktive Fenster
Alt-F7,F8	betreffen den Debugger (s. Kap. 24.2)
Alt-F9	compiliert die Datei im Editor zu .OBJ
Alt-B	aktiviert das Menü Beak/watch
Alt-C	aktiviert das Compile-Menü
Alt-D	aktiviert das Debug-Menü
Alt-E	aktiviert den Editor
Alt-F	aktiviert das File-Menü
Alt-O	aktiviert das Options-Menü
Alt-P	aktiviert das Project-Menü
Alt-R	aktiviert das Run-Menü
Alt-X	Turbo C verlassen (zurück zu MS-DOS)
Esc	zurück zum Hauptmenü

Bild 3.2: Tastenbefehle

sichtbar. Mit der Taste <RET> kommt man wieder zum Editfenster. Bei der Version 2.0 ist während des Programmlaufs das DOS-Fenster mit den Ausgaben sichtbar. Zum Programmende wird aber automatisch zum Editfenster übergegangen. Dann kann man sich mit Alt-F5 das DOS-Fenster ansehen. Wem das zu umständlich ist, lasse ein Programm grundsätzlich mit

```
puts("<RET>"); getch();
```

aufhören. Am Programmende erscheint dann bei puts ("<RET>") ; die Meldung <RET> auf dem Bildschirm und bei getch () wird auf die Eingabe eines Zeichens z.B. RETURN gewartet, wonach zum Editfenster umgeschaltet wird.

In der Kopfzeile sind die Grundfunktionen des Systems aufgelistet. Man erreicht diese, indem man entweder mit den Cursortasten <- oder -> hingeht (die aktuelle Funktion erscheint dann invers) oder den Anfangsbuchstaben eingibt. Bei fast jeder Grundfunktion wird ein Fenster mit einem Untermenü aufgemacht, das weitere Auswahlmöglichkeiten bietet (und die vielleicht neue Fenster eröffnen). Immer kann eine Möglichkeit durch Ansteuerung mit der Cursortaste oder Nennung des Anfangsbuchstaben bezeichnet werden.

Um sich in dieser Hierarchie von Fenstern schnell bewegen zu können und nicht jedesmal alle geöffneten Fenster schließen zu müßen, gibt es sog. Tastenbefehle (hot keys), mit denen man gewisse Zustände sofort erreichen kann ohne Rücksicht, in welchem Zustand man sich auch gerade befindet. Bevor die einzelnen Möglichkeiten des Hauptmenüs erklärt werden, seien die Tastenbefehle und ihre Wirkung zusammengestellt (Bild 3.2).

Die Hilfetaste F1 arbeitet kontextsensitiv, d.h. wo immer man in der Hierarchie der Fenster sich gerade befindet, bekommt man mit F1 die zu dem Fenster gehörige Hilfe. Verlassen wird der Hilfezustand mit Esc. Dieser Hilfemechanismus ist so bequem und komfortabel, daß wir uns bei der folgenden Erklärung auf einen Überblick beschränken. Die Fensterhierarchie wird dabei wie ein Pfadname mit / bezeichnet.

Die Funktionen des Hauptmenüs und ihrer wichtigsten Untermenüs:

File	lädt und sichert Dateien, behandelt Directories, ruft MS-DOS auf und verläßt Turbo C.
File/Load	lädt eine Diskettendatei in den Editor.
File/Pick	zeigt die neun zuletzt bearbeiteten Dateien und ermöglicht, eine davon in den Editor zu laden.
File/New	legt eine neue Datei NONAME.C an.
File/Save	speichert die Datei im Editor unter dem gleichen Namen auf Diskette.
File/Write to	speichert die Datei im Editor in eine Diskettendatei, deren Name anzugeben ist.
File/Directory	listet die Dateien des aktuellen Directory auf.
File/Change Dir	ermöglicht den Übergang in ein neues Directory.

File/OS shell   bedeutet Aufruf von MS-DOS ohne Turbo C zu verlassen
                   (Rückkehr zu Turbo C mit exit)
File/Quit   Verlassen von Turbo C.

Edit   Übergang in den Editor. Der Inhalt der Arbeitsdatei des Editors
                   wird im Edit-Fenster angegeben und kann nun bearbeitet wer-
                   den. Der Editor wird in Kap. 25 besprochen. Mit der Hilfetaste
                   F1 werden alle Editorkommandos erklärt.

Run   Enthält die Kommandos zum Starten eines Programms.
 Run/Run   = Ctrl-F9. Das im Editor befindliche Programm wird, falls noch
                   nicht geschehen, compiliert, gebunden und gestartet. Falls das
                   Programm aus mehreren Dateien besteht, wird Projekt-Make
                   aufgerufen (s. Kap. 22). Zu Beginn des Programms wird der
                   Bildschirm gelöscht. Falls die Option *Debug/Source debugging*
                   gesetzt ist, erfolgt der Start im Debuggermodus.

Compile   compiliert ein Programm als .OBJ oder .EXE Datei.
 Compile/Compile to compiliert in eine Datei .OBJ. Der Name ist der Name
                   der Datei im Editor, falls nicht unter Compile/Primary C file ein
                   anderer angegeben wurde.
 Compile/Make EXE file compiliert und bindet zu .EXE (s. Kap. 22).
 Compile/Link EXE   bindet .OBJ und .LIB-Dateien zu einer .EXE-Datei.
 Compile/Build all   bewirkt Compilieren und Binden aller an einem Projekt
                   beteiligten Dateien.
 Compile/Primary C file   erlaubt die Angabe einer Datei .C, auf die sich
                   Compilieren und Binden beziehen. Wird keine angegeben, wird
                   die Datei im Editor genommen.

Project   enthält Angaben, wie bei einem Programm aus mehreren Quell-
                   text- und Objektdateien verfahren werden soll (s. Kap. 22).

Options   ist das wichtigste Menü, um das Verhalten zu beeinflussen.
 Options/Compiler   eröffnet ein neues Untermenü, um das Compilieren zu
                   steuern (Hardwarekonfiguration, Speichermodelle, Debugger-
                   optionen, Codeoptimierung, Diagnosemeldungen, Makros für
                   den Preprozessor)
 Options/Linker   setzt Optionen für die Steuerung des Binders.
 Options/Environment   beschreibt die Umgebung von Turbo C, z.B. *Edit auto
                   save* legt fest, ob vor jedem Start mit Run der Inhalt des Editors
                   gesichert werden soll oder nicht. *Backup files* bestimmt, ob
                   beim Sichern eine Backup-Kopie erzeugt wird oder nicht.
 Options/Directories   Es lassen sich Directories angeben: *Include Directories*
                   enthält die Definitionsdateien, *Output Directory* gibt an, wo die
                   erzeugten Dateien .OBJ, .EXE und .MAP gespeichert werden
                   sollen, *Library Directory* enthält die Bibliotheksfunktionen

Options/Args
.LIB und den Startcode COx.OBJ, *Turbo C Directory* gibt an, wo sich die Hilfedatei TCHELP.TCH und die Konfigurationsdatei FCCINFIG.FC befinden.

Options/Args simuliert die Kommandozeilenversion TCC. Es können Aufrufparameter angegeben werden, die beim Start mit Run übernommen werden wie bei einem Aufruf von MS-DOS aus (s. Kap. 19).

Options/Save Options alle Optionen von Compiler und Binder sowie die Angaben über die Directories in Options/Environment werden in der Datei TCCONFIG.TC hinterlegt, die dann bei jedem Aufruf von TC benutzt wird.

Debug legt die Arbeitsweise des Debuggers fest, (s. Kap. 24.2).

Break/watch Setzen und Löschen von Haltepunkten und watch-Ausdrücken. (s. Kap. 24.2).

Zusammenfassung
Hier seien die wichtigsten Maßnahmen für den Gebrauch kurz zusammengefaßt. Beim erstmaligen Gebrauch von Turbo C sollte man die Datei TCCONFIG.TC anlegen, in der die Arbeitsumgebung hinterlegt ist. Dies geschieht mit:

Options/Environment/Include directories:
Angabe des Verzeichnisses, in dem die Definitionsdateien .H stehen (z.B. C:\TURBOC\INCLUDE)

Options/Environmen/Library directory:
Angabe des Verzeichnisses, in dem die Bibliotheksfunktionen .LIB und der Startcode COx.OBJ stehen (z.B. C:\TURBOC\LIB).

Options/Save Options:
Erzeugen der Datei TCCONFIG.TC mit den obigen Angaben.

Wenn es TCCONFIG.TC gibt, braucht man sich beim späteren Aufruf von TC um diese Angaben nicht mehr zu kümmern.
In sehr vielen Fällen wird man mit den folgenden wenigen Handgriffen auskommen.

1. Start mit C> TC
2. Laden des Quellprogramms in den Editor mit F3. Oder einfacher zusammen mit: C>TC Quellprogrammname
3. Drücken F5, um den ganzen Bildschirm für den Quelltext zu haben. (evtl überflüssig)
4. Erstellen oder Ändern des Quellprogramms mit dem Editor.
5. Ctrl-F9 Compilieren, Binden und Starten des Programms im Editor.
6. Alt-E Übergang in den Editor und gegebenenfalls Quelltext bearbeiten. (Wieder Ctrl-F9 usw.)
7. Sichern des Quellprogramms mit F2.
8. Verlassen von Turbo C mit Alt-X.

4. Aufbau eines C-Programmes

In Kap. 2 wurden die Prinzipien von C anhand eines Beispiels in groben Umrissen beschrieben. Dabei ging es auch um die Umgebung, unter der C benutzt wird. Wir wollen nun, wieder an einem Beispiel, die Einzelheiten eines Programms etwas näher betrachten, bis dann ab Kap. 5 die Details behandelt werden.

Beispiel 4.1:

```
/* Raten einer Lieblingszahl */
#include <stdio.h>
#define  LIEBLINGSZAHL    777

void beurteilung(int anz);
void auswertung (int z);

main()
{int zahl, zaehler = 0;
 puts("Raten Sie meine Lieblingszahl.");
 puts("Ich helfe Ihnen dabei:");
 puts(" Sie liegt zwischen 0 und 1000");
 scanf("%d",&zahl);
 while (zahl != LIEBLINGSZAHL)
       {zaehler ++;
        auswertung(zahl);
        puts("Neue Zahl:");
        scanf("%d",&zahl);
        }
   beurteilung(zaehler);
}

void auswertung (z)
int z;
{int diff;
 diff = z - LIEBLINGSZAHL;
 if (diff >= 100)              puts("Viel kleiner");
 if (diff > 0 && diff < 100)   puts("Etwas kleiner");
 if (diff < 0 && diff > -100)  puts("Etwas groesser");
 if (diff <= -100)             puts("Viel groesser");
}

void beurteilung(anz)
int anz;
```

```
{if (anz < 10)  puts("Zufall");
 else if (anz == 10) puts("fabelhaft");
      else puts("maessig");
}
```

■

Das Programm kann ganz formatfrei geschrieben werden. Es gibt nur wenige Regeln, die unmittelbar einleuchtend sind. So müssen Namen wie LIEBLINGS-ZAHL oder beurteilung natürlich zusammen geschrieben werden, ebenso wie die Schlüsselwörter while, int oder else und Zahlen wie 777 oder 100. Oberstes Ziel sollte die leichte Lesbarkeit sein, d.h. zusammengehörende Dinge in einer Zeile oder durch Einrücken als zusammengehörig kennzeichnen.

Programmaufbau:

Anweisungen für Preprozessor
Vereinbarung globaler Größen
Funktionsprototypen

main()
{ Variablenvereinbarungen   /* lokale */
  Anweisungen
}

funktionsname(Parameter)   /* Definition nach K&R */
Parameterdeklaration   /* formale */
{ Variablenvereinbarung   /* lokale */
  Anweisungen
}
oder
funktionsname(Parameter mit Typ)   /* Definition nach ANSI */
{ Variablenvereinbarung   /* lokale */
  Anweisungen
}

evtl. noch weitere Funktionen.
Die Reihenfolge der Funktionen (incl. main) ist beliebig

Bild 4.1: Aufbau eines C-Programmes

Das Schema des Programmaufbaus ist in Bild 4.1 angegeben. Man vergleiche das Beispiel 4.1 mit diesem Schema. Die außerhalb aller Funktionen getroffenen Vereinbarungen gelten global für alle Funktionen. Hier werden die Funktionen auswertung() und beurteilung() dem übrigen Programm bekannt gemacht und können dann (hier in main) aufgerufen werden. Auf den Kopf einer Funktion folgt dann in { } eingeschlossen die Beschreibung, was die Funktion

bewirken soll. Dazu kann man lokale Größen brauchen und sicher Anweisungen.
Die Anweisungen werden durch das Zeichen ; abgeschlossen.

Name:
Eine Folge von Buchstaben, Ziffern und dem Zeichen _ (Unterstrich), die mit
einem Buchstaben oder _ beginnt

Bild 4.2: Bildung eines Namens

In dem Programm kommen Namen von Variablen (diff, zahl), Konstanten
(LIEBLINGSZAHL) und Funktionen (main, auswertung, beurteilung,
puts, scanf) vor. Ein Name kann in C wie in Bild 4.2 gebildet werden. Bei
den Namen ist zwischen Groß- und Kleinbuchstaben zu unterscheiden, d.h. wert,
WERT und Wert sind verschiedene Namen. Es hat sich unter UNIX eingebürgert, alle Namen in einem C-Programm klein , die mit dem Preprozessor vereinbarten Namen hingegen (aus optischen Gründen) groß zu schreiben wie LIEB-
LINGSZAHL. Namen können beliebig lang sein. Verschiedene Namen müssen
sich aber in den ersten 32 Zeichen unterscheiden. Da manche Standardnamen
von Turbo C mit dem Zeichen _ anfangen, sollte man eigene Namen mit einem
Buchstaben anfangen lassen. Übrigens kann man auch kürzere Namen wählen.
Im Hauptmenü steht unter *Options/Compiler/Source/ Identifier length* der Wert
32. Es kann dort auch ein kürzerer Wert gesetzt werden.

Prinzipiell können Namen beliebig gewählt werden, und sie sollten möglichst
selbsterklärend und aussagekräftig sein. Einige Namen sind in C hingegen mit einer festen Bedeutung vorbelegt (sog. Schlüsselwörter, keywords). Sie dürfen
nicht anderweitig benutzt werden und sind in Bild 4.3 aufgeführt. Ihre Bedeutung
wird an den betreffenden Stellen des Buches erklärt werden. Nachdem es auf die
Groß- oder Kleinschreibung ankommt, könnte man Namen wie ELSE oder
While verwenden, was man aber natürlich nicht tun sollte. Wenn man aus Gründen der Portabilität nur ANSI-Schlüsselwörter benutzen möchte, kann man im
Hauptmenü *Options/Compiler/Source/ANSI keywords only* auf ON setzen (Vor-

---

ANSI-Schlüsselwörter:

auto	break	case	char	const	continue
default	do	double	else	enum	extern
float	for	goto	if	int	long
register	return	short	signed	sizeof	static
struct	switch	typedef	union	unsigned	void
volatile	while				

Spezielle Schlüsselwörter von Turbo C:

asm	_cs	_ds	_es	_ss	cdecl
far	huge	interrupt	near	pascal	

Bild 4.3: Schlüsselwörter von Turbo C

belegung OFF). Die speziellen Schlüsselwörter von Turbo C aus Bild 4.3 werden dann als normale Namen behandelt.

Das obige Programm beginnt mit einem Kommentar. Dabei handelt es sich um eine Bemerkung, die der Programmierer für sich oder einen anderen zur Erklärung einfügen kann. Sie dient der Beschreibung des Programms und wird vom Compiler ignoriert (Bild 4.4).

Kommentar:
Eine von den Zeichen /* und */ eingerahmte Zeichenkette. Sie hat für den Compiler keine Bedeutung. Sie kann (fast) überall im Programmtext stehen.

Bild 4.4: Kommentar

Ein Kommentar kann normalerweise nicht geschachtelt werden, wie etwa

```
/* das ist ein Kommentar /* und hier noch einer */ */
```

Im Hauptmenü gibt es *Options/Compiler/Source/Nested comments*, das normalerweise auf OFF steht. Setzt man es auf ON, dann wird auch der obige geschachtelte Kommentar akzeptiert. Das ist ganz praktisch für den Fall, daß man aus einem Programm vorübergehend mit /*   */ ein Stück "ausblenden" will, in dem vielleicht gerade Kommentare vorkommen.

5. Standard-Datentypen und ihre Konstanten

Es gibt standardmäßig die drei Datentypen
– ganze Zahl (int),
– Zeichen (char),
– reelle Zahl (float).

Es wird jetzt beschrieben, wie die Datentypen in C heißen, wie ihre interne Darstellung ist und wie die Konstanten dieser Typen in einem Programm oder bei einer Eingabe zu schreiben sind. Hier ist eine Anmerkung nötig, die wichtig ist, wenn man C-Programme in eine andere Umgebung zu portieren gedenkt. Im folgenden werden Angaben über Zahldarstellungen und Varianten (short, long) gemacht. Sie gelten für Turbo C und sind anderswo entweder nicht alle vorhanden oder anders definiert. Wenn im folgenden verschiedene Typen dieselbe Darstellung haben (wie z.B. int, short int, signed short int), ist das aus Gründen der Portabilität mit anderen C-Versionen.

5.1 Ganze Zahlen

Ganze Zahlen werden intern als Dualzahlen dargestellt. Dabei sind zwei Angaben von besonderer Bedeutung:
– die Anzahl der Stellen (Bit),
– soll die Zahl mit oder ohne Vorzeichen interpretiert werden.

Typ	Anzahl Bit	Wertebereich	
int	16	-32768 .. +32767	$-2^{15} .. +2^{15}-1$
signed int	16	-32768 .. +32767	
unsigned int	16	0 .. 65535	$0 .. 2^{16}-1$
short int	16	-32768 .. +32767	$-2^{15} .. +2^{15}-1$
signed short int	16	-32768 .. +32767	
unsigned short int	16	0 .. 65535	$0 .. 2^{16}-1$
long int	32	-2147483648 .. 2147483647	$-2^{31} .. +2^{31}-1$
signed long int	32	-2147483648 .. 2147483647	
unsigned long int	32	0 .. 4294967295	$0 .. 2^{32}$

Bild 5.1: Der Datentyp int

Um keine Mißverständnisse aufkommen zu lassen: Der Unterschied zwischen signed und unsigned ist nur eine Frage der Interpretation der Vorzeichenstelle:

signed int: Die 16 Bit sind als Dualzahl mit Vorzeichen zu interpretieren:
                 Vorzeichenbit plus 15 Stellen (2er-Komplement falls < 0)

unsigned int: Die 16 Bit sind als Dualzahl ohne Vorzeichen zu interpretieren.

Es gilt also

16 Bit hexadezimal	Wert als signed int	Wert als unsigned int
FFFF	-1	65535
FFFD	-2	65534
7FFF	+32767	32767
8000	-32768	32768

Die Konstanten dieses Typs werden normal als ganze Zahl angegeben. Ein Pluszeichen kann, ein Minuszeichen muß geschrieben werden. Sie können auch oktal oder hexadezimal angegeben werden. Oktalzahlen beginnen mit 0, hexadezimale mit 0x (hex-Ziffern a..f) oder 0X (hexziffern A..F). Oktal- und Hexadezimalzahlen haben kein Vorzeichen.

Schreibweise dezimal:	297	-6578

Schreibweise oktal:	0451 (= 297 dez)	0163116(= -6578)

Schreibweise Hexadezimal: 0x129 (= 297 dez)   0xe64e(= -6578)
                             0X129   0XE64E

Eine Konstante wird mit soviel Bit gespeichert, wie zu ihrer Darstellung nötig ist. Will man ein längeres Format haben, muß man das Suffix L (oder l) anhängen. Wird die Konstante 2 mit 16 Bit gespeichert, wird 2L mit 32 Bit (long) abgespeichert. Nach Bild 5.1 könnten Dezimalzahlen im Bereich 32768 .. 65535 mit 16 Bit ohne Vorzeichen auskommen (unsigned int), aber auch mit 32 Bit inclusiv Vorzeichen (long int). Eine Konstante in diesem Bereich wird immer automatisch als long int gespeichert, d.h. 50000 und 50000L bedeuten dasselbe. Das Suffix U (oder u) behandelt eine Konstante als unsigned. Es können L und U gemeinsam verwendet werden.

5.2 Zeichen

Der Datentyp char ist eigentlich dasselbe wie int, nur daß die Zahlen mit 8 Bit dargestellt werden. Ist der zugrunde liegende Zeichensatz ein 7-Bit-Code, wie der Standard-ASCII-Code mit den Zeichen 0 .. 127, so gibt es keine Schwierigkeiten. Der Wert einer Variablen vom Typ char ist eben die Nummer des Zeichens. Die meisten PC's verwenden aber einen echten 8-Bit-Code mit den Zeichen 0 .. 255 (s. Anhang A), und dann ergibt sich die Frage, ob das 8. Bit (das linkeste) als Vorzeichen interpretiert werden soll oder nicht. Deshalb gibt es auch den Typ char als signed und unsigned.

Typ	Anzahl Bit	Wertebereich	
char	8	-128 .. +127	$-2^7 .. +2^7-1$
signed char	8	-128 .. +127	
unsigned char	8	0 .. 255	$0 .. 2^8-1$

Bild 5.2: Der Datentyp char

Die Konstanten dieses Typs werden in Apostrophs eingerahmt:

'b'   'M'   'ö'

Um Zeichen zu bezeichnen, für die es keine bildliche Darstellung gibt, gilt das Voranstellen von \ als Escape-Sequenz. Hier die Liste der möglichen Bezeichnungen:

Sequenz	Hex-Wert	Wirkung
\a	07	Bell
\b	08	Backspace
\f	0C	Formfeed
\n	0A	Newline (Linefeed)
\r	0D	Carriage Return
\t	09	Tabulator (horizontal)
\v	0B	Tabulator (vertikal)
\\	5C	Backslash
\'	2C	Single quote (Apostroph)
\"	22	Double quote (Gänsefüßchen)
\?	3F	Fragezeichen
\0	00	NUL, Stringende

**Bild 5.3: Zeichenersetzung durch Escape-Sequenz **

Man kann auch unmittelbar die Nummer des Zeichens hexadezimal

'\x4D' oder '\X4D'   (für 'M')

bzw. oktal angeben

'\115'   (für 'M')

Die Werte einer Variablen vom Typ char haben immer 8 Bit. Kommen in einem Programm aber Konstanten wie 'x' oder '\170' oder '\x78' vor, so werden diese mit 16 Bit gespeichert. Die eben genannten Konstanten werden also als 0x0078 gespeichert. Bei Zeichen oberhalb 127 kann man wählen, ob etwa 'ä' (132, 0x84) als 0x0084 oder 0xFF84 gespeichert wird, d.h. ob das Vorzeichen nach links expandiert wird. Dazu gibt es im Hauptmenü *Options/Compiler/Code generation/ Default char type,* das standardmäßig auf SIGNED steht, also 0xFF84 bewirkt. Wird es auf UNSIGNED gesetzt, wird 'ä' in der Form 0x0084 gespeichert. Dieser Unterschied wird in Kap. 8.7 bei der Typwandlung wieder bedeutsam sein.

Da Zeichenkonstanten mit 16 Bit gespeichert werden, erlaubt Turbo C Konstanten überhaupt als zwei Zeichen wie 'xy' anzugeben.

Werden einzelne Zeichen durch ' ' dargestellt, werden Zeichenketten durch " " gebildet. 'U' bedeutet das Zeichen U, "ULM" ist eine Zeichenkette, auch String genannt, aus den drei Zeichen U, L, M, und "U" ist eine Zeichenkette, die nur aus dem einen Zeichen U besteht. 'U' und "U" sind also verschiedene Dinge. Um Zeichenketten wird es in Kap. 13.3 gehen.

5.3 Reelle Zahlen

Reelle Zahlen werden intern in einer halblogarithmischen (normalisierten) Form bestehend aus Exponent und Mantisse dargestellt (beide als Dualzahlen). Es gibt die drei Möglichkeiten float, double und long double. Es gilt

Typ	Anzahl Bit	Wertebereich	Dezimalstellen
float	32	3.4E-38 .. 3.4E+38	ca. 7 Stellen
double	64	1.7E-308 .. 1.7E+308	ca. 17 Stellen
long double	80	3.4E-4932 .. 1.1E+4932	ca. 21 Stellen

Bild 5.4: Die Datentypen float und double

Die Konstanten dieser Typen können geschrieben werden als

gebrochene Zahlen: 3.456   -32.68754   .89   34.
Exponential: 12.3e-12   -5.67E+23   .32e12

Diese Konstanten werden alle im Format `double` abgespeichert. Will man sie im Format `float` abspeichern, ist das Suffix F zu verwenden, also 3.456F statt 3.456.

Beispiel 5.1:
Es wird die Groesse der einzelnen Typen in Bit protokolliert. `sizeof` ist ein Operator (s. Kap. 8.8), der die Größe des Typs in Byte angibt.

```
#include <stdio.h>
main ()
{short s;                /* auch short int */
 int i;
 long l;                 /* auch long int */
 unsigned short us;  /* auch unsigned short int */
 unsigned u;         /* auch unsigned int */
 unsigned long ul;   /* auch unsigned long int */
 float f;
 double d;
 long double ld;
 char c;
 unsigned char uc;

 printf("short int         : %d Bit.\n",sizeof(s)*8);
 printf("int               : %d Bit.\n",sizeof(i)*8);
 printf("long int          : %d Bit.\n",sizeof(l)*8);
 printf("unsigned short int: %d Bit.\n",sizeof(us)*8);
 printf("unsigned int      : %d Bit.\n",sizeof(u)*8);
 printf("unsigned long int : %d Bit.\n",sizeof(ul)*8);
 printf("float             : %d Bit.\n",sizeof(f)*8);
 printf("double            : %d Bit.\n",sizeof(d)*8);
 printf("long double       : %d Bit.\n",sizeof(ld)*8);
 printf("char              : %d Bit.\n",sizeof(c)*8);
 printf("unsigned char     : %d Bit.\n",sizeof(uc)*8);
}
```

Pascal:
Es gibt keinen Datentyp `boolean`. In C gilt allgemein die Regel:

Ein Wert ungleich 0 gilt als true,
Ein Wert gleich 0 gilt als false.

Der Datentyp `char` ist ein echter 8-Bit-integer-Typ, d.h. einer Variablen vom Typ `char` kann man entweder ein Zeichen (z.B. 'w'), aber auch direkt die Nummer des Zeichens (z.B. 119) zuweisen.

6. Variablenvereinbarung

Der Begriff Variable ist der zentrale Begriff einer jeden Programmiersprache. Um eine Variable vollständig zu beschreiben, sind die folgenden vier Angaben notwendig:

Name	alpha
Typangabe	float
Wert	12.34
Adresse	0x1000:0x2A34

Bild 6.1: Bestandteile einer Variablen

Der Name (auch Bezeichner, engl. identifier) dient dazu, dieses Objekt in einem Programm bezeichnen (eben identifizieren) zu können.

Die Typangabe legt den Wertebereich und die Art der internen Darstellung des Wertes der Variablen fest. Im obigen Beispiel besagt float, daß die Werte von alpha mit 32 Bit im Gleitkommaformat (s. Kap. 5.3) darzustellen sind.

Der Wert der Variablen kann durch Initialisierung beim Kompilieren oder durch Zuweisung zur Laufzeit gebildet werden. Er wird gewöhnlich häufig verändert.

Die Adresse ist die Speicheradresse, ab der der Wert der Variablen im Speicher steht. Sie ist im obigen Beispiel in der für MS-DOS typischen Form Segment:Offset hexadezimal angegeben. Falls das Objekt mehr als 1 Byte lang ist, ist es die Adresse des ersten Bytes.

Es ist wichtig, diese vier Bestandteile einer Variablen auseinanderzuhalten. Beim Compilieren wird der Zusammenhang zwischen dem Namen und der Adresse festgelegt. Wird dann im Programm der Name benutzt, so ist damit diese Adresse gemeint. Gibt es den Ausdruck

    2 * alpha + 1

so wird der unter der zu alpha gehörenden Adresse 0x1000:0x2A34 gefundene Wert 12.34 genommen und

    2 * 12.34 + 1   = 25.68

gebildet. Bei einer Zuweisung

```
alpha = 17.3;
```

wird ab der Adresse 0x1000:0x2A34 der Wert 17.3 gespeichert (und der alte Wert überschrieben). Manche Leser werden das trivial finden. Es sei aber jetzt schon betont, daß C im Gegensatz zu anderen Sprachen erlaubt, neben dem Wert von alpha auch die Adresse von alpha zu verwenden. Und die Verhältnisse werden noch dadurch kompliziert, daß eine Variable als Wert auch die Adresse einer anderen Variablen haben kann. In Kap. 12 bei den Zeigern wird das ausführlich beschrieben werden.

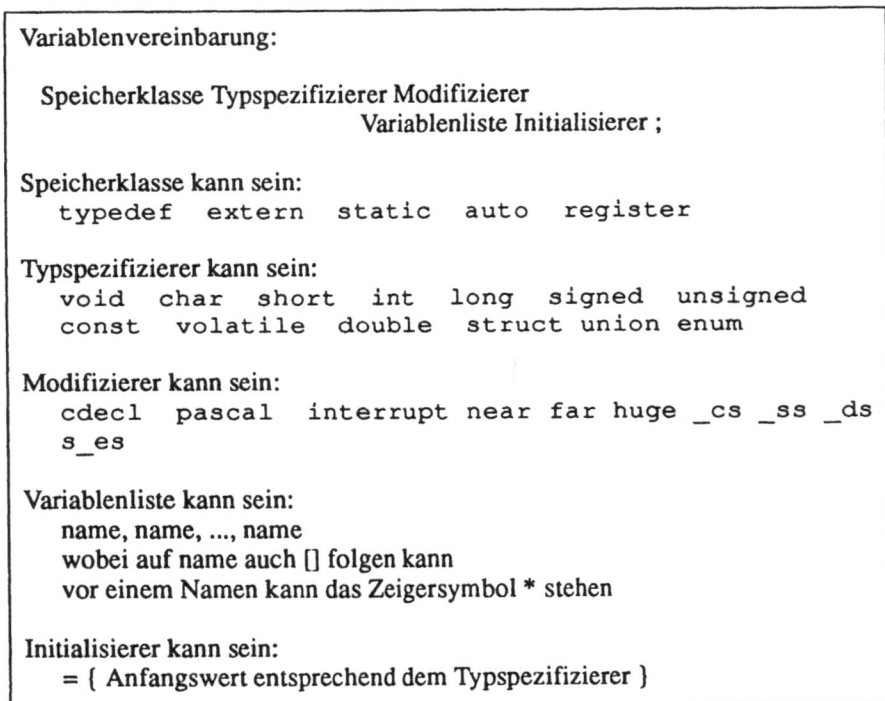

Variablenvereinbarung:

  Speicherklasse Typspezifizierer Modifizierer
                   Variablenliste Initialisierer ;

Speicherklasse kann sein:
```
    typedef    extern    static    auto    register
```

Typspezifizierer kann sein:
```
    void    char    short    int    long    signed    unsigned
    const    volatile    double    struct union enum
```

Modifizierer kann sein:
```
    cdecl    pascal    interrupt near far huge _cs _ss _ds
    s_es
```

Variablenliste kann sein:
    name, name, ..., name
    wobei auf name auch [] folgen kann
    vor einem Namen kann das Zeigersymbol * stehen

Initialisierer kann sein:
    = { Anfangswert entsprechend dem Typspezifizierer }

Bild 6.2: Bestandteile einer Variablenvereinbarung

Das Vereinbaren und Umgehen mit Variablen ist in C ein sehr subtiler Mechanismus. Bild 6.2 beschreibt die allgemeine Form einer Variablenvereinbarung. Dazu ist eine Bemerkung notwendig. Auch wer im Lesen von Syntaxdiagrammen geübt ist, wird mit der formalen Beschreibung dieses Teils von C seine Schwierigkeiten haben. Weder die Syntaxdiagramme bei K&R [2] noch die formale Beschreibung im Referenzhandbuch [1b] sind ein Muster an Klarheit. Das Bild 6.2 ist also mit einer gewissen Nachsicht zu betrachten. Es dient mehr der Übersicht als der exakten Definition. Es können an dieser Stelle natürlich die einzelnen

Elemente nicht alle beschrieben werden. Dieses Kapitel dient der Orientierung und Einordnung.

Die Speicherklasse hat vor allem etwas mit der Lebensdauer, dem Gültigkeitsbereich einer Variablen zu tun. Die Angaben typedef extern static auto register werden in Kap. 12 beschrieben werden.

Die Typspezifizierer bewirken die Typangabe von Bild 6.1. Die meisten davon sind bei den Standard-Datentypen des Kap. 5 schon vorgekommen. Übrig bleiben noch die folgenden:

void soll besagen, daß etwas ausdrücklich keinen oder keinen bestimmten Typ haben soll. Davon wird insbesondere bei Funktionen in Kap. 11 Gebrauch gemacht werden, um auszudrücken, daß eine Funktion keinen Funktionswert oder keinen Parameter haben soll.

const definiert eine Konstante, eine Variable also, deren Wert nicht geändert werden kann. Nach
```
const int max = 812;
const float pi = 3.1415926;
```
gibt es die "Variablen" max (vom Typ int) und pi (vom Typ float), deren Werte aber nicht mehr geändert werden dürfen. Mitunter wird const auch zu den Modifizierern gerechnet.

volatile ist gewissermaßen das Gegenteil von const. Eine so spezifizierte Variable kann ihren Wert auch "außerhalb" des Programms ändern, d.h. die Änderung wird durch keine Zuweisung oder Operation im Programm explizit bewirkt, sondern z.B. durch einen Interrupt von MS-DOS. Als Beispiel kann
```
volatile int clock;
```
dienen, wobei clock seinen Wert durch einen Interrupt erhält.

struct Damit werden strukturierte Datentypen gebildet, die die Form
union eines Records (struct) oder eines varianten Records (union) haben. Über diesen wichtigen Datentyp wird das Kap. 14 handeln.

enum definiert einen Aufzählungstyp, d.h. der Wertebereich einer Variablen dieses Typs wird durch Namen beschrieben, die in der Typdefinition aufgezählt werden. Das Kap. 15 beschreibt die Einzelheiten.

Die Modifizierer cdecl und pascal haben damit zu tun, daß eine Funktion nicht in C geschrieben ist und sagen etwas über die Art der Parameterübernahme aus. Der Modifizierer interrupt besagt, daß eine so gekennzeichnete Funktion als Interrupthandler benutzt werden soll. Zu diesen drei Modifizierern wird auf das Handbuch [1a] verwiesen. Die Modifizierer near, far und huge hängen mit den in Turbo C vorhandenen verschiedenen Speichermodellen zusammen. Sie werden in Kap. 17.1 beschrieben werden.

Die Variablenliste ist das einfachste der Vereinbarung. Alle Variablen mit denselben Charakteristika werden durch Kommas getrennt aufgelistet:

```
int i, j, k;
static float x, y;
```

Eckige Klammern [] nach einem Namen besagen, daß es sich bei der Variablen nicht um eine einfache Variable handelt, sondern um ein Array, dessen Index in [] steht. Diesem Datentyp ist das Kap. 13 gewidmet. Das Zeichen * vor einem Namen soll bedeuten, daß der Wert der Variablen eine Adresse ist, wie bei

```
float * p;
```

Von diesem für C typischen Gesichtspunkt der Zeiger wird in Kap. 10 die Rede sein.

Schließlich kann man in der Vereinbarung der Variablen einen Anfangswert geben, sie initialisieren. Dem Variablennamen kann ein Gleichheitszeichen folgen, hinter dem in { } eingeschlossen der Wert angegeben wird:

```
int i = { 127 };
char name[8] = {"beispiel"};
```

Bei den einfachen Datentypen kann man { } auch weglassen und einfach

```
int i = 127;
```

schreiben. Bei den strukturierten Datentypen wird die Speicherklasse static verlangt:

```
static int[5] = {12, 23, 2, 34, 77};
```

Es wird dann an den betreffenden Stellen darauf hingewiesen werden.

Es ist Aufgabe der Vereinbarung, dem Programm Namen und Typ einer Variablen bekanntzumachen und Speicherplatz für die (späteren) Werte zu reservieren. Dazu wird in C zwischen Deklaration und Definition unterschieden:
- Definitionen beschreiben Variable (Namen und Typangabe) und reservieren Speicherplatz (legen Adresse für den Wert fest),
- Deklarationen beschreiben nur eine Variable (Name und Typ). Die Zuteilung einer Adresse findet an anderer Stelle des Programms statt.

Pascal:

Es muß deutlich darauf hingewiesen werden, daß das Umgehen mit Variablen in C viel subtiler und allgemeiner als in Pascal ist. Hier liegen sicher die bedeutendsten Unterschiede zwischen Pascal und C. Das beginnt mit der andersartigen Vereinbarung (wo zwischen Deklaration und Definition unterschieden wird), betrifft die andersartige Regelung der Lebensdauer und gipfelt in der Art, wie mit Adressen umgegangen wird. Der Pascal-Kenner hat hier besonders viel Neues zu lernen.

7. Elementare Ein- und Ausgabe

Jedes Programm kommuniziert mit seiner Umgebung über Lese- und Schreiban-
weisungen (Bild 7.1). Bei jedem Lese- und Schreibvorgang ist anzugeben, von
wo nach wo gelesen und geschrieben werden soll und wie dies im Einzelnen geschehen soll. Das ist wegen der vielen dabei denkbaren Möglichkeiten in jeder
Programmiersprache eine relativ komplizierte Angelegenheit.

Programm			Peripherie
.			
.			Bildschirm
.			
lies	←	woher	Tastatur
.		wieviel	
.		wie	Drucker
schreibe	→	wohin	
.			Disketten
.			
.			Festplatten
.			
			Plotter usw.

Bild 7.1: Beziehung zwischen Programm und Peripherie

In C werden in Analogie zu dem "fließenden Datenstrom" die Kanäle, über die
das geschieht, als Ströme (auch Datenstrom, engl. stream) bezeichnet. Sie werden in einem C-Programm durch Namen bezeichnet. Jedes C-Programm ist mit
seiner Umgebung standardmäßig mit den folgenden drei Strömen verbunden:

```
stdin      Standardeingabe (Tastatur)
stdout     Standardausgabe (Bildschirm)
stderr     Standard-Fehlerausgabe (Bildschirm)
```

Dieses Kapitel heißt "elementare" Ein- und Ausgabe, und das soll heißen, daß
hier die wichtigsten Funktionen für das Lesen über stdin und das Schreiben
über stdout beschrieben werden. Die allgemeinen Verhältnisse, insbesondere
das Lesen und Schreiben von und auf Diskettendateien werden in Kap. 16 behandelt.

7.1 Ein- und Ausgabe von Zeichen und Zeichenketten

Für die Ein- und Ausgabe einzelner Zeichen stehen die Funktionen von Bild 7.2 zur Verfügung. Da dieses Buch nicht nur zum Lernen, sondern auch zum Nachschlagen dienen soll, werden Funktionen im ganzen Buch einheitlich beschrieben, d.h. in der Form

Funktion:	Funktionswert Funktionsname (Parameterliste)
Parameter:	Deklaration der Parameter
Wirkung:	Was die Funktion bewirkt

Funktion:	`int getchar()`	`<stdio.h>`
	`int getch()`	
	`int getche()`	
Parameter:	keine	
Wirkung:	Es wird ein Zeichen über `stdin` (die Tastatur) gelesen. Bei `getchar()` wird auf RETURN gewartet, bei `getch()` und `getche()` nicht. Bei `getche()` wird das Zeichen auf dem Bildschirm geechot, bei `getchar()` und `getch()` nicht. Der Funktionswert ist die ASCII-Nummer des gelesenen Zeichens.	
Funktion:	`int putchar(c)`	`<stdio.h>`
Parameter:	`char c;`	
Wirkung:	Das Zeichen `c` wird über `stdout` (den Bildschirm) ausgegeben. Der Funktionswert ist das übergebene Zeichen.	

Bild 7.2: Ein- und Ausgabe von Zeichen

Leider müssen dabei Vorgriffe auf spätere Teile gemacht werden. Der Leser begnüge sich hier entweder mit den ausführlichen Bemerkungen oder sehe schon in den späteren Teilen nach.

Für die Ein- und Ausgabe von Strings (Zeichenketten) gibt es die Funktionen von Bild 7.3. Dabei spielt das ASCII-Zeichen Nr. 0 eine besondere Rolle.

Es wird hier an Kap. 5.2 erinnert, wonach in C die Schreibweise 'w' das einzelne Zeichen w bedeutet. Zeichen, für die es keine darstellbaren Zeichen gibt, werden durch '\ 'gekennzeichnet (s. Bild 5.3). Das ASCII-Zeichen Nr. 0 ist danach '\0'. Hingegen ist "Hallo" ein String und "w" ein String, der nur aus einem Zeichen besteht.

Die Schreibweise char s[] soll bedeuten, daß bei der Vereinbarung von s die maximale Länge in [] anzugeben ist.

Funktion:	char *gets(s)	<stdio.h>
Parameter:	char *s;	
Wirkung:	Über stdin (die Tastatur) wird ein String gelesen und in der Variablen s gespeichert. Die Eingabe wird durch Return beendet, wobei der String durch das Zeichen \0 abgeschlossen wird. Die gelesenen Zeichen werden automatisch über stdout ausgegeben. Der Funktionswert ist ein Zeiger auf s.	
Funktion:	int puts(s)	<stdio.h>
Parameter:	char s[];	
Wirkung:	Der mit dem Zeichen \0 abgeschlossene String s wird über stdout (den Bildschirm) ausgegeben. Nach der Ausgabe wird auf den Beginn einer neuen Zeile übergegangen. Der Funktionswert ist das zuletzt geschriebene Zeichen ('\n').	

Bild 7.3: Ein- und Ausgabe von Strings

Beispiel 7.1:
Beispiel für die Ein- und Ausgabe von Strings (s. Beispiel 2.1).

```
#include <stdio.h>
main()
{char s[40];
 puts("Bitte Ihren Namen:");
 gets(s);
 puts(" Hallo");
 puts(s);
 puts("Willkommen bei Turbo C");
}
```

Mitunter möchte man so viele Zeichen lesen, bis es keine mehr gibt. Dieses "keine mehr gibt" heißt das Ende der Eingabe über stdin. Es ist das Zeichen Ctrl-Z. Um dieses Zeichen im Programm abzufragen, ist in der Definitionsdatei stdio.h die Konstante EOF (= End Of File) definiert.

Beispiel 7.2:
Es werden Zeichen bis EOF (d.h. Ctrl-Z) gelesen und protokolliert. Das Zeichen != bedeutet ungleich und wird im nächsten Kap. 8 bei den Operatoren erklärt werden.

```
#include <stdio.h>
main()
{char zeichen;
 while ((zeichen = getchar()) != EOF)
      putchar(zeichen);
}
```

7.2 Formatierte Ein- und Ausgabe

Häufig ist es erwünscht, Zeichen nicht nur zu lesen oder zu schreiben, sondern die zu übertragenden Zeichen auf ein bestimmtes Format zu konvertieren, also z.B. die ASCII-Zeichen '1' '9' '8' zu lesen und intern als integer-Zahl 198 abzuspeichern. Für die formatierte Ausgabe über stdout gibt es die Funktion printf() von Bild 7.4. Das ist eine außerordentlich leistungsfähige Funktion, deren genaue Beschreibung im Referenzhandbuch [1b] zehn Seiten beansprucht. Es kann hier nur der wesentliche Kern wiedergegeben werden. Argument_liste ist eine Aufzählung von Ausdrücken. Darüber wird im folgenden Kap. 8 genauer gesprochen werden. Hier genügt die Bemerkung, daß ein Ausdruck stellvertretend für einen Wert steht und die Vorschrift zur Bildung dieses Wertes enthält.

Funktion:	int **printf**("Formatstring",Argument_Liste) <stdio.h>
Parameter:	Formatstring legt fest, wie ausgegeben wird; Argument_liste legt fest, was ausgegeben wird.
Wirkung:	Argument_liste ist eine Liste von Ausdrücken, deren Werte ausgegeben werden. Im Formatstring ist festzulegen, wie dies im Einzelnen zu geschehen hat. Während die Argument_Liste auch fehlen kann, ist Formatstring immer anzugeben. Der Funktionswert ist die Anzahl der ausgegebenen Zeichen.

Bild 7.4: Ausgabefunktion printf()

Damit ist eine sehr leistungsfähige Gestaltung der Ausgabe möglich. Hier einige Kostproben:

```
int i = 1988;
float x = 23.56;
printf("Wert von i: %d  %4x  %4X \n", i, i, i);
printf("Wert von x:  %f %e %7.4f \n", x, x, x);
```

Ausgabe: Wert von i : 1988 7c4   7C4
         Wert von x : 23.559999 2.356000+001 23.560

Zum formatierten Einlesen gibt es die Funktion scanf() von Bild 7.6, die ähnlich reichhaltig ausgestattet ist wie printf(). Die Formatangaben legen fest, wie das Lesen geschehen soll (Bild 7.7).

Die normalen Zeichen im Formatstring sind bei der Eingabe genauso zu geben. Bei der Eingabe

```
int i; float x;
scanf("%d--%f", &i, &x);
```

sind die beiden Zahlen für i und x durch 2 Zeichen -- zu trennen.

Formatstring: Normale Zeichen und Formatangaben
Wirkung: Normale Zeichen werden wie angegeben ausgegeben

Formatangaben
                 % Breite . Präzision Typ
Wirkung: % Typ ist erforderlich, die anderen Angaben können entfallen.

Typ	Ausgabe als
d	`signed int` (dezimal)
i	`signed int` (dezimal)
o	`unsigned int` (oktal)
u	`unsigned int` (dezimal)
x	`unsigned int` (hexadezimal mit a .. f)
X	`unsigned int` (hexadezimal mit A .. F)

Die Angabe l vor dem Typ bedeutet `long`

f	`float` oder `double` als [-]ddddd.ddddd (Anzahl Stellen nach . gibt Präzision an)
e	`float` oder `double` als [-]d.dddd e [±]ddd (Anzahl Stellen nach . gibt Präzision an)
g	`float` oder `double` (wie e oder f mit Vorzeichen)
c	`char` (ein einzelnes Zeichen)
s	`string` (Ausgabe bis \0 bzw. Präzision)
%	nichts (zur Ausgabe von %)

Breite
n   mindestens n Zeichen ausgeben (notfalls mit
     Blank oder 0 auffüllen)

.Präzision
n   maximale Stellenzahl nach . bei `float` oder
     `double`

Bild 7.5: Formatangaben für `printf()`

Funktion: int **scanf**("Formatstring",Argument_Liste)   <stdio.h>
Parameter: Formatstring legt fest, wie gelesen wird; Argument_liste legt
             fest, was gelesen wird.
Wirkung: Argument_Liste ist eine Liste von Adreßangaben (Variablen-
             name mit dem Adreßoperator &, s. Kap. 10), deren Werte ein-
             gelesen werden. Der Formatstring legt fest, wie dies im Einzel-
             nen geschehen soll. Der Funktionswert ist die Anzahl der fehler-
             frei gelesenen Werte. Ist das Ende der Eingabe erreicht, ist der
             Funktionswert EOF.

Bild 7.6: Eingabefunktion `scanf()`

| Formatstring: | Normale Zeichen und Formatangaben |
| Wirkung: | Normale Zeichen werden genau wie angegeben gelesen |

Formatangaben:

| | % Breite Typ |
| Wirkung: | % Typ ist erforderlich, die anderen Angaben können entfallen. |

Typ	Lesen als
d	signed int (dezimal)
D	signed long int (dezimal)
i	signed int (dezimal, oktal oder hexadezimal)
I	signed long int (dezimal, oktal oder hexadezimal)
o	signed int (oktal)
O	signed long int (oktal)
u	unsigned int (dezimal)
U	unsigned long int (dezimal)
x	unsigned int (hexadezimal)
X	unsigned long int (hexadezimal)
f	float
G	double
c	char (ein einzelnes Zeichen)
s	string
%	nichts (zum Lesen von %)

Breite	
n	maximal n Zeichen lesen

Bild 7.7: Formatangaben für scanf()

Beispiel 7.3:
Das folgende Beispiel demonstriert die Formatangaben für printf() und scanf().

```
#include <stdio.h>
main ()
{ int i;
  float x;
  char c;
  printf("char c = ");
  scanf("%c",&c);
  printf("c: dec=%u oct=%o hex=%x ASCII=%c\n",
         c,c,c,c);
  printf("integer i = ");
  scanf("%d",&i);
  printf("i: dec=%d oct=%o hex=%x unsigned=%u\n",
```

```
                     i,i,i,i);
         printf("i: dec=%6d oct=%6o hex=%6x unsigned=%6u\n",
                     i,i,i,i);
         printf("real x = ");
         scanf("%f",&x);
         printf("x: dec=%f exp=%e\n",x,x);
         printf("x: dec=%.2f exp=%.2e\n",x,x);
         printf("x: dec=%10.2f exp=%10.2e\n",x,x);
     }
```

Beispiel 7.4:
Es werden Zahlen bis EOF gelesen und aufsummiert. Dabei wird gezählt, wie viele Zahlen es waren.

```
     #include <stdio.h>
     main()
     { float zahl, summe = 0;
       int anzahl = 0;
       puts("Gib Zahlen bis EOF = Ctrl-Z");
       while (scanf("%f", &zahl) != EOF)
          { summe = summe + zahl;
            anzahl++;                      /* anzahl erhöhen */
          }
       printf("Summe: %10.3f    Anzahl Zahlen; %d\n",
              summe, anzahl);
     }
```

Aus Platzgründen kann hier auf die vielen Möglichkeiten der Gestaltung bei der Ausgabe und der vielen Varianten der Eingabe nicht eingegangen werden. Die vielen Beispiele dieses Buches bieten hoffentlich genug Anschauungsmaterial. Wer es genauer wissen will, muß auf das Handbuch [1b] verwiesen werden.

8. Ausdrücke und Operatoren

Ein Ausdruck besteht aus Operanden und Operatoren. Die Operatoren beschreiben, wie die Operanden zu einem neuen Wert verknüpft werden sollen. Operanden können sein Konstanten, Variable und Funktionsaufrufe. Kommen in einem Ausdruck mehrere Operatoren vor, muß festgelegt werden, in welcher Reihenfolge sie auf die Operanden anzuwenden sind. Dazu werden die Operatoren zweckmäßig in Stufen eingeteilt, die die Bindungsstärke beschreiben. Dabei gilt:
@BT TAB05 = "Je kleiner die Stufe, desto stärker die Bindung",
d.h. die Operatoren einer kleineren Stufe werden vor denen einer höheren Stufe ausgeführt. Operatoren derselben Stufe werden entweder von links nach rechts oder von rechts nach links ausgeführt. Dies muß also jeweils angegeben werden. Für die Auswertung gelten also die Regeln von Bild 8.1.

---

1. Die Operatoren der Stufe i werden vor denen der Stufe j (j > i) ausgeführt.
2. Die Operatoren der gleichen Stufe werden entsprechend "Zusammenfassung" ausgeführt.
3. Das Innere von Klammern ( ) wird vor dem Äußeren ausgeführt.

Bild 8.1: Regeln für die Auswertung von Ausdrücken

Es gibt in C außerordentlich viele Operatoren. Sie sind in Bild 8.2 zunächst einmal alle mit ihren Stufen aufgelistet. Die meisten davon werden in den folgenden Kapiteln erklärt werden. Einige von ihnen sind mit strukturierten Datentypen verknüpft und werden daher dort später beschrieben werden.

Stufe	Operator		Zusammenfassung
0	Klammern	( )	links nach rechts
	Funktionsaufruf	(arg)	
	Arrayelement	[index]	
	Komponente	-> .	
1	cast-Operator	(typangabe)	rechts nach links
	Speicherbedarf	sizeof	
	Zeigerverweis	*	
	Adresse	&	
	Inkrement	++	
	Dekrement	--	
	neg.Vorzeichen	-	
	pos.Vorzeichen	+	
	log. Negation	!	
	Bitkomplement	~	

Stufe	Operator		Zusammenfassung
2	Multiplikation Division Rest	* / %	links nach rechts
3	Addition Subtraktion	+ -	links nach rechts
4	Shift links Shift rechts	<< >>	links nach rechts
5	Vergleich	< > <= >=	links nach rechts
6	Gleichheit Ungleichheit	== !=	links nach rechts
7	bitweise AND	&	links nach rechts
8	bitweise XOR	^	links nach rechts
9	bitweise OR	|	links nach rechts
10	logisch AND	&&	links nach rechts
11	logisch OR	||	links nach rechts
12	bedingt	?:	rechts nach links
13	Zuweisung	= += -= *= /= %= <<= >>= ^= |= &=	rechts nach links
14	Folge	,	links nach rechts

Bild 8.2: Rangfolge der Operatoren

Hier sei zu Anfang auf die Funktionsaufrufe in der niedrigsten Stufe 0 verwiesen. Werden also in einem Ausdruck Funktionen aufgerufen, werden diese zuerst ausgewertet.

8.1 Arithmetische Operatoren

Zur Verknüpfung von numerischen Werten gibt es für die vier Grundrechenarten die Operatoren

+	Addition
-	Subtraktion
*	Multiplikation
/	Division
%	Rest der Division ganzer Zahlen (modulo).

Die Verwendung von + - * ist wie in der Mathematik und anderen Programmiersprachen üblich und problemlos. Bei der Division von ganzen Zahlen ist zu unterscheiden, ob das Ergebnis als gebrochene Zahl oder in der Form ganzer Teil und Rest entstehen soll. Es gilt:

Sind a und b vom Typ int, liefert a/b den ganzen Teil der Division (also ohne Rest). Sind a oder b oder beide vom Typ float, ist auch a/b vom Typ float. Bei % müssen Zähler und Nenner vom Typ int sein. Das Ergebnis ist der (ganzzahlige) Rest.

Beispiel: 7 / 4 = 1
              7 / 4.0 = 1.75
              7 % 4 = 3

Stufe	Operator		Zusammenfassung
1	neg. Vorzeichen pos. Vorzeichen	- +	rechts nach links
2	Multiplikation Division Rest	* / %	links nach rechts
3	Addition Subtraktion	+ -	links nach rechts

Bild 8.3: Arithmetische Operatoren

Da die multiplikativen Operatoren von kleinerer Stufe als die additiven sind, achte man auf den Unterschied von

```
a * (b + c) Erst b + c dann mal a
a * b + c   Erst a * b dann plus c
```

Es gibt auch die unitären (einstelligen) Operatoren + und - zur Bildung von +a
oder a+(-b).

8.2 Bitoperatoren

Im Gegensatz zu anderen Sprachen hat C viele Operatoren für die bitweise Verknüpfung. Es gibt insgesamt sechs solcher Operatoren. Es sei int a,b,n.

~a   Negation von a, d.h. aus 0 wird 1 und umgekehrt (Einerkomplement)
a<<n Linksshift von a um n Stellen
      Es wird von rechts 0 nachgeschoben. Die linken n Stellen gehen ver-
      loren, auch wenn a ein Vorzeichen hat (sog. logischer Links-shift).
a>>n Rechtsshift von a um n Stellen
      Ist a vom Typ unsigned, wird 0 von links nachgeschoben,
      Hat a ein Vorzeichen, wird das Vorzeichen von links nachgeschoben.
      (Also ein sog. arithmetischer Rechtsshift)
a&b   Bitweise AND-Verknüpfung von a mit b
a|b   Bitweise OR-Verknüpfung von a mit b
a^b   Bitweise XOR-Verknüpfung von a mit b (Antivalenz)

Bild 8.4 gibt die Bitoperatoren mit ihrer Stufe und der Zusammenfassung an.

Stufe	Operator		Zusammenfassung
1	Bitkomplement	~	rechts nach links
4	Shift links Shift rechts	<< >>	links nach rechts
7	bitweise AND	&	links nach rechts
8	bitweise XOR	^	links nach rechts
9	bitweise OR	|	links nach rechts

Bild 8.4: Bitoperatoren

Beispiel 8.1:
Mit dem folgenden Beispiel kann man sich die Wirkung der Operatoren & | ~ <<
und >> ansehen.

```
#include <stdio.h>
main()
{int i,j,k;
 printf("Gib 2 ganze Zahlen:\n");
 scanf("%d%d",&i,&k);
 printf(" Logisch UND    \n %4X\n %4X\n %4X\n",
                          i,k,i&k);
 printf(" \nLogisch ODER\n %4X\n %4X\n %4X\n",
                          i,k,i|k);
 printf(" \nKomplement  \n %4X\n %4X\n ",i,~i);
 printf("\n Gib eine Verschiebezahl:");
 scanf("%d",&k);
 printf(" \nShift nach rechts\n %4X  %d\n %4X  %d\n ",
                          i,i,i>>k,i>>k);
 printf(" \nShift nach links \n %4X  %d\n %4X  %d\n ",
                          i,i,i<<k,i<<k);
}
```

Beispiel 8.2:
Den Wert einer ganzen Zahl kann man dezimal (%d) und hexadezimal (%X),
nicht aber bitweise ausgeben. Das folgende Programm tut dieses.

```
#include <stdio.h>
main ()
{ int x,k;
  puts("Gib eine ganze Zahl:");
  scanf("%d",&x);
  printf("Dezimal: %d \nHexadezimal: %X \nDual:",x,x);
  /* Es wird unter x eine 1 von links nach rechts
     geschoben und per & auf 0/1 getestet */
  for (k = 15; k >= 0; k--)
              if ((x & (1 << k)) != 0) printf("1");
                              else printf("0");
  printf("\n");
}
```

Man beachte die Klammersetzung hinter if, die wegen der Vorrangregeln so
notwendig ist. Wir werden auf dieses Problem der bitweisen Darstellung beim
Datentyp Union in Beispiel 14.4 noch einmal zurückkommen.

Eine häufige Operation besteht darin, aus einem Bitmuster einen Teil auf 0 oder 1 zu setzen oder einen Teil herauszuschneiden.

Mit | kann man einen bestimmten Teil auf 1 setzen:

```
x                0101010101010101
maske            0000111111110000
x | maske        0101111111110101
```

Mit & und ~ kann man einen bestimmten Teil auf 0 setzen:

```
x                0101010101010101
maske            0000111111110000
x & ~maske       0101000000000101
```

Mit & kann man einen bestimmten Teil herausschneiden:

```
x                0101010101010101
maske            0000111111110000
x & maske        0000010101010000
```

Mit ^ kann man einen bestimmten Teil herausschneiden und davon das Komplement bilden:

```
x                0101010101010101
maske            0000111111110000
x ^ maske        0000101010100000
```

In allen obigen Fällen wird man die Maske direkt hexadezimal angeben (in den obigen Beispielen also maske = 0x0FF0). Mitunter wird man die Maske in Abhängigkeit von Variablen im Programm bilden wollen. Ist l die linke Bitnummer der Maske und r die rechte (die Bit von rechts nach links ab 0 numeriert):

```
        0000111111110000
            |      |
          l=11    r=4
```

so erreicht man dies durch

```
l = 11;               * oder durch Einlesen */
r = 4;                /* oder durch Einlesen */
maske = ~(~0 << l-r+1) << r ;
```

Mit ~0 werden 16 Einsen erzeugt, mit << l-r+1 um die Maskenbreite nach links verschoben, so daß von rechts l-r+1 Nullen nachgezogen werden. Dieses Muster wird mit ~ invertiert, so daß die Maske rechts rechtsbündig steht. Anschließend wird die Maske mit << r an die richtige Stelle geschoben.

8.3 Vergleiche und logische Operatoren

Zuvor muß noch einmal betont werden, daß es in C keinen eigenen Datentyp boolean (wie in Pascal) oder logical (wie in FORTRAN) gibt. Es gilt allgemein jeder Wert ungleich 0 als true, gleich Null als false. Es gibt sechs Vergleichsoperatoren:

a < b	a kleiner b
a <= b	a kleiner oder gleich b
a > b	a größer b
a >= b	a größer oder gleich b
a == b	a gleich b
a != b	a ungleich b

Trifft der Vergleich zu, hat der Vergleichsausdruck einen Wert ungleich 0 (true) und sonst 0 (false). Man beachte, daß nach Bild 8.5 die ersten vier Vergleichsoperatoren eine geringere Stufe als die letzten beiden haben.

Es gibt drei logische Operatoren:

! a	(nicht a)
a && b	(true, wenn a UND b true sind, sonst false)
a | | b	(true, wenn a ODER b ODER beide true sind, sonst false)

Die beiden logischen Verknüpfungen && bzw. I I sollten nicht mit den Bitoperatoren & bzw. I verwechselt werden.

Stufe	Operator		Zusammenfassung
1	Logisch NOT	!	rechts nach links
5	Vergleich	< > <= >=	links nach rechts
6	Gleichheit Ungleichheit	== !=	links nach rechts
10	logisch	AND &&	links nach rechts
11	logisch	OR II	links nach rechts

Bild 8.5: Vergleichsoperatoren und logische Operatoren

Man beachte den Unterschied: Bei a && b wird der Wert von a und b genommen. Wenn auch nur einer von beiden 0 (false) ist, ergibt sich 0 (false). Bei a & b werden die Bits von a und b bitweise per UND verknüpft. Bei der Auswertung beachte man ferner, daß die Auswertung strikt von links nach rechts erfolgt und auch nur solange, bis der Wert feststeht. Bei einem Ausdruck wie

```
n != 0 && z/n < 20
```

wird zuerst n auf 0 geprüft. Ist n == 0 true, ist n != 0 false, womit der Wert der logischen UND-Verknüpfung als false feststeht. Es wird dann z/n < 20 nicht mehr ausgewertet und damit die Division durch 0 vermieden. Besonders häufig werden Vergleiche und Bedingungen beim Lesen benutzt wie zB.

(c = getchar()) == '\n' true, wenn Zeilenende gelesen
(c = getchar()) != EOF && c != '\n' true, wenn weder Ende der Eingabe noch Zeilenwechsel

Ein Test, ob x im Intervall min .. max liegt, mathematisch geschrieben als min < x < max ist zu formulieren als

```
min < x && x < max
```

Beispiel 8.3:
Es werden die Zahlen 0..99 erzeugt. Dabei werden diejenigen durch * ersetzt, die durch eine Zahl n (0 <= n <= 9) teilbar sind, in denen n vorkommt oder deren Quersumme durch n teilbar ist.

```
#include <stdio.h>
main()
{int i,n,einer,zehner,quersumme;
 printf("Gib eine Zahl 0..9\n");
 scanf("%d",&n);
 for (i = 0; i <= 99; ++i)
   {einer = i % 10;
    zehner = i / 10;
    quersumme = einer + zehner;
    if (i % 10 ==  0) printf("\n");
    if (einer == n || zehner == n ||
       quersumme % n == 0 || i % n == 0)
          printf("  *");
      else printf("%3d",i);
   }
}
```

Beispiel 8.4:
In Beispiel 8.2 wurde der Wert einer ganzen Zahl bitweise, also als Dualzahl ausgegeben. Jetzt soll eine Dualzahl gelesen und als Dezimalzahl gespeichert werden.
Eingabe: 11011   Ausgabe: 27

```
#include <stdio.h>
#include <ctype.h>
```

```
main()
{ unsigned n = 0;
  char c;
  c = getchar();
  while (c != EOF && isspace(c)) c = getchar();
  /* führende Blanks, Tabs und Zôlenwechsel
     überlesen. Zu isspace() s. Anhang C */
  while ( (c == '0') || (c == '1') )
    { n = ((n << 1) | (c - '0'));
    /* Der bisherige Wert von n wird um 1 Stelle
       nach links verschoben. Dann wird rechts 0
       oder 1 gesetzt, je nachdem c '0' oder '1' ist.
    */
      c = getchar();
    }
  printf("%d\n",n);
}
```

8.4 Bewertung von Ausdrücken

Ein Ausdruck steht stellvertretend für einen Wert. Aus den Operanden des Ausdrucks ist mittels der Operatoren ein neuer Wert zu bilden. In C spricht man davon, einen Ausdruck zu bewerten. Dabei ist zugleich die Möglichkeit vorgesehen, daß dieser Wert einer Variablen übergeben wird. Dazu gibt es den Zuweisungsoperator = von Bild 8.6.

Zuweisungsoperator =	
	Variable = Ausdruck
Wirkung:	Der Ausdruck wird ausgewertet (bewertet). Dieser Wert wird der Variablen auf der linken Seite zugewiesen (sog. L-Wert). Dabei wird der Typ des Ausdrucks auf den Typ der Variablen gewandelt. Der Operator hat die Stufe 13 und wird von rechts nach links abgearbeitet.

Bild 8.6: Zuweisungsoperator

Der Typ des Ausdruckes rechts wird automatisch auf den Typ der Variablen links konvertiert. Hat der Ausdruck einen einfacheren Typ (z.B. int) als die Variable (z. B. double), gibt es (fast) keine Probleme. Hat umgekehrt der Ausdruck einen komplizierteren Typ (z.B. float) als die Variable (z.B. char), so sollte man wissen, was dann geschieht. Dies wird in Kap. 8.7 bei der Typwandlung behandelt werden.

Da in dem Ausdruck rechts wieder der Operator = vorkommen kann, macht auch

    a = b = c = 0

einen Sinn. Wegen der Abarbeitung von rechts nach links ist dies gleichbedeutend mit

    a = (b = (c = 0))

d.h. alle drei Variablen a, b und c erhalten den Wert 0.

Der Zuweisungsoperator = kann mit einem anderen Operator verknüpft vorkommen.

Zusammengesetzter Zuweisungsoperator:

       Variable op= Ausdruck

Wirkung: Der zusammengesetzte Zuweisungsoperator op= ist gleichbedeutend mit
          Variable = Variable op Ausdruck

op kann sein + - * / % << >> ^ | &
Die Operatoren haben die Stufe 13 und werden von links nach rechts abgearbeitet.

Bild 8.7: Zusammengesetzter Zuweisungsoperator

Die folgenden Formulierungen sind gleichbedeutend:

    x += y   x = x + y
    x *= r + t   x = x * (r + t)

Man kann Ausdrücke auch durch je ein Komma getrennt auflisten. Das Komma hat die Qualität eines Operators (s. Bild 8.2).

Komma-Operator

    Ausdruck , Ausdruck , ..., Ausdruck

Wirkung: Die Ausdrücke werden von links nach rechts bewertet. Der Wert des Ausdrucks ist der Wert des rechten (letzten) Ausdrucks. Der Komma-Operator hat die (geringste) Stufe 14.

Bild 8.8: Komma-Operator

Ausdruck	Bedeutung:
a = b = 3, b+1	b und a bekommen den Wert 3. Der Wert des ganzen Ausdrucks ist 4.
a = (b = 3, b+1)	b erhält den Wert 3, der Wert des Ausdrucks in () ist 4. a erhält den Wert 4.
a = (b += c)	Zum Wert von b wird der von c addiert, das Ergebnis wird der Wert von a .

8.5 Inkrement- und Dekrementoperatoren

Eine sehr häufige Operation besteht darin, daß der Wert einer Variablen um 1 erhöht (inkrementiert) oder erniedrigt (dekrementiert) werden soll. Das ist insbesondere beim Abzählen der Fall. In C gibt es für das Erhöhen den Operator ++, für das Erniedrigen --. Es wird darüberhinaus noch unterschieden, wann die Änderung erfolgen soll, nachdem der Wert benutzt wurde oder vorher.

Inkrementoperator:

    ++ Variable (Prefix)   Variable ++ (Postfix)

Wirkung: Der Wert der Variablen wird um 1 erhöht. Bei der Prefix-Schreibweise wird der Ausdruck nach der Erhöhung, bei der Postfix-Schreibweise vor der Erhöhung bewertet.

Dekrementoperator:

    -- Variable (Prefix)   Variable -- (Postfix)

Wirkung: Der Wert der Variablen wird um 1 erniedrigt. Bei der Prefix-Schreibweise wird der Ausdruck nach der Erniedrigung, bei der Postfix-Schreibweise vor der Erhöhung bewertet.

Anmerkung: Die Operatoren haben die Stufe 1 und werden von rechts nach links ausgewertet. Kommen in einem Ausdruck beide Schreibweisen vor, hat die Postfix-Schreibweise die höhere Priorität.

Bild 8.9: Inkrement- und Dekrementoperator

Hier einige Beispiele:

```
y += 1          ist gleichbedeutend mit  ++y

++x  == 0       true für x = -1, dann Wert von x um 1 größer,
x++  == 0       true für x = 0, dann Wert von x um 1 größer.

x = 2; y = 3; z = x + y++;      Ergebnis: 5
x = 2; y = 3; z = x + ++y;      Ergebnis: 6
```

Die obigen Schreibweisen sind korrekt, weil ++ von kleinerer Stufe als == bzw. + ist. Man kann sogar

```
x = 2; y = 3; z = x+++y;   Ergebnis: 5
```

schreiben. Die drei Zeichen +++ werden dann als ++ + genommen, also (x++)+y. Das ist einer der berüchtigten Wege, um C-Programme unleserlich zu machen. Vorsichtig sollte man mit den Operatoren umgehen, wenn nicht ganz klar ist, wann die Bewertung wirklich erfolgt. Was wird z.B. ausgegeben von:

```
x = 5; printf("%d %d %d\n", x++, x++, x++);      /* 1 */
x = 5; printf("%d %d %d\n", ++x, ++x, ++x);      /* 2 */
```

Hier muß man einfach wissen, in welcher Reihenfolge Parameter an Funktionen übergeben und ausgewertet werden. Hier die für Anfänger vermutlich unerwarteten Ergebnisse:

```
/* 1 */   7   6   5
/* 2 */   8   7   6
```

Die beiden Operatoren ++ und -- sind natürlich nicht auf den Typ int beschränkt. Nach

```
float x = 2.34;          char c = 'b';
x++                      c++;
```

hat eben x den Wert 3.34 und c das Zeichen 'c'. Insbesondere bei Zeigern (Adressen) und Arrays (in Kap. 13) werden die Operatoren ++ und -- noch eine allgemeinere Bedeutung bekommen.

8.6 Bedingte Bewertung

Mitunter möchte oder muß man die Bewertung eines Ausdrucks von einer Bedingung abhängig machen. Dafür gibt es den Operator ?: (Bild 8.10).

Bedingte Bewertung

> Ausdruck1 ? Ausdruck2 : Ausdruck3

Wirkung: Ist Ausdruck1 true, ist der Wert des ganzen Ausdrucks der von
Ausdruck2, sonst der von Ausdruck3. Der Operator ?: hat die
Stufe 12 und wird von rechts nach links abgearbeitet.

Bild 8.10: Bedingte Bewertung mit ?:

Beispiele dafür sind etwa:

```
a > b ? a : b
```
Der Wert ist der größere der beiden Werte von a und b

```
y == 7 ? printf("y ist 7") : printf("y ist nicht 7")
```
Der Aufruf einer Funktion, also auch von printf(), ist ein Ausdruck!

```
z = a * (x > y ? x : y)
```
Es ist z = a*x bzw. z = b*x, je nachdem x > y ist oder nicht.

Im Kap. 9.3 bei den Anweisungen wird es eine if-Anweisung geben, mit der man
eine von zwei Anweisungen auswählen kann. Für die letzte Formulierung kann
man dann auch schreiben

```
if (x > y) z = a * x; else z = a * y;
```

8.7 Typwandlung

Typwandlung heißt, daß ein Wert eines bestimmten Typs in einen anderen Typ
gewandelt wird. Das kann einmal automatisch geschehen, ohne daß dies der Programmierer explizit hinschreibt, zum anderen aber auch auf ausdrücklichen
Wunsch des Programmierers.

Eine automatische Typwandlung tritt bei zwei Gelegenheiten auf. Die eine liegt
vor, wenn in einem Ausdruck Operanden verschiedener Typen aufeinander treffen, die andere bei der Zuweisung eines Wertes an einen L-Wert.

Es muß also geklärt werden, was geschieht, wenn in einem Ausdruck Operanden
verschiedener Typen vorkommen, z.B.

```
char a; int b; float c;
a + b + c
```

Es gilt dann grob gesagt die Regel, daß alle an dem Ausdruck beteiligten Operanden auf den kompliziertesten Typ gewandelt werden. Der Wert des Ausdrucks ist vom Typ des kompliziertesten Operanden. Die C-Compiler unter UNIX nehmen eine solche Expansion auch vor, wenn sie nicht nötig ist. Und so verhält sich auch Turbo C:
- Alle `char` und `short int` werden auf das int-Format gewandelt.
- Alle `float` werden zu `double` gewandelt.

Eine Erweiterung des Formats ist natürlich immer ohne Informationsverlust möglich. Dabei ist bei der Expandierung von `char` auf `int` Aufmerksamkeit notwendig. Soll `char a = 'ä'` ('\x84') auf `int` expandiert werden, so ist wieder wie schon in Kap. 5.2 der Wert von *Options/Compiler/Code generation/Default char type* von Bedeutung. UNSIGNED führt zu 0x0084, SIGNED (die Vorbelegung) zu 0xFF84.

Anders sind die Verhältnisse, wenn ein Ausdruck bewertet wird und dieser einer Variablen zugewiesen werden soll. Dann muß eventuell ein Typ auf einen kleineren konvertiert werden. Nehmen wir die Vereinbarungen

```
int i,k;
float x;
char c;
```

so bedeuten

i = 12	Die Variable i erhält den Wert 12.
k = 2 * i	Die Variable k erhält den doppelten Wert von i (24).
x = 312.7	Die Variable x erhält den Wert 312.7.
i = x	Die Variable i erhält den Wert 312 (ohne gebrochenen Teil .7, es wird nicht gerundet!)
c = x	Die Variable c erhält den Wert 56 (die letzten 8 Bit von 312)

Nach
```
i = 23; k = 7;
x = i / k
```

hat x den Wert 3 (den ganzen Teil von 23/7). Soll x den Wert 23/7 = 3.2857142 erhalten, muß man dafür sorgen, daß die Division i/k mit float-Werten gemacht wird. Um den Klippen der automatischen Typwandlung zu entgehen, gibt es in C die Möglichkeit, den Wert eines Ausdrucks gezielt auf einen beliebigen Typ zu wandeln. Dazu dient der cast-Operator von Bild 8.11. So ist nach

```
int i = 23, k = 7;
(float) i*k
```

der Wert `161` vom Typ `float`. Man beachte dabei den Unterschied zwischen

```
(float) i/k    und    (float) (i/k)
```

Im linken Fall bezieht sich `(float)` (wegen der geringeren Stufe als `/`) auf `i`, d.h. `i` wird auf `float` gewandelt, und es ergibt sich die Division `i/k` mit einem gebrochenen Teil (im obigen Beispiel 23.0/7 = 3.285714). Im rechten Fall wird die ganzzahlige Division `i/k` (also ohne gebrochenen Teil 23/7 = 3) ausgeführt und dieses Ergebnis 3 auf `float` gewandelt.

---

cast-Operator

  (Typangabe) Ausdruck

Wirkung: Der Wert des Ausdrucks wird auf den angegebenen Typ gewandelt. Der Operator (Typangabe) hat die Stufe 1 und wird von rechts nach links abgearbeitet.

Bild 8.11: cast-Operator

Man kann die Darstellung von `i/k` als gebrochene Zahl natürlich auch durch

```
1.0*i/k
```

erreichen, weil dann `1.0*i` zuerst auf `float` gewandelt wird. Hingegen führt

```
i/k*1.0
```

nicht zu dem gewünschten Ergebnis, weil die Operatoren von links nach rechts abgearbeitet werden: erst `/` (also `i/k` ohne Rest) und dann erst mit `*1.0` Wandlung auf den Typ `float` (nachdem der Rest verloren ist).

Manche Funktionen verlangen ein Argument von einem bestimmten Typ, z.B. `sqrt(double x)`. Dann führt

```
sqrt(7)
```

(meist) zu einem Fehler, und man schreibe besser

```
sqrt((double) 7)
```

8.8 sizeof-Operator

Häufig ist es wichtig zu wissen, wieviel Speicherplatz eine Konstante, Variable oder ein Datentyp zur Speicherung beansprucht. Bei einfachen Datentypen wie `int` oder `double` wird man das wissen, bei zusammengesetzten Typen wie einem Array oder einer Struktur kann man das prinzipiell durch Abzählen ermitteln. Man sollte sich dabei nicht zu sehr auf die eigene Sorgfalt verlassen, sondern das dem Operator `sizeof` überlassen (s. Bild 8.12). Selbst wenn man sicher weiß, daß bei Turbo C ein `double` 8 Byte belegt, sollte man nicht 8, sondern `sizeof(double)` schreiben. Das dient der Portabilität in eine andere C-Umgebung, bei der ein `double` mehr oder weniger als 8 Byte hat.

---

sizeof-Operator:

        `sizeof ( Argument )`

Wirkung: Es wird der Speicherplatz des Argumentes in Byte ermittelt. Argument kann sein ein Typname, eine Variable oder eine Konstante. Ist das Argument eine Variable oder Konstante, können die Klammern auch entfallen. Der Operator `sizeof` hat die Stufe 1.

Bild 8.12: Der sizeof-Operator

Es muß betont werden, daß der Operator `sizeof` schon beim Compilieren ausgewertet wird, und nicht erst zur Laufzeit. In Beispiel 5.1 hatten wir `sizeof` schon dazu benutzt, um den Speicherbedarf der Standard-Datentypen anzugeben. Wir wollen uns hier genauer mit `sizeof` befassen.

Bei Konstanten kann man entweder

    `sizeof(3.498) oder  sizeof 3.498`

schreiben. In beiden Fällen ist das Ergebnis 8, weil diese Konstanten als `double` gespeichert werden. Ebenso ist es bei den Variablen

    `long i;`
    `sizeof(i) oder sizeof i`

In beiden Fällen ist das Ergebnis 4. Bei

    `sizeof (long)`

sind die Klammern notwendig, weil das Argument ein Typname ist. Wird man in diesen einfachen Fällen das Ergebnis sicher wissen, wird das bei zusammengesetzten Datentypen komplizierter. In Kap.14 werden Strukturen (in Pascal Records) eingeführt. Nehmen wir als Beispiel

```
struct ding {unsigned nr;
             har name[20];
             unsigned tag, monat, jahr;
             float wert;
             char lieferant[30];
             } ;
```

so wird es schwieriger, anzugeben, wieviel Speicherplatz eine Variable vom Typ ding mit den Komponenten nr, name, tag, monat, jahr, wert und lieferant braucht.

```
printf("%d\n", sizeof (struct ding));
```

liefert den Wert 62. Der Datentyp Array wird in Kap. 13 behandelt werden, aber bei einem Array namens liste von 15 solchen Objekten

```
struct ding liste[15];
```

ergibt

```
printf("%d\n", sizeof (liste));
```

den Wert 930. Da es sich bei liste um eine Variable handelt, könnte man auch wieder nur sizeof liste schreiben.

Pascal:
Bei den Operatoren hat der Pascal-Kenner viele Abweichungen zu beachten. Abgesehen davon, daß es viel mehr Operatoren gibt, werden manche auch anders gebraucht oder anders bezeichnet. Hier die wichtigste Gegenüberstellung dieser Abweichungen:

C	Pascal
7/4 = 1	7/4 = 1.75
	7 div 4 = 1.
7%4 = 3	7 mod 4 = 3
x == y	x = y
x != y	x <> y

In Pascal gehört die Wertzuweisung a := b+c zu den Anweisungen. In C bedeutet a = b + c, daß der Ausdruck b + c gebildet, und die Variable a mit diesem Wert bewertet wird. Außerdem findet in C dabei keine Typprüfung wie in Pascal statt.

9. Anweisungen

Mit den Anweisungen werden die Aktionen beschrieben, die das Programm an den Variablen bewirkt. Sie sind der aktive Teil eines Programms und beschreiben den eigentlichen Algorithmus. Die Anweisungen von C lassen sich in die folgenden Gruppen unterteilen:

leere Anweisung	
Ausdrucksanweisung	(9.1)
Verbundanweisung	(9.2)
bedingte Anweisungen	(9.3)
if-Anweisung	
switch-Anweisung	
Schleifenanweisungen	(9.4)
while-Anweisung	
do-while-Anweisung	
for-Anweisung	
Sprunganweisungen	(9.5)
goto-Anweisung	
continue-Anweisung	
break-Anweisung	
return-Anweisung	(11.2)
asm-Anweisung	(21)

Sie werden im folgenden beschrieben werden. Die return-Anweisung wird in Kap. 11.2 bei den Funktionen, die asm-Anweisung in Kap. 21 behandelt werden.

Die leere Anweisung besteht aus nichts (eben nur dem abschließenden Semikolon). Sie gibt es in allen Programmiersprachen und wird aus syntaktischen Gründen eingeführt. An manchen Stellen des Programms muß eine Anweisung stehen. Wenn dort aber nichts zu machen ist, kann man eben eine leere Anweisung nehmen. In C ist das Zeichen ; Ende einer Anweisung. Die leere Anweisung erlaubt es also, daß auch ;; vom Compiler akzeptiert wird.

9.1 Ausdrucksanweisung

Ausdrücke wurden ausführlich in Kap. 8 behandelt. Hier kommt lediglich die Einsicht hinzu, daß ein Ausdruck in C gleichzeitig die syntaktische Eigenschaft einer Anweisung hat.
Aus einem Ausdruck wird durch das abschließende Semikolon also eine Anweisung! Wenn man von der Vorstellung ausgeht, daß Anweisung soviel wie "etwas machen" bedeutet, ist dies ja auch durchaus vernünftig: Es wird ein Ausdruck bewertet.

Ausdrucksanweisung:

Ausdruck ;

Wirkung: Der Ausdruck wird bewertet.

Bild 9.1: Ausdrucksanweisung

Von besonderer Bedeutung ist dabei, wenn der Wert des Ausdruckes einer Variablen (einem L-Wert) zugewiesen wird (s. Kap. 8.4). Dann ergibt sich eine Anweisung, die in anderen Programmiersprachen gewöhnlich Wertzuweisung heißt. Beispiele dafür sind etwa:

```
int x,y,z;
x = 17;
y = 2 * x + 34;
z = x + y % 3;
x += 1;
```

Falls dabei der L-Wert auf der linken Seite einen anderen Typ hat als der Ausdruck auf der rechten Seite, wird dieser auf den Typ des L-Wertes konvertiert. Dabei kann Information verloren gehen (s. Kap. 8.7).

Mit dem Komma-Operator können Ausdrücke aufgezählt werden (Kap. 8.4). Dann ist auch

Ausdruck, Ausdruck, Ausdruck;

eine Ausdrucksanweisung

Pascal:
Es sei ausdrücklich darauf hingewiesen, daß in Pascal bei einer Wertzuweisung

Variable := Ausdruck;

Variable und Ausdruck vom selben Typ sein müssen und eine strikte Typprüfung durchgeführt wird, was in C nicht der Fall ist. Im übrigen unterscheidet Pascal syntaktisch streng zwischen Ausdruck und Anweisung.

9.2 Verbundanweisung

Der Begriff Verbundanweisung bietet die Möglichkeit, mehrere Anweisungen zu einer Anweisung zusammenzufassen (Bild 9.2). Die als Einheit zu betrachtenden Anweisungen werden einfach in { } eingeschlossen. Zu bemerken wäre, daß eine Verbundanweisung nicht mit ; endet.

Bei den folgenden bedingten Anweisungen (if, switch) und Wiederholungsanweisungen (for, while, do-while) darf häufig an bestimmten Stellen nur eine Anweisung stehen. Wenn dort aber mehrere Anweisungen zu machen sind, ist die Verbundanweisung geeignet, aus den mehreren Anweisungen syntaktisch nur eine, eben eine Verbundanweisung, zu machen.

Verbundanweisung:

           { Anweisung; Anweisung; ...; Anweisung; }

Wirkung: Die Anweisungen werden in der Reihenfolge ausgeführt, in der sie in der Verbundanweisung aufgeführt sind.

Bild 9.2: Verbundanweisung

Ist mit der Formulierung

```
if (bedingung)  x = 2*i + 5;
                printf("%d \n",x);
                x +=4;
```

gemeint, daß beim Zutreffen der Bedingung die folgenden drei Anweisungen gemacht werden sollen, so wird dies durch

```
if (bedingung) { x = 2 * i + 5;
                 printf("%d \n", x);
                 x += 4;
               }
```

erreicht. Andernfalls würde nur die erste Anweisung gemacht werden.

Bei dem Gültigkeitsbereich in Kap. 12 werden wir den Begriff Verbundanweisung dadurch zu Block erweitern, daß zu Beginn der Verbundanweisung auch Vereinbarungen getroffen werden können.

Pascal:
Es sei hier noch einmal der unterschiedliche Gebrauch des Semikolons hervorgehoben. In Pascal ist ; Trennzeichen zwischen zwei Anweisungen, in C Endezeichen. Nur die Verbundanweisung { } hat am Ende kein Semikolon, was daran liegt, daß in C die eben erwähnte Verallgemeinerung, { } ist ein Block, überwiegt.

9.3 Bedingte Anweisungen

Eine bedingte Anweisung hat die Aufgabe, eine aus mehreren Anweisungen auszuwählen. Dabei werden gewöhnlich die beiden Fälle unterschieden, daß genau
eine von zwei Anweisungen auszuwählen ist (also eine Alternative), und der Fall,
daß eine von mehr als zwei Anweisungen auszuwählen ist. Das ist auch in C so,
obgleich man natürlich mit einer bedingten Anweisung auskäme.

Für die Bildung einer Alternative steht die if-Anweisung zur Verfügung.

---

if-Anweisung:

```
      if ( Ausdruck )  Anweisung ;
oder
      if ( Ausdruck )  Anweisung ; else  Anweisung ;
```

Wirkung: Hat der Ausdruck nach `if` den Wert true (ungleich 0), wird die
            Anweisung hinter dem Ausdruck ausgeführt. Hat der Ausdruck
            den Wert false (gleich 0) die Anweisung nach `else` bzw. die auf
            `if` folgende Anweisung.

Bild 9.3: If-Anweisung

Sind für true oder false mehrere Anweisungen zu machen, sind sie als Verbundanweisung zu formulieren. Beispiele für die if-Anweisung sind:

```
int i,k;
char c;
if (i != 5)   puts("ungleich 5");
else          puts("gleich 5");
if( 'a' <= c && c <= 'z')
              printf("c ist Kleinbuchstabe\n");
```

Für die Auswahl aus mehreren Anweisungen gibt es die switch-Anweisung.

Im folgenden Beispiel werden Fremdwährungen in DM umgerechnet. Es ist eine
von sechs Währungen auszuwählen. Natürlich könnte man if-Anweisungen ver-
schachteln:

```
if (währung1) {......}
    else if (währung2) {....}
        else if (währung3) {....}
            else usw.
```

was zwar richtig wäre, aber kein guter Stil ist.

switch-Anweisung:

```
switch (Ausdruck)
   {  case konst. Ausdruck : Anweisungen break;
      case konst. Ausdruck : Anweisungen break;
      ...
      default            : Anweisungen
   }
```

Wirkung: Es wird der Ausdruck nach switch bewertet. Kommt dieser
            Wert unter den Konstanten nach case vor, werden die nach :
            folgenden Anweisungen ausgeführt. Kommt der Wert nicht un-
            ter den Konstanten nach case vor, werden die Anweisungen
            nach default ausgeführt. Fehlt default, hat die switch-An-
            weisung keine Wirkung. Fehlt ein break, werden alle Anwei-
            sungen bis zum nächsten break bzw. bis zum Ende der switch-
            Anweisung gemacht.

Bild 9.4: switch-Anweisung

Beispiel 9.1:
Es werden fremde Währungen in DM umgerechnet.

```c
#include <stdio.h>
main()
{float dm, betrag;
 int nr, flag = 1;
 char *name;
                      /* s. dazu Kap. 13.3 Strings */
 printf("Betrag in fremder Währung:\n");
 scanf("%f", &betrag);
 printf
 ("1=ÖS, 2=sfr, 3=US$, 4=ffr, 5=engl.Pf, 6=hGuld\n");
 printf("Nr. der Waehrung: ");
 scanf("%d",&nr);
 switch ( nr )
   {case 1: dm = betrag * 0.142; name = " öS";  break;
    case 2: dm = betrag * 1.20;  name = " sfr"; break;
    case 3: dm = betrag * 1.61;  name = " US$"; break;
    case 4: dm = betrag * 0.30;  name = " ffr"; break;
    case 5: dm = betrag * 2.83;  name = " engl. Pfd.";
            break;
    case 6: dm = betrag * 0.88;  name = " holl. Gld.";
            break;
    default: printf("Keine gültige Währung\n");flag=0;
```

```
                break;
    }
    if (flag)
        printf("%.2f  %s = DM %.2f \n ",betrag, name, dm);
    }
```

■

Im obigen Beispiel etwa könnte man daran denken, nicht die Nummer, sondern den Namen der Währung einzugeben und dann

```
switch (*name)
{ case "öS" : ....
  case "sfr": ....
  ...
}
```

zu machen. Dies ist leider nicht zulässig. Die Werte nach case dürfen keine zusammengesetzten Werte (Arrays, Strings, Records) sein. Leider kann man also nicht Zeichenketten zur Fallunterscheidung benutzen.

Wer es vorzieht, kann ganz auf die if-Anweisung verzichten und immer eine switch-Anweisung benutzen:

```
if (bedingung)  anweisung1; else anweisung2;
```

ist gleichbedeutend mit

```
switch (bedingung)
   { case 0 : anweisung2; break;
     default: anweisung1;
   }
```

Pascal:
Ungewöhnlich ist in C, daß nach jedem Fall die switch-Anweisung durch break abgebrochen werden muß. Das ist in Pascal bei der case-Anweisung nicht notwendig. Hoffentlich vergessen Sie die break's nicht zu oft. Bei der if- Anweisung ist zu beachten, daß es in C kein THEN und keine logischen Ausdrücke gibt. Zur Auswahl wird der numerische Wert des Ausdrucks hinter if benutzt.

9.4 Wiederholungsanweisungen

Wiederholungen oder Schleifen dienen dazu, Anweisungen wiederholt auszuführen. Dabei unterscheidet man zweckmäßig, ob der Schleifenabbruch erst zur Laufzeit ermittelt wird (also die Anzahl der Wiederholungen unbekannt ist) oder die Anzahl der Wiederholungen bei der Niederschrift des Programms festliegt.

Bei der unbekannten Anzahl von Wiederholungen wiederum sollte man den Fall
unterscheiden können, ob die Schleife an ihrem Anfang, am Ende oder innerhalb
der Schleife abgebrochen wird.
Für die Wiederholung mit Abbruch am Anfang gibt es die while-Anweisung (s.
Bild 9.5).

---

while-Anweisung:

                    while (Ausdruck) Anweisung ;

Wirkung: Der Ausdruck wird bewertet. Hat er einen Wert ungleich 0 (true),
             wird die Anweisung ausgeführt und der Ausdruck wieder bewer-
             tet. Hat der Ausdruck den Wert 0 (false), wird die Schleife abge-
             brochen.

Bild 9.5: while-Anweisung

Beispiel 9.2:
Es soll mit einer while-Schleife von 10 bis 1 heruntergezählt werden. Es gibt
dazu die folgenden Formulierungen.

```
      #include <stdio.h>
      main()
       {  int c;
          c = 10;
/*1*/     while (c > 0) {printf("%3d", c);   --c;}
          printf("\n");
          c = 10;
/*2*/     while (c > 0) {printf("%3d", c);   c--;}
          printf("\n");
          c = 10;
/*3*/     while (c)    printf("%3d", c--);
          printf("\n");
          c = 10;
/*4*/     while (c)    printf("%3d", --c);
          printf("\n");
          c = 10;
/*5*/     while (c--)    printf("%3d", c);
          printf("\n");
          c = 10;
/*6*/     while (--c) printf("%3d", c);
       }
```

Das Ergebnis:
```
/*1*/  10 9 8 7 6 5 4 3 2 1
/*2*/  10 9 8 7 6 5 4 3 2 1
/*3*/  10 9 8 7 6 5 4 3 2 1
/*4*/   9 8 7 6 5 4 3 2 1 0
/*5*/   9 8 7 6 5 4 3 2 1 0
/*6*/   9 8 7 6 5 4 3 2 1
```

■

Für die Wiederholung mit Abbruch am Ende gibt es die do-while-Anweisung (s. Bild 9.6).

---

do-while-Anweisung:

do Anweisung; while (Ausdruck);

Wirkung: Die Anweisung wird ausgeführt und danach der Ausdruck bewertet. Hat der Ausdruck einen Wert ungleich 0 (true), wird die Anweisung erneut ausgeführt. Hat der Ausdruck den Wert 0 (false), wird die Schleife abgebrochen.

Bild 9.6: do-while-Anweisung

Die beiden Konstruktionen unterscheiden sich also dadurch, daß das Endekriterium bei while am Anfang, bei do-while am Ende abgefragt wird. Bei while wird die Anweisung möglicherweise gar nicht, bei do-while immer mindestens einmal ausgeführt. Besteht das Innere der Schleife aus mehr als einer Anweisung, sind diese wieder durch { } zu einer Verbundanweisung (Bild 9.2) zusammenzufassen:

```
do { Anweisung; Anweisung; Anweisung; }
while (Ausdruck);
```

Beispiel 9.3:
Es sollen Zahlen 0 .. 3 eingegeben werden. Mit einer do-while-Schleife werden falsche Eingaben abgewiesen.

```
#include <stdio.h>
main()
{int command;
 do
   {printf("Ihr Kommando: ");
    scanf("%d", &command);
    switch (command)
       { case 0 : printf("Akzeptiert\n"); break;
         case 1 : printf("Hallo!\n"); break;
         case 2 :
```

```
           case 3 : printf("2 oder 3!\n"); break;
           default: printf("Kenne ich nicht\n");
                    command = 0;
      }
   }
   while (command);
}
```

Das Abbruchkriterium kann natürlich auch mehrere Bedingungen logisch miteinander verknüpfen. Am Ende der Schleife ist dann unbekannt, welche der Bedingungen zum Abbruch geführt hat. Häufig ist dann nach der Schleife festzustellen,
was der Grund des Abbruchs war.

Beispiel 9.4:

```
#include <stdio.h>
main()
{ int i = 1, k = 1;
  while ( (i >= 0) && (k >= 0) )
     {  puts("i"); scanf("%d",&i);
        puts("k"); scanf("%d",&k);
     }
  if (i < 0) puts ("Ende while wegen i < 0");
  if (k < 0) puts ("Ende while wegen k < 0");

  do
     {  puts("i"); scanf("%d",&i);
        puts("k"); scanf("%d",&k);
     }
  while ( (i >= 0) && (k >= 0));
  if (i < 0) puts ("Ende do-while wegen i < 0");
  if (k < 0) puts ("Ende do-while wegen k < 0");
}
```

Die for-Anweisung schließlich ist geeignet, um von einem Anfang mit einer bestimmten Schrittweite bis zu einem Endwert zu zählen.

Die Wirkung kann auch durch folgende while-Anweisung beschrieben werden:

```
Ausdruck1;
while (Ausdruck2)
   { Anweisung;
     Ausdruck3;
   }
```

---

for-Anweisung:

    `for` (Ausdruck1; Ausdruck2; Ausdruck3) Anweisung;

Wirkung: Ausdruck1 ist die Initialisierung der Schleife (meist eine Zuwei-
               sung). Ausdruck3 beschreibt die Fortschaltung (z.B. Schrittwei-
               te). Ausdruck2 ist eine Bedingung (Ende der Schleife).

Bild 9.7: for-Anweisung

Fehlen in der for-Anweisung Ausdruck1 oder Ausdruck3, so gelten sie einfach
als nicht vorhanden. Fehlt der Ausdruck2, wird er als true angenommen. Also ist

```
for (;;) Anweisung;
```

eine unendliche Schleife.

Beispiel 9.5:
Das folgende kleine Beispiel demonstriert den Gebrauch der drei Schleifen. Es
wird jeweils von 1 bis zu einem eingelesenen Wert gezählt.

```
#include <stdio.h>
main()
{ int x,i;
  printf("x = ");
  scanf("%d",&x);

  printf("do-while-Schleife:\n");
  i = 1;
  do  { printf("%3d",i); ++i; }
  while (i <= x);
  printf("\n");

  printf("while-Schleife:\n");
  i = 1;
  while (i <= x)
      {printf("%3d",i); ++i;};
  printf("\n");

  printf("for-Schleife:\n");
  for (i = 1; i <= x; ++i) printf("%3d",i) ;
  printf("\n");
}
```

Häufig kommt es vor, daß eine Schleife in der Mitte abgebrochen werden soll. Das kann durch die Sprunganweisungen break und continue erreicht werden (s. Kap. 9.5). Zu der for-Anweisung wäre noch zu sagen, daß im Gegensatz zu anderen Sprachen die Schleifenvariable i in Beispiel 9.5 nach Beendigung der Schleife ihren letzten Wert behält, und Ausdruck2 und Ausdruck3 durchaus im Inneren der Schleife Ende und Schrittweite verändert werden können.

Beispiel 9.6:
In dem folgenden Programm wird die Schrittweite bei jedem Durchgang um +1 größer. Dies ist ein Beispiel dafür, wie die Schleifenvariable im Innern der Schleife geändert werden kann.

```
main()
{ int i, k = 0;
   for (i = 0; i <= 100; i++)
      { printf("%d\n",i);
        i = i+k;
        k++;
      }
}
```

Ergebnis: 0 1 3 6 10 15 21 28 36 45 55 66 78 91

Pascal:
Der do-while-Anweisung entspricht in Pascal die Anweisung REPEAT-UNTIL. Man achte auf den Unterschied der gegensätzlichen Abfrage: In PASCAL wird die REPEAT-UNTIL-Anweisung solange gemacht, wie der logische Ausdruck nach UNTIL false ist, in C solange, wie der Ausdruck nach while true ist.

Die FOR-Anweisung in Pascal

```
FOR i := ... TO ... DO Anweisung
```

unterliegt zwei Einschränkungen: i muß ein Ordinaltyp sein und die Werte von i und Anfang wie Ende dürfen in der Anweisung nicht geändert werden. Das ist in C nicht so. Natürlich kann man

```
float x;
for (x = 1.2; x < 20; x += 0.2)  Anweisung;
```

machen (dann ist die Schrittweite eben 0.2) und auch die "Schleifenvariable", die es in C eigentlich gar nicht gibt, in der Anweisung ändern.

9.5 Sprunganweisungen

Sprunganweisungen bieten die Möglichkeit, die nächste auszuführende Anweisung explizit anzugeben. Die allgemeine Sprunganweisung lautet goto (s. Bild 9.8).

---

goto-Anweisung:

goto Marke;

Wirkung: Es wird die mit Marke gekennzeichnete Anweisung ausgeführt.
              Die Marke ist ein Name und steht durch : getrennt vor dieser
              Anweisung. Die Reichweite ist auf eine Funktion beschränkt.

Bild 9.8: goto-Anweisung

Die Formulierung

```
...
  if (Bedingung) goto next;
  .....
  next: Anweisung;
```

bedeutet also, daß nach der if-Anweisung gegebenenfalls an der durch next gekennzeichneten Stelle fortgefahren wird. Natürlich kann die Marke next auch textuell vor der if-Anweisung stehen. goto und next müssen in derselben Funktion stehen.

Die Sprunganweisung ist in Verruf geraten, weil damit der statische Aspekt des Programms und der dynamische Ablauf zerrissen werden. Die im Programmtext folgende Anweisung ist nicht die dynamisch nächste. Im Prinzip braucht man keine Sprunganweisungen. Machen Sie einen weisen Gebrauch davon und am besten gar keinen. Eine sinnvolle Anwendung besteht darin, zu tiefe Verschachtelungen zu vermeiden, z.B. beim Auftreten eines Fehlers. Statt

```
if (fehler) /* Fehlerbehandlung */
        else /* Normalfall */
```

kann man auch schreiben

```
if (fehler) goto error;
/* Normalfall */
error: /* Fehlerbehandlung */
```

Das Abbrechen einer Schleife im Inneren kommt ziemlich häufig vor. Es gibt daher zwei besondere "Sprunganweisungen" break und continue (Bild 9.9), die eine Schleife abbrechen. Sie unterscheiden sich durch die Wirkung nach dem Sprung:

break-Anweisung:
break;
Wirkung: Eine Schleife oder eine switch-Anweisung wird abgebrochen.
continue-Anweisung:
continue;
Wirkung: Ein Schleifendurchgang wird abgebrochen und die Fortsetzung der Schleife erneut geprüft.

Bild 9.9: break- und continue-Anweisung.

Bei break ist die Schleife zu Ende, bei continue wird nur der eine Schleifendurchgang abgebrochen und die Schleife erneut begonnen. Bei verschachtelten Schleifen wie

```
for (...;...;...)
    for (...;...;...)
        {...
        if (fehler) break;
        ...
        }
```

bedeutet break nur den Abbruch der inneren for-Anweisung, die äußere läuft weiter. Ebenso kann man natürlich die while- und do-while-Schleife so abbrechen.

Pascal:
Weder in Standard-Pascal noch in Turbo Pascal kann man eine Schleife im Inneren ohne GOTO abbrechen.

10. Zeiger

Eine Variable hat nach Bild 6.1 einen Namen, einen Typ, einen Wert und eine Adresse, unter der der Wert gespeichert ist. Es ist eine Besonderheit von C, daß eine Variable als Typ "Adresse von", als Wert eben eine Adresse (einer anderen Variablen) haben kann. Bild 10.1 zeigt die Vereinbarung einer solchen Variablen.

Vereinbarung von Zeigern:

      Typangabe * Variablenname ;

Wirkung: Variablenname bezeichnet eine Variable, die als Wert die Adresse eines Objekts der Art Typangabe hat.

Bild 10.1: Vereinbarung von Zeigern

Nehmen wir als Beispiel eine Vereinbarung der Art

```
int i, j, *zi;
float x, y, *zf;
```

so ist zi eine Variable, die auf einen integer-Wert zeigt, zf eine Variable, die auf einen float-Wert zeigt. $*zi$ und $*zf$ sind die Werte, auf die gezeigt wird. Von besonderem Interesse ist natürlich der Fall, daß zi und zf auf Werte von Variablen zeigen, die selbst Namen haben, z.B. i bzw. x. Um den Zusammenhang zwischen den Zeigervariablen zi bzw. zf und den Variablen i bzw. x (auf

---

Operator *

     * Zeigervariable

Wirkung: Wert, auf die die Zeigervariable verweist

Operator &

     & Variable

Wirkung: Adresse von Variable. Besteht der Wert von Variable aus mehr als 1 Byte, ist die Adresse die Adresse des 1. Byte.

Anmerkung: Beide Operatoren haben die Stufe 1 (s. Bild 8.2)

Bild 10.2: Die Operatoren & und *

Werte verwiesen wird) herzustellen, gibt es die beiden Operatoren * und &
(s.Bild 8.2).

Den wesentlichen Zusammenhang zwischen Zeigern und Werten, auf die gezeigt
wird, verdeutlicht das Bild 10.3.

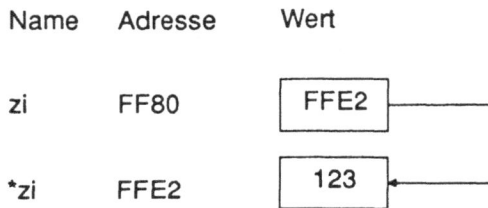

Bild 10.3: Zusammenhang zwischen Zeiger und Wert

Das folgende Beispiel 10.1 soll den Zusammenhang zwischen Zeigervariablen,
Variablen, auf deren Werte gezeigt wird, und den zugehörigen Adressen auf-
decken. Zuvor ist jedoch eine Bemerkung zu den Adressen notwendig. Zu einem
C-Programm gehören Codesegment, Stacksegment und Datensegment.

Die Größe der einzelnen Segmente legt fest, wie lang ein Programm sein darf,
wieviel Daten es benutzen kann usw.. Um nun möglichst flexibel zu sein, kann
man Turbo C mit sechs verschiedenen Speichermodellen benutzen. Die Einzelheiten werden in Kap. 17.1 beschrieben werden. Hier genügt die Bemerkung, daß
beim Speichermodell SMALL alle Segmente 64 KB groß sind, und daß die
Adresse einer Variablen 16 Bit lang ist. Sie ist das Offset, also die relative Adresse zum Segmentanfang. Allen folgenden Beispielen liegt das Speichermodell
SMALL zugrunde. Bei int *zi; liefert sizeof(zi)*8 den Wert 16.

Beispiel 10.1:
In dem folgenden Programm gibt es drei Variablen unterschiedlicher Typen und
drei Zeigervariable. Es sollen die Speicherverteilung und die Inhalte ausgegeben
werden.

```
#include <stdio.h>
main ()
{ int u = 2, *zu = &u;
      /* 1 integer und 1 Zeiger darauf */
  float v = 2.3, *zv = &v;
      /* 1 float und 1 Zeiger darauf */
  double w = 12.3, *zw = &w;
      /* 1 double und 1 Zeiger darauf */
  printf("Speicherverteilung:   \n");
  printf("  Adresse von       Wert von   \n");
```

```
    printf("    u : %X        u : %d\n",&u,u);
    printf("    zu: %X        zu: %X\n",&zu,zu);
    printf("    v : %X        v : %f\n",&v,v);
    printf("    zv: %X        zv: %X\n",&zv,zv);
    printf("    w : %X        w : %lf\n",&w,w);
    printf("    zw: %X        zw: %X\n",&zw,zw);
}
```

Das Ergebnis ist:

Speicherverteilung:

Adresse von			Wert von		
u	:	FFDC	u	:	2
zu	:	FFDE	zu	:	FFDC
v	:	FFE0	v	:	2.300000
zv	:	FFE4	zv	:	FFE0
w	:	FFE6	w	:	12.300000
zw	:	FFEE	zw	:	FFE6

Das obige Beispiel zeigt, warum man eine Zeigervariable an einen Datentyp binden muß. Die Werte von zu, zv und zw sind alle 16 Bit groß, eben Adressen. Die Werte von $*zu$, $*zv$ und $*zw$ sind aber unterschiedlich lang und von unterschiedlichen Typen. Eine Formulierung wie

```
float x = 4.78;
int *zi;
zi = &x;
```

ist also nicht zulässig, weil zi nicht auf einen float-Wert zeigen kann.

Es ist einer der Vorzüge von C, daß man mit Adressen auch Arithmetik betreiben kann. Nach

```
float x,y,z, *zf;
```

liegen, wie Beispiel 10.1 zeigt, die Werte von x, y, z, zf in dieser Reihenfolge im Speicher. Dann soll $zf+1$ die Adresse nicht arithmetisch um 1 erhöhen, sondern die Adresse des nächsten Objektes sein. Nach $zf = \&x$ soll $zf+1$ auf die nächste Zahl y zeigen, die Adresse entsprechend dem Typ float also um 4 erhöht werden. Man beachte wegen der Vorrangregeln der Operatoren den Unterschied:

```
zf = &x;
*zf + 1        entspricht      x + 1
*(zf + 1)         "            y
```

Beispiel 10.2:
Es soll die Zeigerarithmetik demonstriert werden.

```
#include <stdio.h>
main ()
{int     a = 2, b = 22, *zi = &a;
 long int y = 3, z = 33, *zli = &y;
 printf(" Wirkung von *zi + 1 und *zli + 1: \n");
 printf(" %d  %d\n",  *zi,  *zi+1);
 printf(" %ld  %ld\n",*zli, *zli+1);
 printf(" Wirkung von *(zi + 1) und *(zli + 1): \n");
 printf(" %d  %d\n",  *zi,  *(zi+1));
 printf(" %ld  %ld\n",*zli, *(zli+1));
}
```

Ausgabe:
Wirkung von *zi + 1 und *zli + 1:
2 3
3 4
Wirkung von *(zi + 1) und *(zli + 1):
2 22
3 33

∎

Das Fazit des Zeigerprinzips sei hier, weil es so fundamental ist, noch einmal zusammengefaßt:

float x	vereinbart eine Variable x
	Mit x wird der Wert von x bezeichnet, mit &x seine Adresse.
float *zf	vereinbart einen Zeiger auf eine float-Zahl
	Mit zf wird die Adresse einer float-Zahl bezeichnet, mit *zf der Wert, der unter dieser Adresse steht.

Noch allgemeiner kann man sagen:

Typangabe	vereinbart eine Variable dieses Typs.
Typangabe *	vereinbart einen Zeiger auf eine Variable dieses Typs.

Der Operator * kann auch mehrfach angewendet werden. Mit

```
int i, *zi, **zzi;
```

ist zi ein Zeiger auf eine integer-Zahl, zzi ein Zeiger auf einen Zeiger, der auf eine integer-Zahl verweist.

Beispiel 10.3:

```
#include <stdio.h>
main ()
{ int i = 2, *zi = &i, **zzi = &zi;
  printf("Speicherverteilung:   \n");
  printf("   Adresse von        Wert von   \n");
  printf("      i   : %X        i   : %d\n",&i,i);
  printf("      zi  : %X        zi  : %X\n",&zi,zi);
  printf("      zzi : %X        zzi : %X\n",&zzi,zzi);
}
```

Ergebnis:
Speicherverteilung:

Adresse von	Wert von
i : FFD4	i : 2
zi : FFD6	zi : FFD4
zzi: FFD8	zzi : FFD6

Bild 10.4 macht den Sachverhalt von Beispiel 10.3 noch einmal deutlich.

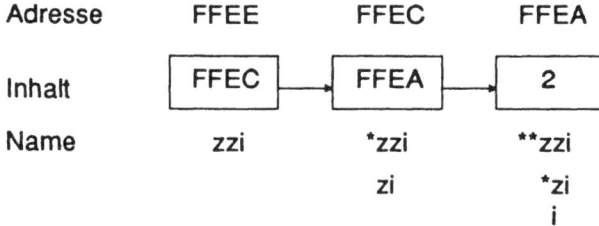

Adresse	FFEE	FFEC	FFEA
Inhalt	FFEC	FFEA	2
Name	zzi	*zzi	**zzi
		zi	*zi
			i

Bild 10.4: Doppelter Verweis mit Zeigern

Ein häufiger Fehler ist eine Formulierung wie

```
int i, *z;
*z = 25;
```

Hier soll der Wert, auf den gezeigt wird, 2 5 werden, ohne daß z selbst einen Wert hat. Es bleibt offen, wo die Adresse von 2 5 ist. Richtig ist vielmehr

```
z = &i;
*z = 25;
```

Übrigens wird wohl nun auch klar, warum es scanf ("%d", &i) heißen muß. Es ist die Adresse anzugeben, unter der der eingelesene Wert abzulegen ist.

Die Leistungsfähigkeit dieses Konzepts wird sich erst bei Funktionen, den strukturierten Datentypen Array und Struktur und den dynamischen Variablen richtig zeigen lassen. Fast alle folgenden Beispiele dieses Buches werden nicht ohne Zeiger auskommen, so daß wir es bei dieser Beschreibung des Grundprinzips belassen wollen.

Pascal:
Demgegenüber ist das Zeigerprinzip von Pascal geradezu kümmerlich. Steht in Pascal

```
VAR x : real; zr : ^real;
```

so ist `zr` ein Zeiger auf eine real-Zahl, die mit `zr^` bezeichnet wird. Der Wert von `zr^` wird aber immer im Heap gehalten, d.h. `zr` bekommt mit

```
new(zr);
```

einen Wert (eine Adresse im Heap), und danach kann man z.B.

```
zr^ := 12.34;
```

machen. Es ist prinzipiell nicht vorgesehen, daß `zr` als Wert die Adresse einer anderen Variablen des Programms (hier etwa von x) bekommt. Dann macht natürlich auch eine Zeigerarithmetik wie `zr+1` keinen Sinn, die es in Pascal ja auch nicht gibt. Und natürlich gibt es auch keinen doppelten Verweis der Art `zzr : ^^real`.

11. Funktionen

Eine Funktion ist der elementare Baustein eines jeden C-Programms. Damit kann ein großes Programm in Teile (Module) zerlegt und damit übersichtlicher gemacht werden. Das klassische Sprichwort "Divide et impera" ist auch ein gutes Motto fürs Programmieren. Falls eine Funktion zu lang wird und nicht mehr sicher überschaubar ist, sollte man Teilprobleme nicht an Ort und Stelle ausformulieren, sondern durch einen Funktionsaufruf ersetzen und damit die Formulierung des Teilproblems verschieben.

K&R-Funktion:

    Typangabe Funktionsname (Parameterliste)
    Deklaration der Parameter;
    { Vereinbarung der lokalen Variablen;
    Anweisungen
    }

ANSI-Funktion:

    Typangabe Funktionsname (Parameterliste mit Typangaben)
    { Vereinbarung der lokalen Variablen;
    Anweisungen
    }

Anmerkung: Aufgerufen werden Funktionen innerhalb eines Ausdrucks. Fehlen die Parameter, ist trotzdem ( ) zu schreiben. Ist Typangabe `int`, kann sie entfallen.

Bild 11.1: Aufbau einer Funktion

Den Aufbau einer Funktion zeigt Bild 11.1. In Turbo C gibt es zwei verschiedene Formen: Die klassische Version nach Kernigham & Ritchie und die in der ANSI-Norm vorgesehene Form. Sie unterscheiden sich äußerlich nur durch die Art, wie die Typen der formalen Parameter angegeben werden. Der wesentliche Unterschied liegt bei den Prototypen, wie eine Funktion dem übrigen Programm bekannt gemacht wird. Da die K&R-Version unter UNIX üblich ist, wird sie in diesem Buch benutzt. Bei den Prototypen wird die ANSI-Form vorgezogen werden.

Im Zusammenhang mit Funktionen sind die folgenden Fragen von zentraler Bedeutung, die in den folgenden Abschnitten behandelt werden:

– Ein Programm besteht aus einer Ansammlung von Funktionen, die nicht einmal alle in einer Datei stehen müssen. Wie wird eine Funktion dem übrigen Programm bekannt gemacht? Das läuft auf den Begriff Prototyp hinaus und wird in Kap. 11.1 beschrieben.

Was für einen Wert erzeugt eine Funktion und wie kann dieser benutzt werden? (Kap. 11.2)

– Wie kommuniziert eine Funktion mit dem übrigen Programm? Wie können ihr Parameter übergeben werden, wie erfährt das übrige Programm von Änderungen an diesen Parametern und wie können globale, außerhalb der Funktion vereinbarte Daten benutzt werden? (Kap. 11.3)

– Ist es möglich eine Funktion nicht aufzurufen, sondern nur zu bezeichnen? Das führt zum Begriff des Zeigers auf Funktionen und ist Gegenstand von Kapitel 11.4.

– Kann sich eine Funktion selbst aufrufen? Das führt zum sehr wichtigen Begriff der Rekursion (Kap. 11.5).

Pascal:
In Pascal gibt es den fundamentalen Unterschied zwischen Prozeduren und Funktionen. In C sind Prozeduren auch Funktionen, von deren Funktionswert man eben keinen Gebrauch macht. In Pascal sind Funktionen/Prozeduren im Vereinbarungsteil eines Programms zu vereinbaren. Sie sind lokal zum Programm, und in ihrem Vereinbarungsteil können wieder Funktionen/Prozeduren vereinbart werden. In Pascal sind Funktionen/Prozeduren geschachtelt, in C nebeneinander angereiht. Es gibt in C keine lokalen Funktionen.

11.1 Prototypen

Wenn eine Funktion eine andere aufruft, muß dem Aufrufer die aufgerufene Funktion bekannt sein, also ihr Name, ihre Parameter, ihr Funktionswert. Wir wollen uns als erstes um diesen Aspekt kümmern, um die Frage also, wie dem Aufrufer von ihm aufgerufene Funktionen bekannt gemacht werden. Nehmen wir folgendes kleine Beispiel:

```
main()
{ printf("%d \n", mittel(2,9)); }

mittel(a,b)
int a,b;
{ return (a+b)/2; }
```

Die Funktion `mittel()` hat zwei int-Parameter, bildet den Mittelwert und gibt das Ergebnis als int-Wert zurück. Auf `return` wird im folgenden Kap 11.2 genauer eingegangen werden. Es genügt hier vorläufig die Bemerkung, daß der

Ausdruck hinter `return` der Funktionswert ist und sein Typ automatisch auf die Typangabe der Funktion konvertiert wird. Für `(a+b)/2` wird daran erinnert, daß der Typ des Ausdrucks `int` ist, wenn Zähler und Nenner `int` sind, sonst `double`.

Die Typangabe `int` vor `mittel()` kann entfallen (aber auch angegeben werden). Beim Aufruf `mittel(2,9)` in `main` wird (mangels anderer Angaben) automatisch davon ausgegangen, daß der Funktionswert vom Typ `int` ist. Insofern ist das Programm korrekt.

Es bleibt dann sofort die Frage, was eigentlich geschieht, wenn der Aufruf `mittel(2.4,9.3)` heißt? Was machen die int-Parameter a und b mit diesen Werten? Ist der Funktionswert `(a+b)/2` nun vom Typ `float` oder `double`?

Wenn man es versucht, gibt es keinen Compiler-Fehler, nicht einmal eine Warnung und ein unsinniges Ergebnis. Wenn man `mittel()` abändert zu

```
mittel(a,b)
double a,b;
{ return (a+b)/2; }
```

wird zwar ein Aufruf `mittel(2.4,9.3)` korrekt, `main` hat davon aber keine Kenntnis. Das Ergebnis ist 5 (`(a+b)/2` = 5.85, Konvertierung auf `int` -> 5). Jetzt ist ein Aufruf `mittel(2,9)` wieder falsch.

Geht man einen Schritt weiter und macht

```
main()
{ printf("%f \n", mittel(2,9)); }

double mittel(a,b)
int a,b;
{ return (a+b)/2.0; }
```

so kommt es zu einem Compilerfehler. In `main` wird beim Aufruf `mittel(2,9)` mangels anderer Angaben wieder der Funktionswert `int` unterstellt. Die folgende Definition `double mittel(a,b)` widerspricht aber dieser Annahme.

`main` muß mitgeteilt werden, daß der Funktionswert `double` sein soll. Bei der Art, wie `main` die Eigenschaften einer aufgerufenen Funktion mitgeteilt werden, unterscheiden sich nun die klassische Form von C nach K&R wesentlich von der moderneren Form nach ANSI.

Beschreiben wir zunächst die Vorgehensweise nach K&R. Es ist zu unterscheiden zwischen der Funktions-Definition

```
double mittel(a,b)          /*  <-- Kein Semikolon! */
int a,b;
{ return (a+b)/2.0; }
```

und der Funktions-Deklaration

```
double mittel();            /*  <-- Semikolon!
                                    Keine Parameter! */
```

Die Deklaration teilt nur mit, daß es eine Funktion `mittel()` gibt mit einem Funktionswert vom Typ `double`. Die Deklaration endet mit einem Semikolon. Die Definition dagegen beschreibt, was die Funktion `mittel()` eigentlich bewirken soll.

Falls der Funktionswert nicht `int` ist, muß der Aufrufer die Deklaration kennen:

```
main()
{double mittel();       /* <-- Funktions-Deklaration */
 printf("%f \n", mittel(2,9));
}

double mittel(a,b)
int a,b;
{ return (a+b)/2.0; }
```

Dieses Programm ist wieder korrekt. Ein Aufruf `mittel(2.4, 9.6)` führt aber wieder zu einem unsinnigen Ergebnis. Es ist einfach die Schwäche dieses Konzepts nach K&R, daß die Deklaration der Funktion dem Aufrufer nichts über die Parameter (Anzahl, Reihenfolge und vor allem Typ) mitteilt.

Bei der ANSI-Form lautet die Funktions-Definition

```
double mittel(int a,int b)        /* <-- Kein Semikolon! */
{    return (a+b)/2.0; }
```

und die Funktions-Deklaration

```
double mittel(int a,int b);       /* <-- Semikolon! */
```

Sie ist nun mehr als die obige Deklaration von K&R. Man spricht nun von einem Prototyp, weil darin auch die Informationen über die Parameter enthalten sind. Entsprechend heißt es nun

```
main()
{double mittel(int a, int b);     /*Funktions-Prototyp*/
 printf("%f \n", mittel(2,9));
}
```

```
double mittel(int a, int b)
{ return (a+b)/2.0; }
```

Ein bei K&R falscher Aufruf mittel(2.4,9.5) wird nun dadurch zu einem, wenn schon nicht "richtigen", so doch zu einem vernünftigen, daß die aktuellen Parameter 2.4 und 9.5 auf den Typ der formalen Parameter a und b konvertiert werden.

Schließlich seien noch zwei Anmerkungen hinzugefügt. Wer die K&R-Schreibweise bei der Definition vorzieht, weil er vielleicht die Parameter mit Kommentaren versehen will oder es einfach nur gewohnt ist, kann beim Aufrufer trotzdem statt der Deklaration einen Prototyp verwenden:

```
main()
{ double mittel(int a, int b);
                  /* Funktions-Prototyp */
  printf("%f \n", mittel(2,9));
}

double mittel(a,b)          /* Definition nach K&R */
int a,b;
{ return (a+b)/2.0; }
```

Falls mittel() auch noch von anderen Funktionen benutzt werden soll, muß der Prototyp (bzw. die Deklaration) dem Programm global außerhalb von main mitgeteilt werden:

```
double mittel(int a, int b);
/* Funktions-Prototyp global */

main()
{ printf("%f \n", mittel(2,9)); }

double mittel(a,b)          /* Definition nach K&R */
int a,b;
{ return (a+b)/2.0; }

/* noch andere Funktionen, die mittel aufrufen */
```

Über den Gültigkeitsbereich von Namen wird im folgenden Kap. 12 die Rede sein.

Das Fazit dieser Erklärungen ist also: Es ist belanglos, ob man bei der Funktions-Definition die Schreibweise nach K&R oder nach ANSI bevorzugt. Bei der Bekanntgabe der Funktion an andere ist dem Prototyp immer der Vorzug vor der

Deklaration zu geben. In diesem Buch wird so verfahren, und die Prototypen werden immer global angegeben.

Nach diesen Erklärungen zum Begriff Prototyp sollten Sie sich noch einmal die beiden einführenden Beispiele 2.1 und 4.1 unter diesem Aspekt ansehen.

11.2 Funktionswert

In C hat jede Funktion nach dem Aufruf prinzipiell einen Wert. Man nennt ihn Funktionswert oder manchmal auch Rückgabewert. Der Aufruf erfolgt in einem Ausdruck, und der Funktionswert wird in dem Ausdruck benutzt. Um ihn gezielt zu erzeugen, gibt es die return-Anweisung (Bild 11.2). In Bild 11.1 bedeutet Typangabe vor dem Funktionsnamen den Typ dieses Wertes.

---

return-Anweisung:

                    return   Ausdruck ;

Wirkung: Die Anweisung beendet die Funktion. Der Wert des Ausdrucks ist der Funktionswert. Fehlt der Ausdruck, ist der Funktionswert undefiniert. Der Typ des Ausdrucks wird auf den Typ des Funktionswertes konvertiert.

Anmerkung: Der Ausdruck nach return kann auch in ( ) gesetzt werden.

Bild 11.2: return-Anweisung

Sehen wir uns dies am Beispiel des vorigen Kapitels einmal an. Hier ist zuerst der Fall, daß der Ausdruck nach return und der Funktionswert denselben Typ haben:

```
main()
{ printf("%d \n", mittel(2,9));
}

int mittel(int a, int b)
{ return (a+b)/2; }
/* Typ int, Funktionswert int */
```

Im folgenden Beispiel hat der Typ des Ausdrucks nach return den Typ int, der Funktionswert ist double. Dann wird int nach double konvertiert.

```
main()
{ double mittel(int a, int b);
 /* Funktions-Prototyp */
  printf("%f \n", mittel(2,9));
}
```

```
double mittel(int a, int b)
{ return (a+b)/2; }
/* Typ int, Funktionswert double,
   also Konvertierung nach double */
```

Fehlt schließlich `return`, ist der Funktionswert nicht definiert, wie in dem folgenden Fall.

```
main()
{ double mittel(int a, int b);
  /* Funktions-Prototyp */
  printf("%f \n", mittel(2,9));
}


double mittel(int a, int b)
{ (a+b)/2; }                    /* return fehlt */
```

Der Compiler erzeugt dann Warnungen, die man auch ernst nehmen sollte. Auch wenn man den Funktionswert nicht benutzen will, sollte man dies nicht machen.

Es kann natürlich sinnvoll sein, daß eine Funktion keinen Funktionswert hat (in Pascal nennt man so etwas Prozedur). Dies sollte man kenntlich machen, wozu es den Datentyp `void` gibt. Mit

```
void funktion()
```

wird ausgedrückt, daß `funktion()` keinen Wert erzeugt. Natürlich darf man dann auch `funktion()` nicht in einem Ausdruck aufrufen.

Beispiel 11.1:
Das obige Beispiel ist etwas aufgebläht worden. Es gibt zwei Funktionen `einlesen()` und `ausgeben()`, beide vom Typ `void`. Zu den aktuellen Parametern `&a`, `&b`, d.h. Adresse von `a` bzw. `b`, wird im folgenden Kapitel 11.3 mehr gesagt werden.

```
#include <stdio.h>
/* Die Prototypen der benutzten Funktionen: */
void einlesen(float *a, float *b);
float mittel(float a, float b);
void ausgabe(float a, float b, float m);

main()
{ float x, y, m;
  einlesen(&x, &y);
  m = mittel(x,y);
```

```
    ausgabe(x,y,m);
}

void einlesen(a, b)
float *a, *b;
{ puts("Gib zwei float-Zahlen:");
  scanf("%f %f", a , b);
}

float mittel(a,b)
float a, b;
{ return (a+b)/2.0; }

void ausgabe(a, b, m)
float a, b, m;
{printf(" %.3f und %.3f haben den Mittelwert: %.3f\n",
        a, b, m);
}
```

Natürlich kann die return-Anweisung in einer Funktion mehrfach vorkommen. Die erste Ausführung einer return-Anweisung beendet den Funktionsaufruf. Fehlt hinter return der Ausdruck, so bedeutet dies auch das Ende der Funktion. Fehlt return ganz (wie in den Funktionen einlesen() und ausgabe() des obigen Beispiels), so werden eben alle Anweisungen der Funktion ausgeführt. In beiden Fällen hat die Funktion keinen definierten Wert und sollte eben vom Typ void sein.

Im Anhang C sind die Bibliotheksfunktionen aufgelistet, wobei jeweils der Typ des Funktionswertes angegeben ist. Für Kenner anderer Sprachen mag es ungewöhnlich sein, daß in C so viele Funktionen nicht vom Typ void sind und also einen sinnvollen Wert abliefern, z.B. E/A-Funktionen wie printf() und scanf().

Auch main ist eine Funktion wie jede andere und hat einen Funktionswert. Da sie nicht

```
    void main()
```

heißt, sondern keine Typangabe hat, ist der Funktionswert stillschweigend int. Und natürlich kann in main auch die Anweisung return vorkommen, die dieselbe Wirkung wie auch in jeder anderen Funktion hat. main wird beendet und der Wert nach return zurückgegeben.

Das folgende kleine Programm

```
main()
{ puts("1");
  return (1);
  puts("2");
  return(2);
}
```

liefert die Ausgabe 1, d.h. main ist mit return(1) abgebrochen worden. Wie wir noch sehen werden, gehört zu einem laufenden C-Programm eine Umgebung (engl. environment), zu der insbesondere Dateiverbindungen (stdin, stdout, stderr) und vielleicht noch andere gehören (s. Kap. 16). Die Ein- und Ausgabe erfolgt gepuffert, und es muß sichergestellt werden, daß die Puffer geleert werden. Die return-Anweisung beendet eine Funktion, nicht das Programm. Ein Abbruch von main() mit return läßt all diese Fragen offen. Es gibt daher die Funktion exit(), die einen geordnetes Ende des Programms herbeiführt (Bild 11.3).

Funktion:	void **exit**(status)	\<process.h>
Parameter:	int status;	
Wirkung:	Das laufende Programm wird beendet. Vor dem Ende werden die Puffer geleert und Dateiverbindungen geschlossen. Der Funktionswert des Programms (nicht der von exit) ist der Wert von status.	

Bild 11.3: Die Funktion exit()

In einem C-Programm könnte daher so etwas vorkommen wie

```
if (fehler) {puts("Fehlermeldung");
             exit(1):
             }
/* nach ordnungsgemäßer Ausführung */
exit(0);
```

Den von exit() zurückgegebenen Wert kann man sich nach Programmende, nach der Meldung "Press any key:", mit Alt-V ansehen. Wenn man das C-Programm (es heiße PROG.EXE) unter MS-DOS in einer Batchdatei startet, wird der von exit() gelieferte Wert an ERRORLEVEL übergeben. Die Batchdatei könnte also so aussehen:

echo Jetzt wird prog.exe gestartet

prog

if ERRORLEVEL 1 echo prog ist mit Fehler abgebrochen

In einem multi-task-Betriebssystem wie UNIX, kann eine Task oder ein Prozeß andere Prozesse erzeugen. Ein Vaterprozeß kann einen Sohnprozeß erzeugen, z.B. ein C-Programm starten, und der Vater erbt nach dem Tode des Sohnes u.a. dessen Funktionswert. Die Funktion exit () macht also erst unter UNIX einen richtigen Sinn.

In Turbo C gibt es Funktionen der spawn-Familie, die diese Verhältnisse nachbilden. Damit gibt es unter MS-DOS 2.0 eingeschränkte, ab MS-DOS 3.2 perfektere Möglichkeiten, mit Vater- und Sohnprozessen zu arbeiten. Mit diesen spawn-Funktionen kann der Vater den mit exit(status) vom Sohn erzeugten Funktionswert auswerten. Es sei hierzu auf [1] verwiesen.

11.3 Kommunikation mit Funktionen

Ein Programm aus mehreren Funktionen macht nur Sinn, wenn die Funktionen miteinander kommunizieren können, d.h. Informationen austauschen können.
Das kann auf prinzipiell zwei verschiedenen Wegen geschehen:
– über die Parameter
– durch Verwendung globaler Größen, die allen Funktionen gemeinsam bekannt sind.

Wir wollen uns zunächst mit der Kommunikation über die Parameter befassen. Man hat dabei zwischen Eingangsgrößen und Ausgangsgrößen zu unterscheiden (Bild 11.4).

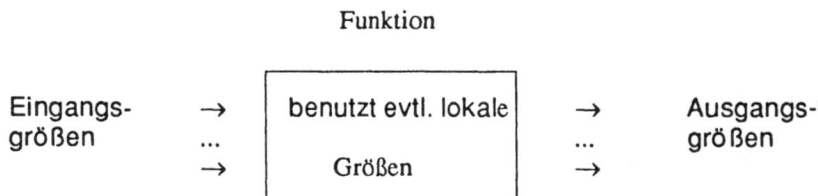

Funktion

Eingangs- größen	→ ... →	benutzt evtl. lokale Größen	→ ... →	Ausgangs- größen

Bild 11.4: Schema einer Funktion

Die Eingangsgrößen sind diejenigen, mit denen die Funktion etwas macht. Die Ausgangsgrößen sind diejenigen, mit denen die Funktion ihre Wirkung dem übrigen Programm mitteilt. Unter den Ausgangsgrößen kann genau eine der Funktionswert sein (erzeugt mit return), der dann natürlich kein Parameter mehr ist. Diese Ausgangsgröße kann durch Aufruf der Funktion in einem Ausdruck benutzt werden. Im Prinzip könnte eine Funktion mit drei Eingangsgrößen a,b,c und zwei Ausgangsgrößen x,y also wie folgt aufgebaut sein.

Beide Ausgangsgrößen x, y sind Parameter:

```
void irgend_etwas_machen(a,b,c,x,y)
float a,b,c;              /* Eingangsgrößen */
float x,y;                /* Ausgangsgrößen */
{ x = ....               /* Wert von x bilden */
  y = ....               /* Wert von y bilden */
}
```

Eine Ausgangsgröße x ist Parameter, eine ist Funktionswert:

```
float irgend_etwas_machen(a,b,c,x)
float a,b,c;              /* Eingangsgrößen */
float x;                  /* eine Ausgangsgröße */
{ float y;
  x = ....               /* Wert von x bilden */
  y = ....               /* Wert von y bilden */
  return y;              /* y als Funktionswert
                            abliefern */
}
```

Um zu verstehen, wie man Eingangsgrößen als Parameter an die Funktion übergibt und Ausgangsgrößen aus der Funktion herausbringt, ist es nützlich, sich an Bild 6.1 zu erinnern. Danach hat eine Variable einen Namen, einen Typ, einen Wert und eine Adresse, wo der Wert steht. Entscheidend ist nun, was von einer Variablen man an die Funktion übergibt, den Wert oder den Hinweis (die Referenz), wo der Wert steht, also die Adresse. Danach hat man zu unterscheiden:

Wertaufruf (Call by value):
Es wird eine Kopie des Wertes des aktuellen Parameters an die Funktion übergeben.

Referenzaufruf (Call by reference):
Es wird die Adresse des aktuellen Parameters übergeben.

In C gibt es nur Wertaufruf. Daß das keine Einschränkung ist, liegt, wie gleich gezeigt werden wird, an der Art, wie in C mit Adressen umgegangen werden kann. Nehmen wir wieder die oben mehrfach benutzte Funktion mittel() und versuchen, die Ausgangsgröße m über die Parameterliste zu erhalten. Der Versuch

```
void mittel(a,b,m)
float a,b;               /* <--- Eingangsgrößen */
float m;                 /* <--- Ausgangsgröße */
{ m = (a+b)/2;
}
```

Aufruf: mittel(x,y,z);

führt nicht zum Ziel. Wegen des Wertaufrufes von C übergeben die aktuellen Parameter x, y, z ihre Werte an die formalen Parameter a, b, m. In der Funktion wird der Mittelwert von a und b gebildet und an m zugewiesen. Damit hat m den Mittelwert, nicht aber die aktuelle Variable z. Es darf eben nicht der Wert von z an die Funktion übergeben werden, sondern die Adresse von z, wo die Funktion den Mittelwert hinterlegen kann. Der Ausgangsparameter m muß also ein Zeiger sein.

Beispiel 11.2:

```
#include <stdio.h>
void mittel(float a, float b, float *m);

main()
{float x, y, z;
 puts("Gib zwei float-Zahlen:");
 scanf("%f %f", &x , &y);
 mittel(x,y, &z);
 printf(" %.3f und %.3f haben den Mittelwert: %.3f\n",
        x, y, z);
}

void mittel(a,b,m)
float a,b;                /* Eingangsgrößen */
float *m;                 /* Ausgangsgröße eine Adresse */
{ *m = (a+b)/2;
}
```

Jetzt machen die Parameter einen Sinn. Der aktuelle Parameter z übergibt seine Adresse an den formalen Zeiger m. Der Mittelwert wird an *m übergeben, also die Stelle, auf die m und eben auch z zeigen. Jetzt hat nach dem Funktionsaufruf z den Mittelwert von x und y.

Das sehr wichtige Fazit ist also: Werte, die aus der Funktion über die Parameter nach außen gelangen sollen, müssen als Referenzparameter behandelt werden. Und Referenzaufruf wird in C dadurch nachgebildet, daß man als "Werte" eben Adressen übergibt. Referenzaufruf ist Wertaufruf von Zeigern! Dieses letzte Beispiel sollten Sie unbedingt verstanden haben. Wenn nicht, sehen Sie sich noch einmal Bild 6.1 an. In den folgenden Beispielen (z.B. 11.4) wird dieser Mechanismus oft benutzt werden.

Eine andere Möglichkeit der Kommunikation einer Funktion mit anderen Funktionen des Programms (und also auch mit main) bietet die Verwendung globaler Größen, d.h. die Benutzung von Größen, die außerhalb der Funktionen vereinbart sind, die allen Funktionen gleichzeitig bekannt sind. Wir nehmen noch einmal die Funktion mittel(), die jetzt nur noch die beiden Parameter a und b hat, und deren Mittelwert einem globalen m zuweist, das auch main kennt.

Beispiel 11.3:

```
#include <stdio.h>
float m;
/* global, m ist main() und mittel() bekannt */
void mittel(float a, float b);

main()
{float x, y;
 puts("Gib zwei float-Zahlen:");
 scanf("%f %f", &x , &y);
 mittel(x,y);
 printf(" %.3f und %.3f haben den Mittelwert: %.3f\n",
         x, y, m);
}

void mittel(a,b)
float a, b;
{ m = (a+b)/2.0; }
```

Das folgende nicht mehr triviale Beispiel, die Bestimmung der Nullstellen einer Funktion, enthält alle eben diskutierten Aspekte: Benutzung eines Funktionswertes, Parameter mit Wert- und solche mit Referenzaufruf sowie die Benutzung globaler Größen.

Beispiel 11.4:
Es sollen die im Intervall (a,b) liegenden Nullstellen einer Funktion f(x) bestimmt werden. Dazu wird das Intervall mit einer Schrittweite deltax abgetastet, d.h. es werden Pärchen (x1,y1) (x2,y2) mit x2 = x1+deltax gebildet. Falls y1 = f(x1) und y2 = f(x2) verschiedene Vorzeichen haben, wird eine Nullstelle zwischen x1 und x2 angenommen. Dieses Intervall wird dann fortlaufend halbiert, bis die Nullstelle mit der Genauigkeit epsilon gefunden ist.

Dieses Programm soll eher den Parametermechanismus (den Unterschied zwischen Wert- und Referenzaufruf) an einem komplizierteren Beispiel demonstrieren, als daß es hohen mathematischen Ansprüchen gerecht wird. Bei zu großem deltax können Nullstellen übersehen werden oder es liegen zwischen x1 und x2 mehr als eine. Andererseits können auch y1 und y2 verschiedene Vorzeichen haben, ohne daß es eine Nullstelle gibt.

```
#include <math.h>
/* Die Betrags-Funktion fabs(x) steht in der
   Bibliothek math.h */

float a,b,deltax,epsilon;
/* Definition globaler Variablen */
```

```
/* Prototypen der Funktionen */
void anfangswerte_lesen(void);
void anfang_setzen
     (float *x1, float *y1, float *x2, float *y2);
void nullstelle_ausgeben(float x);
void schritt_nach_rechts
     (float *x1,float *y1,float *x2,float *y2);
void nullstelle_bestimmen
     (float x1,float y1,float x2,float y2);
float f(float x);

main()
{ float x1, x2, y1, y2;
  anfangswerte_lesen();
  anfang_setzen(&x1, &y1, &x2, &y2);
  while (x2 < b)
        {schritt_nach_rechts(&x1,&y1,&x2,&y2);
         if (y1*y2 < 0 )
             nullstelle_bestimmen(x1,y1,x2,y2);
        }
}

void anfangswerte_lesen(void)
{ printf("\n a = "); scanf("%f",&a);
  printf("\n b = "); scanf("%f",&b);
  printf("\n deltax = "); scanf("%f",&deltax);
  printf("\n epsilon = "); scanf("%f",&epsilon);
}

void nullstelle_ausgeben(x)
float x;
{ printf("Nullstelle bei %7.4f \n", x); }

void anfang_setzen(x1,y1,x2,y2)
float *x1, *y1, *x2, *y2;
{ *x1 = a; *y1 = f(*x1);
  *x2 = *x1 + deltax; *y2 = f(*x2);
  if (fabs(*y1) < epsilon) nullstelle_ausgeben(*x1);
  if (fabs(*y2) < epsilon) nullstelle_ausgeben(*x2);
}

void schritt_nach_rechts(x1,y1,x2,y2)
float *x1, *y1, *x2, *y2;
{ *x1 = *x2; *y1 = *y2;
```

```
  *x2 = *x1 + deltax; *y2 = f(*x2);
  if (fabs(*y2) < epsilon) nullstelle_ausgeben(*x2);
}

void nullstelle_bestimmen(x1, y1, x2, y2)
float x1, y1, x2, y2;
{float mitte;
 do
    { mitte = (x1 + x2) / 2;
      if (f(mitte) * y1 > 0)
              {y1 = f(mitte); x1 = mitte;}
          else {y2 = f(mitte); x2 = mitte;}
    }
 while (fabs(f(mitte)) >= epsilon);
 nullstelle_ausgeben(x2);
}

float f(x)
float x;
{ return (x-3)*(x-2)*(x-1); }
/* Funktion, deren Nullstellen gesucht werden.
   Die obige hat offensichtlich die Nullstellen
   x = 1, x = 2, x = 3 */
```

Pascal:
In Pascal gibt es Wert- und Referenzparameter. Letztere sind durch das Wortsymbol VAR gekennzeichnet. Die Funktion mittel() von Beispiel 11.2 würde lauten als Prozedur:

```
PROCEDURE mittel(a, b : real; VAR m : real);
BEGIN m := (a + b)/2 END;
```

als Funktion:

```
FUNCTION mittel(a, b : real) : real);
BEGIN mittel := (a + b)/2 END;
```

als Prozedur mit einem globalem m:

```
PROCEDURE mittel(a, b : real);
BEGIN m := (a + b)/2 END;
```

11.4 Zeiger auf Funktionen

Mit einer Funktion kann man prinzipiell zweierlei machen. Man kann sie aufrufen, also ausführen, und man kann sie bezeichnen, ohne daß sie ausgeführt werden soll.

Wie eine Funktion aufgerufen wird, was der Funktionswert ist und wie Parameter übergeben werden, war Gegenstand der Kap. 11.1 - 3. Natürlich kann der Funktionswert ein Zeiger sein. Eine Funktion

```
float * funk (Parameter)
```

liefert als Funktionswert einen Zeiger auf ein Objekt des Typs float.

Beispiel 11.5:
Die folgende Funktion point() liefert einen Zeiger auf einen float-Wert.

```
float *point(float a, float b);

main()
{float a = 3.4, b = 2.67, *z;
 /* point liefert als Wert die Adresse seines
    Ergebnisses: */
 z = point(a,b);
 printf("Ergebnis: %.3f + %.3f = %.3f \n",a, b, *z);
}

float * point(a,b)
float a,b;
{float p;
 p = a+b;
 return &p;
}
```

■

Neben dem Aufrufen kann es vorkommen, daß man eine Funktion nur bezeichnen will. Das ist der Fall, wenn eine Funktion Parameter sein soll. In Beispiel 11.4 ging es um die Bestimmung der Nullstellen einer Funktion. Nehmen wir als Beispiel, daß jemand eine Funktion nullstellen() zum Bestimmen der Nullstellen irgendeiner Funktion schreiben möchte. Die konkrete Funktion soll als Parameter übergeben werden. Die Funktion nullstellen() hat also die folgenden Parameter: Anfang und Ende des Intervalls, Genauigkeit und eine Funktion fkt(). Die Deklaration könnte dann so aussehen:

```
float nullstellen(a,b,fkt,epsilon)
float a,e,epsilon;  /* und wie fkt deklarieren? */
```

Die Frage ist dann, wie die Funktion f kt () als Parameter zu deklarieren ist. Die gewünschte Funktion f kt () muß also beim Aufruf benannt werden. Das ist etwas anderes, als sie aufzurufen. Aufgerufen wird sie dann von der Funktion nullstellen(). Um das zu bewerkstelligen, gibt es den Begriff "Zeiger auf eine Funktion" (nicht zu verwechseln mit "Funktion, die einen Zeiger liefert"). Den Unterschied zeigt Bild 11.5.

Zeiger auf eine Funktion:

    Tvpangabe (* funk) (Parameter)

Zeiger auf eine Funktion funk, die als Wert ein Objekt Typangabe hat.

Zeiger als Funktionswert:

    Typangabe * funk(Parameter)

funk liefert als Funktionswert einen Zeiger auf ein Objekt Typangabe.

Bild 11.5: Zeiger und Funktionen

Die Funktion nullstellen() wäre also als

```
float nullstellen(a,b,fkt,epsilon)
float a,e,epsilon;
float (*fkt)();
```

zu deklarieren. Das folgende Beispiel demonstriert den Sachverhalt an einem sehr einfachen Beispiel.

Beispiel 11.6:

```
#include <stdio.h>
int add(int x,int y);
int mult(int x,int y);
int f(int a, int b, int (*funcp)());
/* Mit Zeiger auf Funktionen kann man Funktionen als Para
   meter an Funktionen uebergeben: */

 main()
 {int a = 3, b = 5;
  printf ("Addition von %d und %d     :  %d \n",
                        a, b, f(a,b,add));
```

```
    printf ("Multiplikation von %d und %d:  %d \n",
                            a, b, f(a,b,mult));
}

int add(x,y)
int x,y;
{ return x+y; }

int mult(x,y)
int x,y;
{ return x*y; }

int f(a,b,funcp)
int a,b, (*funcp)();
{ return (*funcp)(a,b); }
```

Die Funktion f() hat als dritten Parameter eine Funktion, die beim Aufruf festlegt, wie die beiden ersten Parameter zu verknüpfen sind. Die aktuelle Funktion
add() oder mult() wird in f() bei return(*funcp)(a,b) aufgerufen. ∎

In Beispiel 13.3 wird ein Array mit Quicksort sortiert. Dort gibt es einen solchen
Funktionsparameter, der den Vergleich zweier Elemente beschreibt.

Pascal:
In Standard-Pascal gibt es ebenfalls Prozeduren/Funktionen als Parameter. Das
Beispiel 11.6 sähe dann so aus:

```
FUNCTION add(x,y : integer)  : integer;
BEGIN add := x + y; END;

FUNCTION mult(x,y : integer)  : integer;
BEGIN mult := x * y; END;

FUNCTION f(a,b : integer;
        FUNCTION ff(a,b : integer):integer)  : integer;
BEGIN f := ff(a,b); END;
```

Ein Aufruf: f(i,j,add);

In Turbo Pascal ist diese Möglichkeit ausgeschlossen worden. Bei Version 4.0
kann man allerdings mit einem erweiterten Zeigerbegriff ähnlich wie in C vorgehen.

11.5 Rekursion

Rekursion bedeutet, daß sich eine Funktion selbst aufruft, d.h. zur Definition der Funktion wird die Funktion selbst benutzt. Zum Abbruch der Rekursion dient eine Bedingung. Eine Konstruktion der Art

```
int fkt(i)
int i;
{ lokale Variable;
  Anweisungen1;
  if (Bedingung_nicht_erfüllt) return fkt(i+1);
  Anweisungen2;
}
```

bedeutet, daß `fk(i)` aufgerufen wird. Dann werden die Anweisungen1 gemacht. Ist die Bedingung nicht erfüllt, wird die Ausführung von `fkt(i)` abgebrochen und erneut mit `i+1` aufgerufen. Da die Anweisungen2 noch zu machen sind, werden alle Größen dieses Exemplars `fkt(i)` im Stack hinterlegt. Dies geht so weiter, bis die Bedingung erfüllt ist. Dann werden, in umgekehrter Reihenfolge, die Reste der abgebrochenen Funktion `fkt()`, also die Anweisungen2 gemacht. Man sagt auch, der Stack arbeitet nach dem LIFO-Prinzip: Last In First Out. Das ist eine sehr wirkungsvolle Programmiertechnik. Etwas mehrfach machen, kann man auf zwei Arten formulieren:

Wiederholung durch Aneinanderreihung in Form einer Schleife,
Wiederholung durch Ineinanderschachtelung, eben durch Rekursion.

Beispiel 11.7:
Das folgende Beispiel soll dieses Prinzip demonstrieren. Es soll von i bis n gezählt werden, wozu einmal eine Schleife und zum anderen Rekursion verwendet wird.

```
#include <stdio.h>
void schleife(int i,int n);
int rekursion(int i,int n);

main()
{ puts ("Rekursion:");
  rekursion(1,10);
  puts("\nSchleife:");
  schleife(1,10);
}
void schleife(i,n)
int i,n;
{ for ( ; i <= n; i++) printf("  %d",i);
}
```

```
int rekursion(i,n)
int i,n;
{printf(" %d",i);
 if (i < n)   return rekursion(i+1,n);
}
```

Falls das Abbruchkriterium falsch gewählt wird oder gar fehlt, kommt es zu einer unendlichen Rekursion, genauso wie es unendliche Schleifen gibt. Es kommt dann zu einem Überlauf des Stack, was zu einem bösen Abbruch des Programms führen kann. Zwar gibt es im Hauptmenü *Options/Compiler/Code generation/ Test stack overflow*, was normalerweise auf Off steht. Aber auch die Einstellung On verhindert den Abort nicht. Nach dieser Demonstration seien noch einige andere Beispiele für Rekursion gebracht.

Beispiel 11.8:
Die Fibonacci-Folge ist definiert durch

1 1 2 3 5 8 13 21 34 .....

d.h. jedes Element x[n] ist definiert durch

$$x[n] = x[n-1] + x[n-2] \quad (n > 2)$$
$$x[1] = x[2] = 1$$

Eine rekursive Berechnung von x[n] benutzt die Summe der beiden Vorgänger. Eine iterative Berechnung beginnt bei x[1] und bildet alle Elemente bis x[n].

```
long fibrek(int n);
long fibit(int n);

main()
{ int n;
  printf("n = "); scanf("%d", &n);
  printf("\n Iterativ %ld", fibit(n));
  printf("\n Rekursiv %ld", fibrek(n));
}

long fibrek(n)
int n;
{ if (n == 1 || n == 2) return (1);
    else return (fibrek(n-1) + fibrek(n-2));
}
```

```
long fibit (n)
int n;

{ long a = 1, b = 1, c;
  int i;
  for (i = 3; i <= n; i++)
     {c = a+b; a = b; b = c; }
  return c;
}
```

Beispiel 11.9:
Die Fakultät n! kann man auf zwei Arten definieren:

iterativ: n! = 1 * 2 * ... * n
rekursiv: n! = 1   für n = 0
           n! = n*(n-1)!   für n > 0

```
#include <stdio.h>
long int fak_rek(int n);
long int fak_it(int n);

main()
{int n;
 printf("Fakultaet von ? "); scanf("%d", & n);
 printf("rekursiv: %ld\n", fak_rek(n));
 printf("iterativ: %ld\n", fak_it(n));
}

long int fak_rek(n)
int n;
{if (n == 0) return 1;
    else  return n * fak_rek(n-1);
}

long int fak_it(n)
int n;
{ int i;
  long int p = 1;
  for (i = 1; i <= n; i++) p *= i;
  return p;
}
```

Beispiel 11.10:
Es soll eine ganze Zahl gelesen und gesperrt ausgegeben werden. Dazu wird die
Zahl fortgesetzt durch 10 dividiert. Anschließend werden die Reste in umgekehr-
ter Reihenfolge ausgegeben.

```c
#include <stdio.h>
void gesperrt(int z);

main()
{int zahl;
 puts("Gib eine Zahl:");
 scanf("%d", &zahl);
 gesperrt(zahl);
}

void gesperrt(z)
int z;
{int k;
 if (z < 0) { z = -z; putchar('-');}
 if (k = z/10) gesperrt(k);
 printf("%2c", z % 10 + '0');
}
```

∎

Bei den obigen Beispielen bedeutete Rekursion, daß sich eine Funktion selbst
aufruft. Eine indirekte Rekursion liegt vor, wenn sich Funktionen "über Kreuz"
aufrufen:

```c
fkta(...)
{....
 fktb(...);
 ....
}

fktb(...)
{....
 fkta(...);
 ....
}
```

Das folgende Beispiel benutzt solch eine Konstruktion, um Primzahlen zu be-
rechnen.

Beispiel 11.11:
Es werden alle Primzahlen bis z ermittelt. Die Funktion prim(n) ermittelt, ob
n Primzahl ist. Dazu wird die Teilbarkeit mit allen Primzahlen 2 .. n geprüft. Ist
die Teilbarkeit mit einer Primzahl i geprüft worden, braucht man die auf i folgende Primzahl. Dies leistet eine Funktion next(i). Auf diese Weise ergibt
sich eine indirekte Rekursion: prim() benutzt next() und next() benutzt
prim(). Das ist nicht die effektivste Lösung des Problems, wohl aber eine besonders klare Formulierung.

```
#include <stdio.h>
#define TRUE 1
#define FALSE 0

main()
{int z, k;
 char c;
 printf("Gib eine Zahl z:");
 scanf("%d", &z);
 printf("  JA        NEIN\n");
 for (k = 2; k <= z; k++)
    {if (k % 20 == 0)
        { printf("\n\n                 <RET>\n");
          c = getch();
        }
     if (prim(k)) printf("%4d\n", k);
        else      printf("         %4d\n", k);
    }
}


int prim(n)
/* ermittelt, ob n Primzahl ist */
int n;
{ int k = 2;
  while ((k*k <= n) && (n % k != 0)) k = next(k);
  if (k*k > n)    return TRUE;
            else return FALSE;
}  /* Ende prim */

int next(i)
/* ermittelt die auf i folgende Primzahl */
int i;
{int m;
 m = i+1;
 while (!prim(m)) m++;
 return m;
} /* Ende next */
```

Weitere Beispiele für Rekursion wird es bei den geketteten Datenstrukturen in Kap 17.3 geben. Zum Schluß muß gesagt werden, daß die Rekursion mehr Speicherplatz (eben den Stack) und Rechenzeit braucht als die entsprechende iterative Formulierung. Wenn man beide Formulierungen kennt, ist der iterativen der Vorzug zu geben. Häufig allerdings ist die rekursive Formulierung einfacher und klarer oder liegt unmittelbar vor. Man hat dann abzuwägen, Rechenzeit und Speicherplatz zu spendieren, oder (viel) Zeit in die iterative Formulierung zu investieren. Sehen Sie sich unter diesem Aspekt die Fibonacci-Zahlen in Beispiel 11.8 für größere Wert von n an.

12. Speicherklassen und Gültigkeitsbereiche

An verschiedenen Stellen des Buches war schon die Rede davon, daß eine Variable, Konstante oder Funktion einen Gültigkeitsbereich hat, d.h. nicht jeder Name ist an jeder Stelle des Programms existent. Wir wollen hier nun diesen Aspekt generell aufgreifen und die Verhältnisse beschreiben. Im Verhältnis zu anderen Sprachen ist dieses Problem in C relativ kompliziert. Und es wird noch dadurch komplizierter, daß ein C-Programm entweder als Text in einer Datei stehen oder auf mehrere Dateien verteilt sein kann. Um einigermaßen Klarheit in diese verwickelten Verhältnisse zu bringen, seien diese beiden Fälle im folgenden unterschieden.

12.1 Das Programm steht in einer Datei

Wir haben in Kap. 6 die Vereinbarung von Variablen behandelt. Es geht nun um die Frage, welche Konsequenzen Ort und Form der Vereinbarung für den Gültigkeitsbereich haben.

Am einfachsten ist der Fall, daß die Vereinbarung von Variablen, Konstanten und Datentypen auf dem äußersten Niveau außerhalb aller Funktionen (und auch von main) getroffen wird. Sie sind von der Stelle der Vereinbarung ab für alle folgenden Funktionen global. Sie können dort durch Nennung ihres Namens benutzt werden.

```
int i;
main()
{...
 i = 12;          /*  <-- i ist global für main */
 ...
}

fkt()
{...
 i = 34;          /*  <-- i ist global für fkt */
}
```

Würde int i zwischen main() und fkt() stehen, würde der Compiler i in main() als unbekannt melden, während i in fkt() bekannt wäre. Diese Regelung gilt übrigens nicht für Funktionen. Funktionen, die außerhalb aller Funktionen definiert sind, sind im ganzen Programm, also auch vor der Stelle ihrer Definition gültig.

In Kap. 9.2 hatten wir den Begriff Verbundanweisung eingeführt und schon ange-
deutet, daß dieser zum Begriff Block erweitert werden kann (Bild 12.1). Die zu
Beginn eines Blockes getroffenen Vereinbarungen gelten also nur für die Dauer
dieses Blockes. Sie sind für den Block lokal und außerhalb dieses Blockes nicht
existent. Falls ein lokaler Name mit einem für diesen Block globalen überein-
stimmt, wird der globale Name für die Dauer des Blockes außer Kraft gesetzt. Da
überall da, wo eine Anweisung stehen kann auch ein Block stehen darf, heißt
dies, daß man ganz nach Bedarf Hilfsgrößen einführen kann, die man nur tempo-
rär benötigt.

Block:

     { Vereinbarungen Anweisungen }

Wirkung: Die getroffenen Vereinbarungen gelten nur in diesem Block.
             Die Anweisungen werden in der Reihenfolge ausgeführt, in der
             sie im Block stehen.

Bild 12.1: Definition von Block

Beispiel 12.1:
Zum Vertauschen zweier Werte wird eine Hilfsgröße benötigt, die nur für die
Dauer des Vertauschens gültig sein soll.

```
#include <stdio.h>
main()
{int a, b;
 int hilf = 12;
 /* global für den folgenden Block */
 printf("a und b eingeben: ");
 scanf("%d%d", &a, &b);
 {int hilf;
    /* hilf ist gleichzeitig lokal und global */
    hilf = a; a = b; b = hilf;
 }
 printf("a = %d, b = %d\n", a, b);
 printf"Globales hilf nach Block: %d\n", hilf);
 /* Ausgabe 12 */
}
```

Den Block zum Vertauschen kann man auch kürzer schreiben:

```
{int hilf = a; a = b; b = hilf; }
```

Die lokale Variable hilf wird mit dem Wert von a initialisiert.

Zur subtileren Beschreibung der Gültigkeitsverhältnisse gibt es die Speicherklassen `auto` und `static` (Bild 12.2). `auto` kennzeichnet einfach eine lokale Größe. Da beim Fehlen der Speicherklasse `auto` angenommen wird, gibt es eigentlich keinen Grund, explizit `auto float` y zu schreiben.

Speicherklasse:	`auto`
Wirkung:	Eine Vereinbarung dieser Speicherklasse soll eine lokale Variable kennzeichnen. Lokale Variable sind automatisch von dieser Klasse, so daß die Angabe `auto` auch entfallen kann.
Speicherklasse:	`static`
Wirkung:	Eine so vereinbarte Variable ist eine permanente Variable, die es außerhalb der Funktion zwar nicht gibt, die aber zwischen den Aufrufen ihren Wert behält.

Bild 12.2: Speicherklassen `auto` **und** `static`

Mit der Speicherklasse `static` können lokale Variable bezeichnet werden, die zwar außerhalb ihres Blockes unbekannt sind, die aber bis zum nächsten Aufruf ihren Wert behalten. Für sie wird genau wie für globale Variable permanent Speicherplatz belegt. Variable der Speicherklasse `static` werden mit dem Anfangswert 0 initialisiert. Demgegenüber wird für lokale auto-Variable bei jedem Aufruf Speicherplatz im Stack reserviert, über den nach dem Aufruf anderweitig verfügt werden kann, d.h. der Wert geht nach dem Aufruf verloren.

Beispiel 12.2:
Es wird eine Funktion `zaehl()` benutzt, die bei jedem Aufruf einen um +1 größeren Wert erzeugt. Sie hat eine lokale Variable `zaehler` der Speicherklasse `static`. Hat `zaehler` z. B. den Wert 7 erzeugt, hat sie zu Beginn des nächsten Aufrufes eben diesen Wert 7 und erzeugt 8 usw.

```
main()
{int count;
 while ((count = zaehl()) <= 10)
 printf("%d\n", count);
}

int zaehl(void)
{static int zaehler;
 return zaehler++;
}
```

Bei Programmiersprachen, die diesen static-Mechanismus nicht kennen, kann man diesen Effekt nur erreichen, wenn man dazu globale Variable benutzt. Im obigen Beispiel müßte `zaehler` für die Funktion `zaehl()` global sein. Wegen der mit der Benutzung von globalen Größen verbundenen Gefahr unerwünschter Seiteneffekte, ist dem static-Konzept immer der Vorzug zu geben. Lokale Größen sind dann von außen nicht veränderbar und behalten trotzdem ihren Wert.

In einem Programm, das in einer Datei steht, macht die Speicherklasse `static` für globale Größen offenbar keinen Sinn. Globale Größen sind per Definition permanent vorhanden. Einen Sinn bekommt das erst, wenn das Programm aus mehr als einer Datei besteht.

Speicherklasse:	`register`
Wirkung:	Damit können Variable der Typen `int` und `char` gekennzeichnet werden. Ihre Werte sollen in einem Register gehalten werden.

Bild 12.3: Die Speicherklasse `register`

Der Zugriff zum Wert einer Variablen im Arbeitsspeicher kostet Zeit. Der Zugriff zu den Registern der CPU ist bedeutend schneller. Es liegt daher nahe, die Werte von sehr oft benutzten Variablen in einem Register zu halten. Das kann durch die Speicherklasse `register` erreicht werden (Bild 12.3). Besonders häufig muß zu Schleifenvariablen zugegriffen werden. Es empfiehlt sich daher

```
register int i;
for (i = 0; i < MAX; i++) ...;
```

zu benutzen. Es macht natürlich keinen Sinn, zehn Variablen die Speicherklasse `register` zu geben, wenn die CPU nicht zehn Register hat. Bei Turbo C gibt es zwei aktive Register-Variable. Sind mehr als zwei so gekennzeichnet, werden die überschüssigen im Speicher gehalten.

Beispiel 12.3:
Es wird die Potenz "x hoch n" berechnet, wobei für n und die lokale Hilfsvariable `pot` zum Zählen bis n mit der Speicherklasse `register` vereinbart wird.

```
main()
{int x, n;
 printf("Gib x: "); scanf("%d", &x);
 printf("Gib n > 0: "); scanf("%d", &n);
 printf("%d hoch %d = %d\n", x, n, potenz(x,n));
}
```

```
potenz(x,n)
int x;
register int n;
{register int pot = 1;
 for (; n; n--)  pot *= x;
 return pot;
}
```

■

12.2 Das Programm steht in mehreren Dateien

Die Programme in diesem Buch sind aus Platzgründen alle relativ kurz. Es gibt keinen Grund, den Quelltext auf mehrere Dateien zu verteilen. Wenn ein Programm aber lang wird und aus vielen Funktionen besteht, kann es zweckmäßig sein, dies zu tun. C-Funktionen sind einzeln compilierbare Einheiten, und es kann vielleicht praktisch sein, dies auszunutzen.

Wenn nun in einer Datei nur ein Teil des Programms steht, wird dieser Teil Konstanten, Datentypen, Funktionen und Variable benutzen, deren Deklaration oder Definition in anderen Dateien steht. Es ist die Frage zu klären, wie der Compiler beim Übersetzen des Programmteils davon Kenntnis erlangt.

Speicherklasse:	extern
Wirkung:	Die so gekennzeichneten Variablen sagen dem Compiler, daß deren Deklaration in einer anderen Programmdatei zu finden sind.

Bild 12.4: Die Speicherklasse extern

Dazu gibt es die wichtige Speicherklasse extern (Bild 12.4). In einer Programmdatei werden globale Variable vereinbart, in einer anderen werden diese dann hinter extern aufgeführt (Bild 12.5). Beim Compilieren der Datei 2 sagt extern dem Compiler, welche globalen Variablen anderweitig deklariert sind und belegt dafür keinen neuen Speicherplatz. Beim folgenden Binderlauf werden die Bezüge zu diesen externen Variablen aufgelöst. Eine Verteilung eines Programms auf mehrere Dateien heißt in Turbo C ein Projekt, und wir werden in Kap. 22 darauf zurückkommen. In Beispiel 22.2 gibt es eine solche extern-Deklaration.

```
Datei 1                        Datei 2

int i, k;                      extern int i, k;
float x;                       extern float x;

main()                         func21()
{....}                         { ...
                                   x = 2*i;

func11()                       func22()
{ ...                          { ...
  i = 57;                        k = i--;

  ...                            ...
}                              }
```

Bild 12.5: Beispiel für die Speicherklasse extern

In C ist es erlaubt, sich mit extern auch auf globale Variable derselben Datei zu beziehen:

```
int   nn;

main()
{ extern int nn;
    /* extern kann bei Turbo C entfallen */
    ....
}
```

Da Turbo C beim Auftreten einer unbekannten Variablen immer prüft, ob es eine globale Variable dieses Namens in derselben Datei gibt, kann die Angabe extern in diesem Fall weggelassen werden.

Wie wir gesehen haben, kann jede globale Variable einer Datei von einer anderen mit extern importiert und damit dort verändert werden. Mitunter kann es Sinn machen, daß dies nicht wünschenswert ist. Jemand möchte in einer Datei 1 eine Variable float anzahl als globale Variable halten, will aber nicht, daß Programmteile in anderen Dateien deren Wert verändern können. Dann kann man dies durch die Speicherklasse static bei der globalen Vereinbarung erreichen.

```
Datei 1                        Datei 2

static float anzahl;           anzahl bleibt
                               unbekannt
main()
{...}                          es kann hier auch anzahl geben,
                               ist dann aber eine andere Variable
```

Dies ist ein Mittel, um Variable vor anderen Programmteilen zu verbergen.

12.3 typedef

Mitunter kann es wünschenswert oder praktisch sein, für Datentypen eigene Namen einzuführen. Dafür gibt es das Schlüsselwort `typedef` (Bild 12.6).

	`typedef` alter_typ Typname ;
Wirkung:	Typname steht für alter_typ, der entweder ein bereits vorhandener Typname sein kann oder die Definition eines neuen Typs, der nun durch Typname bezeichnet wird.

Bild 12.6: Das Schlüsselwort `typedef`

Damit keine Mißverständnisse aufkommen, sei deutlich gesagt, daß mit `typedef` keine neuen Datentypen eingeführt werden, die es sonst nicht geben würde. Der einfachste Fall ist das Umtaufen, um ein Programm leichter lesbar zu machen:

```
typedef int ANZAHL;

main()
{ ANZAHL x, y, z;
  ...
}
```

Natürlich haben die Variablen x, y, z alle Eigenschaften von int-Variablen. Einen Schritt weiter kann man gehen, um etwa Zeigervariable ohne * zu deklarieren:

```
typedef int * ANZZEIGER;
typedef char * STRING;

main()
{ANZZEIGER z;
 STRING wort;
 ...
}
```

Hier ist z nichts anderes als ein Zeiger auf einen int-Wert (wie `int *z`) und `wort` eine Zeichenkette (s. Kap. 13.3). Überhaupt zeigt sich die Zweckmäßigkeit von `typedef` erst bei den strukturierten Datentypen Array und Struktur. Machen wir einen Vorgriff auf das Beispiel 17.9. Wenn Ihnen dies hier zu kompliziert ist, kommen Sie später auf diese Stelle hier zurück. Dort geht es um Bäume, und ein Knoten des Baumes bestehe aus einem `key` (einer Nummer), einer

Zeichenkette `info` und zwei Zeigern `links` und `rechts` auf andere Knoten.
Für diese Struktur kann man den Datentyp `knoten` wie folgt einführen:

```
struct knoten   {int key;
                 char info[20];
                 struct knoten *links, *rechts;
                 } ;
```

Wenn es dann im Programm eine Variable `k` geben soll, die als Wert einen solchen Knoten darstellen soll, oder einen Zeiger `zk` auf einen solchen Knoten, muß man schreiben:

```
struct knoten k;
struct knoten *zk;
```

Wenn man mit `typedef` dafür die neuen Typnamen `KNOTEN` und `KNOTENZEIGER` einführt:

```
typedef struct knoten   {int key;
                         char info[20];
                         struct knoten *links, *rechts;
                         } KNOTEN, * KNOTENZEIGER;
```

kann man deutlicher schreiben:

```
KNOTEN k;
KNOTENZEIGER zk;
```

Auch hier wird mit dem Typnamen `KNOTEN` kein neuer Typ eingeführt, den es sonst nicht geben würde. Außer der besseren Lesbarkeit hat man noch den Vorteil, daß man die Definition solcher Typnamen wie `KNOTEN` an einer Stelle des Programms konzentrieren kann. Die Großschreibung ist dabei natürlich belanglos. Es hat sich beim Gebrauch von C einfach eingebürgert, selbst eingeführte Namen groß zu schreiben.

Wir haben `typedef` in diesem Kap. 12 behandelt, weil `typedef` syntaktisch wie eine Speicherklasse behandelt wird (s. Bild 6.2).

Pascal:

Durch die Art, wie in Pascal Typnamen gebraucht werden, erübrigt sich etwas Ähnliches wie typedef in C. Die obigen Beispiele lauten in Pascal

```
TYPE ANZZEIGER = ^integer;
     KNOTENZEIGER = ^KNOTEN;
     KNOTEN = RECORD key  : integer;
                     info : STRING[12];
                     links, rechts : KNOTENZEIGER;
                     END;
VAR z : ANZZEIGER; k : KNOTEN; zk : KNOTENZEIGER;
```

13. Array

Der Datentyp Array erlaubt es, eine bestimmte Anzahl von gleichen Objekten mit einem Namen zu bezeichnen und die einzelnen Objekte durch einen Index zu unterscheiden. Die Vereinbarung eines solchen Typs zeigt Bild 13.1.

Array-Vereinbarung:	
	Typangabe Variablenname [Groesse] ;
Wirkung:	Typangabe legt den Typ der einzelnen Elemente fest. Groesse gibt die Anzahl der Elemente an. Sie werden von 0 .. Groesse-1 durchnumeriert (indiziert).

Bild 13.1: Vereinbarung eines Array

Beispiele für Arrays sind

```
int a[10];
/* 10 integer-Zahlen a[0], a[1], ..., a[9] */
char s[20];
/* 20 Zeichen s[0], s[1], ..., s[19]   */
double z[100];
/* 100 double-Zahlen z[0], z[1], ..., z[99] */
```

Ein Array kann man sich als eine Liste von einzelnen Variablen vorstellen. Das Array int a[10] enthält 10 Variable vom Typ int:

Name:	a[0]	a[1]	a[2]	a[3]	a[4]	a[5]	a[6]	a[7]	a[8]	a[9]
Wert:	12	34	2	-4	55	32	9	23	-6	43

Wichtig ist die Einsicht, daß der Wert der Arrayvariablen a nicht die Gesamtheit der 10 Komponenten ist, sondern die Adresse der ersten Komponente. Es überrascht also nicht, daß zwischen Arrays und Zeigern eine enge Beziehung besteht. Nach

```
int a[10], *za, i;
za = a;
```

sind äquivalent:

a	&a[0]	za		Adresse Array-Anfang
a+i	&a[i]	za+i		Adresse von a[i]
*(a+i)	a[i]	*(za+i)	za[i]	Wert von a[i]

In der Mathematik bezeichnet man solch ein Array a auch als einen Vektor mit 10 Komponenten. Da es nur einen Index gibt, nennt man es auch ein eindimensionales Array. Es sind auch mehrere Indizes denkbar. Man spricht dann von mehrdimensionalen Arrays. Zweidimensionale Arrays von Zahlen heißen in der Mathematik Matrizen.

Ein Array von Zeichen wird in Programmiersprachen als String (Zeichenkette) bezeichnet. Da programmtechnisch Arrays von Zeichen andere Eigenschaften haben sollten als Arrays von Zahlen, werden sie hier in dem besonderen Kap. 13.3 behandelt.

Darüber hinaus gibt es natürlich Arrays von Zeigern, Records oder anderen selbst gebildeten Datentypen (s. z.B. Kap. 14).

Pascal:
In Pascal sind Arrays allgemeiner von der Form

```
TYPE komponente = (* irgendein Typ *);
     index       = -5 .. +5; (* irgendein Ordinaltyp *)
VAR  a : ARRAY [index] OF komponente;
```

Es gibt zwei wesentliche Unterschiede zu C: Der Index ist allgemein ein Ordinaltyp (und läuft nicht nur von 0 .. Groesse-1). Mit der Variablen a ist die Gesamtheit der Komponenten gemeint (und nicht die Adresse der ersten Komponente).

13.1 Vektoren

Unter einem Vektor versteht man ein eindimensionales Array von Zahlen. Es sollen jetzt einige Probleme behandelt werden, die mit Vektoren verbunden sind.

Ein Vektor kann bei der Vereinbarung dadurch initialisiert werden, daß man die Werte der Komponenten, in { } eingeschlossen, auflistet (s. Bild 13.2).

Initialisierung von Vektoren

    Typangabe Variablenname [Groesse] = { Wertliste };

Wirkung: Wertliste ist eine durch Komma getrennte Aufzählung von Werten, die mit Typangabe übereinstimmen müssen.

Anmerkung: Erfolgt die Initialisierung bei einer lokalen Arrayvariablen, ist sie als static zu vereinbaren.

Bild 13.2: Initialisierung eines Vektors

Beispiel 13.1:
Das folgende kleine Beispiel soll den Zusammenhang zwischen Vektor und Zeiger demonstrieren.

```
#include <stdio.h>
main()
{/* Ein Vektor v und ein Zeiger z */
 static int i, *z,
           v[10] = {0,11,22,33,44,55,66,77,88,99};
 z=v;
 printf("Adresse des 1. Elements:");
 printf("  v = %X, z = %X, &v[0] = %X\n",v,z,&v[0]);
 printf("Adresse des 5. Elements:");
 printf("  %X %X %X\n",&v[5],v+5,z+5);
 printf("Wert des 3. Elements: %d %d %d %d\n",
                 v[3],*(v+3),z[3],*(z+3));
 printf("Durchlaufen des Vektors ueber den Index:\n");
 for (i = 0; i <= 9; i++) printf("  %d", v[i]);
 printf
 ("Durchlaufen des Vektors mit Zeigerarithmetik:\n");
 for (z = v; z <= &v[9]; z++) printf("  %d", *z);
}
```

Ergebnis:
    Adresse des 1. Elements: v = 9A z = 9A &v[0] = 9A
    Adresse des 5. Elements: A4 A4 A4
    Wert des 3. Elements: 33 33 33 33
    Durchlaufen des Vektors ueber den Index:
    0 11 22 33 44 55 66 77 88 99
    Durchlaufen des Vektors mit Zeigerarithmetik:
    0 11 22 33 44 55 66 77 88 99

Mit der Natur einer Vektorvariablen hängt auch zusammen, wie und ob man Vektoren kopieren oder als Werte insgesamt an einen anderen Vektor übergeben kann. Nach der Vereinbarung

```
int a[10], b[10], *z, i;
```

sind a und b die Adressen auf den Speicherbereich von a bzw. b. Eine Zuweisung der Form

```
b = a;
```

führt keineswegs dazu, daß die Werte von a nach b kopiert werden. Schon beim Compilieren kommt die Fehlermeldung "b kein L-Wert". b erhält beim Compilieren die Adresse von b[0]. b ist zwar ein Zeiger, aber keine Zeigervariable, deren

Wert beliebig geändert werden könnte. Das Array b kann die Komponenten von a nur über den Weg einer Kopie erhalten:

```
for (i = 0; i <= 9; i++) b[i] = a[i];
```

Eine Zuweisung

```
z = a;
```

hat die Bedeutung: z zeigt nun wie a auf a[0].

Mit der Zeigernatur zusammen hängt auch die Art, wie man einen Vektor als Parameter an eine Funktion übergeben kann. Eine Funktion mit einem Vektor als Parameter kann man vereinbaren durch:

```
Funktionsname (v)        oder     Funktionsname (v)
int v[];                          int *v;
{   }                             {   }
```

Beide Formulierungen sind gleichwertig. Der aktuelle Parameter ist der Name eines Vektors, also seine Anfangsadresse. Bei der linken Formulierung braucht der lokale Parameter keine Indexangabe. Der beim Aufruf angegebene Vektor bringt seine in seiner Vereinbarung getroffene Größe mit in die Funktion ein. Bei dem folgenden Beispiel 13.2 werden beide Formulierungen verwendet.

Beispiel 13.2:
Es wird ein Vektor gelesen, sortiert und ausgegeben.

```
#include <stdio.h>
void liesvektor(int *a);
void druckvektor(int a[]);
void sortiere(int a[]);

main()
{   int v[10];
    liesvektor(v);
    printf("unsortierte Zahlen:\n");
    druckvektor(v);
    sortiere(v);
    printf("sortierte Zahlen:\n");
    druckvektor(v);
}

void liesvektor(a)
int *a;
{ int i;
  printf("Gib 10 Zahlen\n");
```

```
    for (i = 0; i <= 9; i++) scanf("%d",&a[i]);
}

void druckvektor(a)
int a[];
{ int i;
    for (i = 0; i <= 9; i++) printf("%4d",a[i]);
    printf("\n");
}

void sortiere(a)
int a[];
/* Zum Sortieren wird Bubble Sort verwendet */
{ int i,k,h;
    for(i = 0; i <= 8; i++)
        for(k = i+1; k <= 9; k++)
            if(a[i]>a[k])
                {h = a[k]; a[k] = a[i]; a[i] = h;}
}
```

Bei Arrays ist die Frage wichtig, was geschieht, wenn der Index außerhalb des vereinbarten Bereiches liegt. Bei vielen Programmiersprachen, z.B. auch Turbo Pascal, ist vorgesehen, die Überwachung der Indexgrenzen ein- und auszuschalten. Die Überwachung der Indexgrenzen führt bei Fehlern zu einem Abbruch des Programms mit einer entsprechenden Fehlermeldung. Das fördert auf der einen Seite natürlich die Sicherheit des Programms, kostet auf der anderen Seite aber natürlich viel Rechenzeit. In C und auch Turbo C werden die Indexgrenzen grundsätzlich nicht überwacht. Es ist eben Sache des Programmierers, sorgfältig vorzugehen. Bei einer Formulierung der Art

```
main()
{ int v[10],a,i;
    for (i = 1; i <= 20; i++)  v[i] = i;
    printf("%d \n",a);
}
```

kann man zweierlei sehen. Die Schleife wird wirklich 20 mal gemacht. Was dabei geschieht, läßt sich schwer vorhersagen. Es wird jedenfalls der hinter v[9] liegende Speicherplatz benutzt. Man sieht auch, daß tatsächlich a = v[10] = 10 ist (falls das printf nach beschreiben von v[10] ... v[19] überhaupt noch gemacht wird).

Die wichtigsten Operationen mit einem Array sind Sortieren und Suchen. Es gibt Dutzende von Sortieralgorithmen, die alle ihre Vor- und Nachteile haben. Dies ist kein Buch über Programmieren, sondern über Turbo C, so daß zum Thema Sortieren auf [9] verwiesen wird. Einer der leistungsfähigsten Sortieralgorithmen ist unter dem Namen Quicksort bekannt. Er ist bei Turbo C als Bibliotheksfunktion `qsort()` verfügbar. Suchen bedeutet in einem unsortierten Array ein Durchmustern von vorn nach hinten. In einem sortierten Array ist das binäre Suchen am zweckmäßigsten, bei dem der abzusuchende Bereich fortgesetzt halbiert wird. Das binäre Suchen steht als Bibliotheksfunktion `bsearch()` zur Verfügung.

Funktion:	`void `**`qsort`**`(vektor,anz,groesse,comp)` `<stdlib.h>`
Parameter:	`void *vektor;   int   anz, groesse;` `int (*comp)();`

Wirkung:	`vektor` ist ein Zeiger auf das erste Element, `anz` die Anzahl der zu sortierenden Elemente, `groesse` die Anzahl Bytes eines Elementes und `comp` ein Zeiger auf eine Vergleichsfunktion. Die Vergleichsfunktion hat man selbst zu schreiben. Sie ist zu definieren als
	　　　`int name(el1, el2)`
	　　　`typname *el1, *el2;`
	`typname` ist der Typ der zu vergleichenden Elemente. Sie muß folgende Werte zurückliefern:
	　　　`*el1 < *el2`　　Wert < 0
	　　　`*el1 == *el2`　　"　　0
	　　　`*el1 < *el2`　　"　　> 0
	`qsort()` verwendet die Sortiermethode Quicksort

Funktion:	`void `**`*bsearch`**`(key, vektor, anz, groesse,` 　　　　　　　　　　　　　　`comp)` `<stdlib.h>`
Parameter:	`void *key; void *vektor; int anz, groesse;` `int(*comp)();`
Wirkung:	`vektor` ist ein Zeiger auf das erste Element, `anz` die Anzahl der abzusuchenden Elemente, `groesse` die Anzahl Bytes eines Elementes und `key` das zu suchende Element. Die Vergleichsfunktion ist wie oben bei `qsort()` definiert. Der Funktionswert ist ein Zeiger auf das gesuchte Element bzw. 0, wenn das Element nicht gefunden wurde. `bsearch()` benutzt binäres Suchen.

Bild 13.3: Sortieren und Suchen in einem Array

Beide Funktionen benutzen eine Vergleichsfunktion `comp` zum Vergleichen als Parameter. Zu der Form `int (*comp)()` sei an Kap. 11.4 erinnert. Das folgende Beispiel 13.3 demonstriert die Benutzung von `qsort()` und `bsearch()`. Um etwas zum Sortieren zu haben, wird ein Array mit Zufallszahlen besetzt. Dazu gibt es in Turbo C die Funktion `rand()`, zu deren Initialisierung man `srand()` (s. Bild 13.4) verwenden kann.

Funktion:	int **rand**(void)	<stdlib.h>
Parameter:	keine	
Wirkung:	Es wird eine Zufallszahl im Bereich 0..32767 erzeugt. Der Startwert ist 1, so daß die erzeugten Zufallszahlen also reproduzierbar sind. Der Startwert kann mit srand() gesetzt werden.	

Funktion:	void **srand**(start)	<stdlib.h>
Parameter:	unsigned start;	
Wirkung:	start ist der Startwert für einen folgenden Aufruf von rand().	

Bild 13.4: Erzeugung von Zufallszahlen

Beispiel 13.3:
Es wird ein Array von MAX ganzen Zahlen mit Zufallszahlen besetzt, mit qsort() sortiert und dann mit bsearch() darin gesucht.

```
#include <stdlib.h>
#include <stdio.h>
#define MAX 100

void a_besetzen(int a[]);
void a_ausgeben(int a[]);
int vergleiche(int *x, int *y);

main()
{ int a[MAX], zahl, *nr;
  a_besetzen(a);
  puts("Array unsortiert:");
  a_ausgeben(a);
  qsort(a, MAX, sizeof(int), vergleiche);
  puts("\nArray sortiert:");
  a_ausgeben(a);
  puts("\nGib eine Zahl:");
  scanf("%d",&zahl);
  nr = (int *) bsearch(&zahl, a, MAX, sizeof(int),
                                      vergleiche);
  if (nr != NULL) printf("%d gefunden\n", zahl);
        else     printf("%d nicht gefunden\n", zahl);
}

int vergleiche(x,y)
int *x, *y;
{ return (*x - *y);
}
```

```
void a_besetzen(a)
int a[];
{ int i;
  srand(13);
  for (i = 0; i < MAX; i++) a[i] = rand();
}

void a_ausgeben(a)
int a[];
{ int i;
  for (i = 0; i < MAX; i++)
      { if (i % 10 == 0) printf("\n");
        printf("%6d", a[i]);
      }
}
```

Pascal:
In Pascal sind

```
VAR a,b : ARRAY[1..10] OF integer;
```

zwei Vektoren mit 10 Komponenten und den Indizes 1 .. 10. Mit der Wertzuweisung

```
b := a;
```

kann man eine Kopie von a an b zuweisen, da a und b nicht Adressen auf das erste Element sind.

13.2 Mehrdimensionale Arrays

Mitunter kann es sinnvoll sein, eine Variable mit mehreren Dimensionen einzuführen (s. Bild 13.5). Am häufigsten kommen zweidimensionale Arrays in der Mathematik als Matrizen vor. Die Vereinbarung

---

Array-Vereinbarung mit mehreren Dimensionen:

    Typangabe Variablenname [Groesse_1] [Groesse_2]...[Groesse_N];

Wirkung: Typangabe legt den Typ der einzelnen Elemente fest. Die Variable hat N Dimensionen. Der Index der i-ten Dimension läuft von 0 .. Groesse_i-1.

Bild 13.5: Vereinbarung eines mehrdimensionalen Arrays

```
int a[4][6];
```

bedeutet eine Matrix a mit 4 Zeilen und 6 Spalten. Der erste Index bedeutet die Zeile, der zweite die Spalte. Die Elemente der Matrix laufen also von a[0][0] .. a[3][5]. Nach Bild 13.6 ist a[1][0] = 23 und a[0][1] = 4. a ist

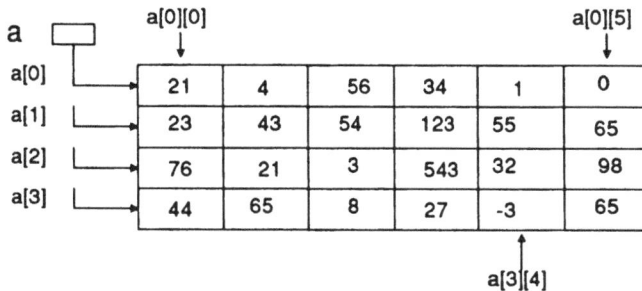

Bild 13.6: Speicherbild einer 4 * 6 Matrix

wieder die Adresse des ersten Elements a[0][0] der Matrix. Weiter ist a[i] die Adresse des ersten Elements der Zeile i. Allgemein ist

```
a        = a[0] = &a[0][0]
a[i]     = &a[i][0]
*a[i]    = a[i][0]
&a[i][k] = &a[0][0] + (i*spaltenzahl + k)*sizeof(int)
```

Beispiel 13.4:
Das folgende Beispiel deckt den Zusammenhang a[i] == &a[i][0] auf. Es zeigt zugleich, wie eine Matrix initiiert werden kann.

```
#define MAX_SP 8
#define MAX_Z  5

main()
{static int a[MAX_Z][MAX_SP]
            = { 0,1,2,3,4,5,6,7,
                10,11,12,13,14,15,16,17,
                20,21,22,23,24,25,26,27,
                30,31,32,33,34,35,36,37,
                40,41,42,43,44,45,46,47 };
int i,k;
for (i = 0; i < MAX_Z; i++)
    { printf("\n\nAdresse von Zeile %d   %u %u",
                        i,&a[i][0],a[i]);
```

```
        printf("\n Werte: ");
        for (k = 0; k < MAX_SP; k++)
            printf("%4d",a[i][k]);
    }
  printf("\n\n &a[3][5] = %u\n",&a[3][5]);
  }
```

Ergebnis:
   Adresse von Zeile 0   154 154
     Werte: 0 1 2 3 4 5 6 7

   Adresse von Zeile 1   170 170
     Werte: 10 11 12 13 14 15 16 17

   Adresse von Zeile 2   186 186
     Werte: 20 21 22 23 24 25 26 27

   Adresse von Zeile 3   202 202
     Werte: 30 31 32 33 34 35 36 37

   Adresse von Zeile 4   218 218
     Werte: 40 41 42 43 44 45 46 47

   &a[3][5] = 212   ■

Eine Matrix a[10][20] ist also nicht nur eine Anordnung von 10*20 Elemen-
ten, sondern a[10] ist auch ein Array von Zeigern auf je ein Array von 20 Ele-
menten (eben eine Zeile). Das hat Konsequenzen darauf, wie man mit Zeigern eine Matrix bearbeiten kann. Zunächst seien jedoch im folgenden Beispiel einige
Operationen auf einer Matrix dadurch beschrieben, daß die Elemente durch dop-
pelte Indizes bezeichnet werden. Dabei werden Matrizen als Parameter übergeben. Während bei den eindimensionalen Arrays die Angabe der Indexgrenze bei
dem formalen Parameter entfallen konnte, ist bei einer Matrix immer die Spalten-
grenze anzugeben (eben wegen des Aspektes Matrix = Array von Zeilen).

Beispiel 13.5:
Es wird das Umgehen mit einer quadratischen Matrix demonstriert: Einlesen,
Ausgeben, Spiegeln an der Hauptdiagonalen, Prüfung auf Symmetrie und Berechnung des Durchschnitts der einzelnen Zeilen. Dabei werden die Elemente
über den doppelten Index [i][k] angesprochen.

```
#define RANG   5
void lies_matrix(int a[][RANG]);
void druck_matrix(int a[][RANG]);
float schnitt(int a[][RANG],int z);
void spiegeln(int a[][RANG]);
int symmetrisch(int a[][RANG]);
```

```
 main()
{static int a[RANG][RANG];
 int i,k;
 lies_matrix(a);
 druck_matrix(a);
 printf("\nDurchschnitt der einzelnen Zeilen:\n");
 for (i = 0; i < RANG; i++)
     printf("Schnitt in Zeile %d:   %6.2f\n",
                             i,schnitt(a,i));
 if (symmetrisch(a)) printf("\na ist symmetrisch\n");
             else printf("\na ist unsymmetrisch\n");
 spiegeln(a);
 printf("\nGespiegelte Matrix:");
 druck_matrix(a);
 printf("\n\n");
}


void lies_matrix(a)
int a[][RANG];
{int i,k;
 printf("Gib Elemente einer %dx%d-Matrix\n",
                             RANG,RANG);
 for (i = 0; i < RANG; i++)
   {printf("Gib Elemente der %d-ten Zeile:\n",i);
    for (k = 0; k < RANG; k++) scanf("%d",&a[i][k]);
   }
}


void druck_matrix(a)
int a[][RANG];
{ int i,k;
  for (i = 0; i < RANG; i++)
    {printf("\n");
     for (k = 0; k < RANG; k++) printf("%4d",a[i][k]);
    }
 printf("\n");
}


void spiegeln(a)
int a[][RANG];
{ int i,k,h;
  for (i = 1; i < RANG; i++)
      for (k = 0; k < i; k++)
        {h = a[i][k]; a[i][k] = a[k][i]; a[k][i] = h;}
}
```

```
int symmetrisch(a)
int a[][RANG];
{ int i,k,h;
  for (i = 0; i < RANG; i++)
      for (k = 0; k < i; k++)
          if (a[i][k] != a[k][i]) return 0 /* false */;
  return 1 /* true */;
}

float schnitt(a,z)
int a[][RANG];
int z;    /* z Nummer der Zeile */
{int k;
 float s;
 s = 0;
 for (k = 0; k < RANG; k++) s += a[z][k];
 return s/RANG;
}
```

■

Es wurde oben darauf hingewiesen, daß eine Matrix auch als ein Array von Zeigern auf je ein eindimensionales Array (eben die Zeile) betrachtet werden kann. Daraus ergibt sich eine vielfältige Beziehung zwischen dem Namen einer Matrix und Zeigern (Bild 13.7 und Beispiel 13.6).

Achtung: a[i] ist Zeiger auf die i-te Zeile

a	=	&a[0][0]	**a	=	a[0][0]
a+i	=	&a[i][0]			
(a+i)+1	=	&a[i+1][0]			
*(a+i)	=	&a[i][0]	**(a+i)	=	a[i][0]
*(a+i)+k	=	&a[i][k]	*(*(a+i)+k)	=	a[i][k]

Bild 13.7: Zusammenhang von Zeigern und Indizes bei einer Matrix

Danach kann man das Bild 13.6 statt mit den Indizes [i][k] auch mit Zeigern darstellen (Bild 13.8). Das folgende Beispiel deckt die Zusammenhänge auf.

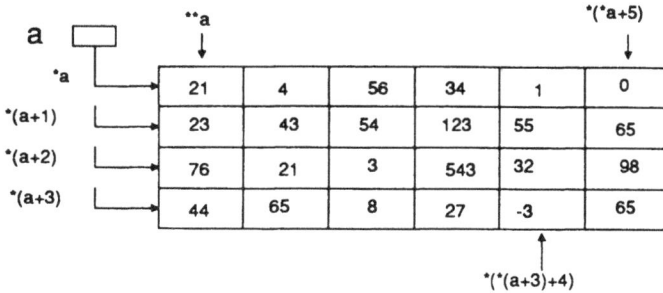

Bild 13.8: Speicherbild einer 4 * 6 Matrix mit Zeigern

Beispiel 13.6:
Dieselbe Matrix wie in Beispiel 13.4 wird nun mit Zeigern bearbeitet.

```
#define MAX_SP 8
#define MAX_Z   5
#include <stdio.h>

main()
{static int a[MAX_Z][MAX_SP]
            = { 0,1,2,3,4,5,6,7,
               10,11,12,13,14,15,16,17,
               20,21,22,23,24,25,26,27,
               30,31,32,33,34,35,36,37,
               40,41,42,43,44,45,46,47 };
 int i,k;
 for (i = 0; i < MAX_Z; i++)
     printf("\n a+%d  %u    *(a+%d) %d  **(a+%d) %d",
             i,  a+i,    i,  *(a+i), i,   **(a+i));
 printf("\n Adresse von Element a[3][4] = %d",
                             *(a+3)+4);
 printf("\n Element a[3][4] = %d",*(*(a+3)+4));
 printf("\n a = %u    *a = %u  **a = %u",a,*a,**a);
 printf("\n a+3 = %u    (a+3)+1 = %u",a+3,(a+3)+1);
 /*  ++(a+3) geht nicht! Kein L-Wert */
 printf("\n *(a+3)+4 = %u, *(*(a+3)+4) = %u",
                     *(a+3)+4,*(*(a+3)+4));
 printf("\n (*(a+3)+4)+1 = %u",(*(a+3)+4)+1);
 printf("\n *((*(a+3)+4)+1) = %u",*((*(a+3)+4)+1));
}
```

Ergebnis:
```
a+0 154   *(a+0) 154  **(a+0) 0
a+1 170   *(a+1) 170  **(a+1) 10
```

```
a+2 186  .*(a+2) 186  **(a+2) 20
a+3 202  *(a+3) 202  **(a+3) 30
a+4 218  *(a+4) 218  **(a+4) 40
Adresse von Element a[3][4] = 210
Element a[3][4] = 34
a = 154  *a = 154  **a = 0
a+3 = 202  (a+3)+1 = 218
*(a+3)+4 = 210, *(*(a+3)+4) = 34
(*(a+3)+4)+1 = 212
*((*(a+3)+4)+1) = 35
```

Zu den Adressen der Zeilen s. die Ergebnisse von Beispiel 13.4.   ■

Man beachte die Adreßrechnung bei den Zeilen:

```
a+i       a[i]      Zeiger auf i-te Zeile
a+i+1     a[i+1]    Zeiger auf (i+1)-te Zeile
```

Man kann diese Adreßrechnung nicht durch den Inkrementoperator ++ erreichen! a, a[i] usw. sind feste Adressen, die bei der Vereinbarung von a eingerichtet wurden. Der Inkrementoperator ++ bedeutet aber

```
++(a+i)   entspricht a+i = a+i + 1
```

was natürlich nicht geht. a+i ist eben kein L-Wert. Um eine Matrix über diesen Zeigermechanismus zu durchlaufen, braucht man einen richtigen Zeiger (der eben auch L-Wert sein kann).

```
int a[MAX_Z][MAX_SP];
int *matrix_ptr = a;
```

ist kein tauglicher Ansatz, weil dann matrix_ptr++ nur auf das nächste Element der Matrix verweist. Der Aspekt "Eine Matrix ist ein Array von Zeilen" führt zu

```
int a[MAX_Z][MAX_SP];
int (*zeilen_ptr)[MAX_Z] = a;
```

Wegen der Vorrangregeln der Operatoren ([] Stufe 0, * Stufe 1) sind die Klammern notwendig. *zeilen_ptr[MAX_Z] wäre nach Kap. 13.1 ein Array von MAX_Z Zeigern auf jeweils ein int.

Dann führt (*zeilen_ptr++) zur nächsten Zeile und (*zeilen_ptr++)[k] ist das k-te Element der nächsten Zeile.

Beispiel 13.7:
In Beispiel 13.5 wurde eine Matrix durch Angabe der Indizes durchlaufen. Jetzt
werden dazu Zeiger verwendet.

```
#define RANG   5
float zeilen_schnitt(int a[][RANG],int);
float spalten_schnitt(int a[][RANG],int);

main()
{static int a[RANG][RANG] = { 0,1,2,3,4,
                             10,11,12,13,14,
                             20,21,22,23,24,
                             30,31,32,33,34,
                             40,41,42,43,44 };
 int i,k;
 printf("\nDurchschnitt der einzelnen Zeilen:\n");
 for (i = 0; i < RANG; i++)
     printf("Schnitt in Zeile %d:  %6.2f\n",
                     i,zeilen_schnitt(a,i));
 printf("\nDurchschnitt der einzelnen Spalten:\n");
 for (k = 0; k < RANG; k++)
     printf("Schnitt in Spalte %d:  %6.2f\n",
                     k,spalten_schnitt(a,k));
}


float zeilen_schnitt(a,z)
int a[][RANG];
int z;    /* z Nummer der Zeile */
{int k;   /* Durchläuft die Spalten der Zeile z */
 float summe = 0;
 int *spalten_ptr = a[z];
 /* *spalten_ptr++ zeigt auf das nächste Element
    dieser Zeile */
 for (k = 0; k < RANG; k++) summe += *spalten_ptr++;
 return summe/RANG;
}


float spalten_schnitt(a,s)
int a[][RANG];
int s;    /* s Nummer der Spalte */
{int i;   /* Durchläuft die Zeilen der Spalte s */
 float summe = 0;
 int (*zeilen_ptr)[RANG] = a;
 /* (*zeilen_ptr++) zeigt auf die nächste Zeile.
    (*zeilen_ptr++)[s] zeigt auf Element in der
    Spalte s der nächsten Zeile */
```

```
for (i = 0; i < RANG; i++)
        summe += (*zeilen_ptr++)[s];
    return summe/RANG;
}
```

■

In Kap. 17.2 geht es um dynamische Speicherverwaltung. Dort (in Beispiel 17.4) wird dann auch das Problem behandelt, wie man mit einer Matrix umgehen kann, deren Größe erst zur Laufzeit bekannt wird.

Nach demselben Prinzip hat man sich allgemein mehrdimensionale Arrays vor-zustellen. Die Vereinbarung

```
int a[5][7][10];
```

ist aufzufassen als ein Array von 5 Matrizen zu je 7 Zeilen und 10 Spalten. a ist ein Zeiger auf dieses dreidimensionale Gebilde, a[i] ist ein Zeiger auf die i-te Matrix und a[i][j] ein Zeiger auf die j-te Zeile der i-ten Matrix.

Pascal:
In Pascal kann man eine Matrix auf zwei Arten vereinbaren:

```
VAR a : ARRAY[1..4,1..4] OF integer;
    b : ARRAY[1..4][1..4] OF integer;
```

Auch beim Aufruf der Elemente kann man die Indizes zusammen oder getrennt aufführen:

```
a[2,3]      oder      a[2][3]
```

Mit a := b kann auch wieder der Wert von b (alle 16 Elemente) an a überge-ben werden.

13.3 Strings

Strings oder Zeichenketten sind Arrays von einzelnen Zeichen. Insofern gibt es zu den eindimensionalen Arrays von Kap. 13.1 keine Unterschiede. Eine Verein-barung

```
char s[8];
```

bedeutet ein Array von 8 Zeichen. Jedes s[i] ist ein Zeichen und s die Adresse von s[0].

Beispiel 13.8:
Das kleine Beispiel

```
main()
{ char s[5]; int  k;
  for (k = 0; k < 5; k++) s[k] = 'a'+k;
  for (k = 0; k < 5; k++) printf("%c ",s[k]);
}
```

zeigt, daß s die folgenden Zeichen

s[0]	s[1]	s[2]	s[3]	s[4]
a	b	c	d	e

enthält.

Diese Betrachtungsweise als Vektor von Zeichen ist eigentlich noch kein String. Man möchte natürlich die Zeichenkette als Ganzes betrachten und verarbeiten und nicht mit den einzelnen Zeichen der Kette hantieren. Es sei daran erinnert, daß 'z' ein einzelnes Zeichen, "zuvor" ein String und "z" ein String ist, der nur aus einem Zeichen besteht. Man möchte also nach

```
char s[8];
```

daß das Array s nicht nur aus den 8 Zeichen

'B', 'e', 'i', 's', 'p', 'i', 'e', 'l'

besteht, sondern als ein String

"Beispiel"

betrachtet werden kann. Das ist tatsächlich der Fall, d.h. neben der immer möglichen Betrachtungsweise als Array von Zeichen gibt es auch den Aspekt, daß s aus einem String besteht.

Wir wollen zunächst betrachten, was man nach der Vereinbarung char s[8] machen, vor allem aber nicht machen kann. Der String s kann zunächst einmal auf zwei Arten einen Wert erhalten. Einmal kann man die in Kap. 7 eingeführten Funktionen gets() und puts() verwenden:

```
gets(s);            /* Eingabe: schule<RETURN> */
puts(s);            /* Ausgabe: schule        */
```

Dabei sieht man zweierlei. Zunächst wird beim Einlesen der String mit dem ASCII-Zeichen \x00 ('\0') abgeschlossen. Nach der Eingabe ist der Inhalt

s[0]	s[1]	s[2]	s[3]	s[4]	s[5]	s[6]	s[7]
's'	'c '	'h'	'u'	'l'	'e'	'\0'	

Man nennt einen so abgeschlossenen String auch null-terminiert. Um dieses En-dezeichen im String unterzubringen, muß man für einen String von 10 Zeichen also char s[11] vereinbaren. Die Funktion puts() gibt also die Zeichen ab s[0] bis zum Zeichen '\0' aus. Bei der Eingabe mit gets() wird keine Rück-sicht auf die Dimension bei der Vereinbarung genommen. Hat die Eingabe 12 Zeichen, so wird einfach mehr Speicherplatz benutzt, als mit char s[8] reser-viert worden ist. Mit

```
{ char s[8];
  int i;
  gets(s);          /* Eingabe mehr als 8 Zeichen */
  puts(s);
  for (i = 0; i < 15; i++)
      printf("%x %x\n", &s[i], s[i]);
}
```

kann man sich davon überzeugen. Das ist natürlich eine gute Möglichkeit, merk-würdige Fehler in einem Programm zu produzieren.

Eine andere Möglichkeit, einem String einen Wert zuzuweisen, ist die Initialisie-rung mit

```
char s[8] = "schule";     bzw.   char s[8] = {"schule"};
```

Dabei darf der Initialisierungsstring nicht größer als der angegebene Index (hier 8) sein. Der damit erzeugte Wert ist wieder null-terminiert.

Ein häufig vorkommender Fehler bei Anfängern ist der Versuch, einem String durch eine Zuweisung

```
s = "schule";
```

einen Wert zu geben. Das wird mit einem Fehler der Art "s ist kein L-Wert" quit-tiert. s ist eben die Adresse &s[0], ein Zeiger auf den Anfang des String. Und der Wert eines Zeigers kann kein String sein. Genauer muß man sagen, s ist ein Zeiger, aber keine Zeigervariable, die einen neuen Wert bekommen könnte! Auch mit der Formulierung

```
char t[8], s[8] = {"schule"};
t = s;
```

kann man aus demselben Grund den String s nicht nach t kopieren. Auch t ist eben kein L-Wert, zwar ein Zeiger, aber keine Zeigervariable.

Es liegt daher nahe, nicht mit Arrays von Zeichen, sondern mit Zeigern auf ein Zeichen umzugehen. In

```
char s[8] = {"schale"};
char *z;
puts(s);               /* Ausgabe: schale  */
z = s;
puts(z);               /* Ausgabe: schale  */
```

ist z eine Zeigervariable, der man den Wert von s übergeben kann. Den String "schale" gibt es natürlich nur einmal, nur s und z zeigen jetzt beide auf denselben String "schale".

Aus dem eben Gesagten könnte man schließen, daß

```
char *z;
z = "balkon";
```

nicht zulässig wäre. Das ist aber ein Trugschluß. Beim Compilieren wird der String "balkon" (im Stack) abgelegt, und bei der obigen Zuweisung bekommt eben der Zeiger z den Wert auf die Anfangsadresse von "balkon". Man hüte sich auch vor einer Konstruktion der Art

```
char *z;
gets(z);
```

Hier hat z noch keinen Wert bekommen, der auf den einzulesenden String zeigen würde.

Statt der elementaren Lese- und Schreibfunktionen gets() und puts() für Strings kann man auch scanf() und printf() und deren Formatmechanismus benutzen, um die Ein- und Ausgabe zu beeinflussen:

```
char s[10];
scanf("%5s",s);
printf("%20s\n",s);
```

liest nur die ersten 5 Zeichen nach s und gibt sie rechtsbündig in 20 Schreibstellen aus.

Die Äquivalenz von Arrays von Zeichen und Zeigern auf Zeichen hat zur Folge, daß man bei der Parameterübergabe von Strings zwei Formulierungen anwenden kann.

Beispiel 13.9:
Ein String wird einmal über den Index, einmal über Zeiger bearbeitet.

```
#include <stdio.h>

main()
{ char s[10];
  scanf("%s",s);
  printf("%s\n",s);
  printf("%d\n",laenge1(s));
  printf("%d\n",laenge2(s));
}

int laenge1(s)
char s[];
{ int i = 0;
  while (s[i] != '\0') i++;
  return i;
}

int laenge2(s)
char *s;
{ int i = 0;
  while (*s++ != '\0') i++;
  return i;
}
```

Beim Umgehen mit Strings kommen die Probleme Vergleichen, Kopieren, Aneinanderfügen usw. immer wieder vor. Dazu gibt es in string.h eine große Zahl von Standardfunktionen, von denen die wichtigsten in Bild 13.9 aufgelistet sind. Einige weniger wichtige Funktionen sind im Anhang C aufgeführt.

Funktion:	unsigned **strlen**(str)	<string.h>
Parameter:	char *str;	
Wirkung:	Es wird die Länge des String ermittelt, auf den str zeigt. Der String muß mit \0 enden.	

Funktion:	char ***strcpy**(ziel,quelle)	<string.h>
Parameter:	char *ziel, *quelle;	
Wirkung:	Der (mit \0 endende) String quelle wird nach ziel kopiert. Der Funktionswert ist ein Zeiger auf den String ziel.	

Funktion:	int **strcmp**(str1,str2)	<string.h>
Parameter:	char *str1, *str2;	
Wirkung:	Die beiden (auf \0 endenden) Strings str1 und str2 werden lexikographisch (im Sinne des ASCII-Zeichensatzes) verglichen.	

	Funktionswert	Bedeutung
	< 0	str1 < str2
	0	str1 = str
	> 0	str1 > str2

Achtung:	Der Wert ist false, wenn die Strings gleich sind.

Funktion:	char ***strcat**(str1,str2)	<string.h>
Parameter:	char *str1, *str2;	
Wirkung:	Es wird eine Kopie von str2 an str1 angefügt. Das Ende-Zeichen \0 von str1 wird durch das erste Zeichen von str2 überschrieben. Der Wert ist ein Zeiger auf str1.	
Achtung:	str1 muß genügend groß sein, um die Kopie von str2 aufzunehmen.	

Bild 13.9: Wichtige Funktionen mit Strings

Die folgenden Beispiele zeigen einige elementare Anwendungen.

Beispiel 13.10:
Es wird ein String gelesen. Danach werden alle Blanks entfernt und der neue String rückwärts ausgegeben.

```
#include <stdio.h>
main ()
{ char s[20], c[20];
  int i, k=0;
  puts("Einen String bitte:");
  gets(s);
  puts(s);
  /* s ohne blanks nach c kopieren: */
  for (i = 0; i < 20; i++)
      if (s[i] != ' ')  c[k++] = s[i];
  puts(c);
  /* c umgekehrt ausgeben */
  for (i = strlen(c)-1; i >= 0; i--)
                  printf("%c",c[i]);
}
```

Beispiel 13.11:
Es wird das erste Vorkommen eines Zeichens in einem String festgestellt.

```
#include <stdio.h>
#include <string.h>

main()
{ char str[80];
  char c;
  int nr;
  puts("Gib einen String:");
  gets(str);
  puts("Gib ein Zeichen:");
  c = getchar();
  printf("%s  %c\n", str, c);
  nr = suche(str,c);
  if (nr != 0)
      printf("%c in %s bei Stelle %d gefunden.\n",
                                        c, str, nr);
    else
      printf("%c in %s nicht gefunden.\n", c, str);
}

int suche(str,c)
char str[];
char c;
{ int i;
  for (i = 0; str[i] != c && str[i] != '\0'; ++i);
  if (i == strlen(str)) return 0;
                else    return i;
}
```

Beispiel 13.12:
Das folgende Beispiel kann dazu dienen, ein Passwort abzufragen.

```
main()
/* das korrekte Passwort heiße:  rosalinde */
{ char s[40];
  for (;;)        /* eine unendliche Schleife */
      {printf("Passwort: ");
       gets(s);
       if (!strcmp(s,"rosalinde"))
              {puts("ok\n"); break;}
          else printf("Passwort nicht korrekt\n");
      }
}
```

Beispiel 13.13:
Das folgende kleine Beispiel ist nicht gerade empfehlenswert. Es demonstriert
eher den Gebrauch von Zeigern und die Fähigkeiten einer for-Anweisung. Es
wird ein Zeiger z auf einen String str benutzt, um mit ++z nacheinander auf
die Zeichen zu zeigen. Bei *z == '\0' wird die for-Schleife abgebrochen.
Das ganze macht nichts anderes als puts(str).

```
#include <stdio.h>

main()
{ char str[80], *z;
  puts("Gib einen String:");
  gets(str);
  for (z = str; *z; ++z) printf("%c", *z);
}
```

Von großem Interesse sind Arrays von Strings bzw. Matrizen von Zeichen. Mit

```
char tab[10][80];
```

wird eine tabellenartige Matrix tab von 10 Zeilen zu je 80 Zeichen vereinbart.
Mit

```
char * tab[10];
```

wird ein Array tab von 10 Zeigern auf je ein Zeichen vereinbart. Nach dem über
Matrizen in Kap. 13.2 Gesagten, sind beide Gesichtspunkte natürlich weitgehend
identisch (Bild 13.10, s. a. Bild 13.6).

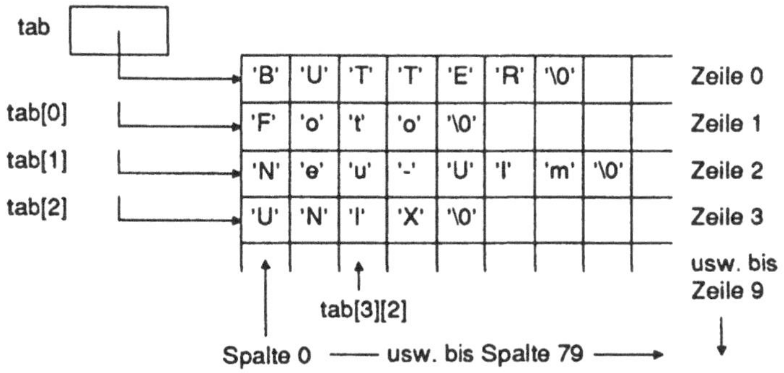

Bild 13.10: Eine Matrix von Zeichen oder ein Array von Strings

Beispiel 13.14:
Es soll eine Tabelle tab von MAXDING Zeilen zu je 80 Zeichen behandelt wer-
den. Jede Zeile enthält den Namen eines Dinges. Es sollen maximal MAXDING
Namen eingelesen und danach die Tabelle tab ausgegeben werden.

```
#include <string.h>
#define MAXDING 10

char tab [MAXDING] [80];
void lies_ding(char d[]);
void druck_tabelle(char tab[] [80]);

main()
{char ding[80];
 int i = 0;
 do { lies_ding(ding);
      strcpy(tab[i], ding);
      i++;
    }
 while ((ding[0] != '\0') && (i < MAXDING));
 druck_tabelle(tab);
}

void lies_ding(d)
char d[];
{
  puts("Gib einen Namen: (Ende = <RETURN>) ");
  gets (d);
}

void druck_tabelle(tab)
char tab[][80];
{ int i;
  puts("Tabelle:");
  for (i = 0; i < MAXDING; i++)
      { if (tab[i][0] == '\0') break;
        printf("%s\n", tab[i]);
      }
}
```

Die Behandlung einer Tabelle von maximal 10 Strings zu je maximal 80 Zeichen
wie im letzten Beispiel ist nicht sehr effektiv. Es wird ein Speicherplatz von 10 *
80 Bytes belegt, von dem dann nur ein Bruchteil benutzt wird. Es ist vielmehr
wünschenswert, nur soviele Strings zu speichern, wie wirklich vorkommen, und
für jeden String nur soviel Speicherplatz zu belegen, wie er wirklich braucht. Da-

zu braucht man eine dynamische Speicherverwaltung. Wir werden auf dieses Beispiel denn auch in Kap. 17.2 (Beispiele 17.5 und 17.6) noch einmal zurückkommen.

Fassen wir zum Schluß noch einmal zusammen:

`char c;`	ein Zeichen
`char *c;`	ein Zeiger auf ein Zeichen
`char c[20];`	ein Array von maximal 20 Zeichen
`char c[10][80]`	eine Matrix von 10 Zeilen zu je 80 Zeichen
`char *c[8];`	ein Array von maximal 8 Zeigern auf je ein Zeichen
`char f()`	eine Funktion, die ein Zeichen zurückgibt
`char *f()`	" " " einen Zeiger auf ein Zeichen zurückgibt
`char (* f)()`	Zeiger auf eine Funktion, die ein Zeichen zurückgibt

Pascal:
Das Umgehen mit Strings gehört nicht zu den Stärken von Pascal. In Standard-Pascal gibt es nur den Datentyp

```
TYPE string = PACKED ARRAY[1..max] OF char;
VAR  s : string;
```

Die Variable s muß dann aus genau max Zeichen bestehen. Für das Umgehen mit Strings gibt es auch praktisch keine Standardfunktionen.

In Turbo Pascal gibt es wenigstens den Standarddatentyp `STRING[]`, und eine Variable

```
VAR s : STRING[80];
```

kann aus maximal 80 Zeichen bestehen. Im Gegensatz zu C wird nicht das Ende eines aktuellen String durch '\0' gekennzeichnet, sondern die Länge steht in der Komponente `s[0]`. Der Vorrat an Standardfunktionen zur Stringbehandlung ist fast so reichhaltig wie der für Turbo C.

14. Struktur und Union

Der Datentyp Array besteht aus einer bestimmten, festen Anzahl von Komponenten, die alle von demselben Typ sind. Mitunter sind in Programmen Objekte zu bearbeiten, die zwar auch aus einer bestimmten Anzahl von Komponenten bestehen, die aber von verschiedenen Typen sind. Je nachdem, wie dabei mit dem Speicherplatz für die Komponenten verfahren wird, unterscheidet C die Typen Struktur und Union. In Pascal heißt ein solcher Datentyp Record bzw. varianter Record.

14.1 Struktur

Als Beispiel für eine Struktur seien Artikel genannt, von denen jeder durch eine Nummer (int), einen Namen (string), eine Stückzahl (int) und einen Preis (float) charakterisiert ist. Die Einführung eines solchen Datentyps und Variablen dieses Typs zeigt Bild 14.1.

Strukturvereinbarung:	

struct Typname	{ Typangabe Komponentenname;
	  Typangabe Komponentenname;
	      .
	      .
	      .
	} Variablenname ;

Wirkung:	Es wird eine Struktur vereinbart. Sie hat den Namen Typname. Die angegebene Variable ist von diesem Typ. Sie hat die angegebenen Komponenten.
Anmerkung:	Es kann entweder Typname oder Variablenname fehlen. Es gibt dann entweder nur die Variable oder den Typ. Statt Variablenname können auch mehrere genannt werden.

Bild 14.1: Vereinbarung einer Struktur

Am Beispiel der eben genannten Artikel könnte man also vereinbaren:

```
struct artikel {int nummer;
                char name[20];
                int stueckzahl;
                float preis;
              } dies, das, jenes;
```

Der Datentyp hat den Namen artikel, und es gibt drei Variable dies, das und jenes von diesem Typ. Fehlt der Name artikel, so gibt es eben nur die Variablen dies und das und jenes. Der Typ hat dann keinen Namen und damit können Variable dieses Typs nicht als Funktionsparameter und Funktionswerte gebraucht werden. Fehlen die Variablen dies und das und jenes, so gibt es eben nur den Datentyp artikel, ohne daß es Variable dieses Typs gibt. Sie können später vereinbart werden. So wird man in der Praxis zumeist den Typ global vereinbaren und Variable dieses Typs dann lokal in den Funktionen:

```
struct artikel {int nummer;
                char name[20];
                int stueckzahl;
                float preis;
                };

main()
{ struct artikel dies, das, jenes;
....
}
```

Mit der Vereinbarung von dies sind zugleich die Komponenten als einzelne Variable vereinbart. Sie werden durch einen Punkt hinter dem Namen der Strukturvariablen bezeichnet:

```
dies                Gesamtheit aller Komponenten
dies.nummer         Typ int
dies.name           Typ char []
dies.stueckzahl     Typ int
dies.preis          Typ float
```

Genauer hat dies als Wert die Anfangsadresse von dies.nummer und dies.name hat (als String) als Wert die Adresse des ersten Zeichens von dies.name.

Weiter ist dann mit

```
struct artikel dies, *z;
z = &dies;
```

z ein Zeiger auf einen Artikel und z zeigt auf dies (s. Bild 14.2). Wegen der Vorrangregeln der Operatoren . (Stufe 0) und * (Stufe 1) ist (*z).nummer dasselbe wie dies.nummer. Eine kürzere und prägnantere Schreibweise erlaubt der Operator -> (Stufe 0). So ist z->nummer dasselbe wie (*z).nummer oder dies.nummer. Nach Bild 14.2 ist also

Wert: 2365   dies.nummer oder (*z).nummer   oder   z->nummer
 Adresse: 9A &dies.nummer oder &(*z).nummer oder &z->nummer

```
        z  = &dies              dies = *z

FFEE  │    9A   ──┼──→  9A  │   2365   │   dies.nummer
                       9C  │  "Roller" │   dies.name
                       B0  │    127    │   dies.stueckzahl
                       B2  │   89.45   │   dies.preis
                           └───────────┘   (*z).preis
                                           z->preis
```

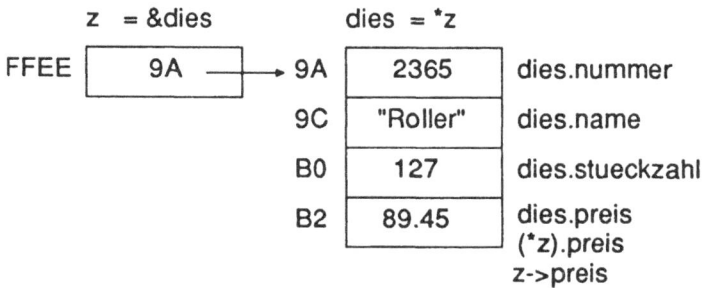

Bild 14.2: Strukturen und Zeiger

Initialisieren läßt sich eine Variable des Typs artikel mit

```
static struct artikel dies
                = {2365, "Roller", 127, 89.45};
```

Bemerkenswert ist noch, daß im Gegensatz zu einer Arrayvariablen eine Strukturvariable L-Wert sein kann. Nach

```
struct artikel dies, das;
das = dies;
```

erhält das als Wert eine vollständige Kopie aller Komponenten von dies.

Mit

```
struct artikel a[10];
```

wird ein Array von 10 Artikeln vereinbart.

```
a[5].preis
```

ist der preis des 5. Artikels (die Operatoren [] . sind beide von der Stufe 0 und werden von links nach rechts abgearbeitet). Im Zusammenhang mit Funktionen wie

```
struct artikel fkt1()

fkt2(art)
struct artikel art;
```

liefert fkt1 einen Funktionswert vom Typ artikel, fkt2 hat einen Parameter dieses Typs.

Die folgenden Beispiele demonstrieren den Gebrauch des Datentyps struct.

Beispiel 14.1:
Es wird der Zusammenhang zwischen Strukturen und Zeigern demonstriert.

```
struct stadt { int plz;
               char name[12];
               unsigned long int  einwohner;
               char kfz[4]; }

main()
{static struct stadt *ps,t,
               s = {7900,"Ulm",99999," UL"};
/* Initialisierung einer Struktur */
  printf("%d %s %ld %s \n",
         s.plz, s.name, s.einwohner, s.kfz);
/* Zuweisung des Wertes einer Struktur an
   eine andere */
  t = s;
  printf("%d %s %ld %s \n",
          t.plz, t.name, t.einwohner, t.kfz);
/* Zuweisung ueber einen Zeiger */
  ps = &s;
  printf("%d %s %ld %s \n",
  (*ps).plz, (*ps).name, (*ps).einwohner, (*ps).kfz);
/* ist ps ein Zeiger auf eine Struktur, so kann man
   mit ps-> auf die Komponenten zugreifen */
  printf("%d %s %ld %s \n",
          ps->plz, ps->name, ps->einwohner, ps->kfz);
}
```

Das Ergebnis ist viermal dasselbe: 7900 Ulm 99999 UL

Beispiel 14.2:
Es werden Angaben über Städte aus stdin gelesen und ueber stdout protokolliert. Das Beispiel zeigt, wie eine Struktur als Parameter verwendet werden
kann.

```
#include <stdio.h>
struct stadt { int plz;
               char name[12];
               unsigned long int  einwohner;
               char kfz[4];
             };
void liesstadt(struct stadt *s);
void druckstadt(struct stadt s);
```

```
main()
{ struct stadt s;
  liesstadt(&s);
  druckstadt(s);
}

void liesstadt(s)
struct stadt *s;
{ printf("plz:        "); scanf("%d",&(s->plz));
  printf("name:       "); scanf("%s",s->name);
  printf("einwohner:"); scanf("%ld", &(s->einwohner));
  printf("kfz:        "); scanf("%s",s->kfz);
}

void druckstadt(s)
struct stadt s;
{ printf("%4d %14s %8ld %3s\n",
        s.plz, s.name, s.einwohner, s.kfz);
}
```

Beispiel 14.3:
Es wird ein Array von Strukturen eingelesen und ausgegeben.

```
struct stadt { int plz;
              char name[12];
              unsigned long int  einwohner;
              char kfz[4];
            };
void liesstadt(struct stadt *s);
void druckstadt(struct stadt s);
/* Aus Beispiel 14.2 */

main()
{ struct stadt s[5];
  int i;
  for (i = 0; i < 5; i++) liesstadt(&s[i]);
  for (i = 0; i < 5; i++) druckstadt(s[i]);
}
```

Die obigen Beispiele demonstrierten den Basismechanismus beim Umgehen mit dem Datentyp struct. Die reale Nützlichkeit wird sich erst in Kap. 16 beim Thema Dateien zeigen (wo ein Datensatz vom Typ struct sein wird) und in Kap. 17 bei der dynamischen Speicherverwaltung, wo aus Strukturen verkettete

Datenstrukturen wie Listen und Bäume gebildet werden, deren Elemente im Heap liegen.
Pascal:
Der Datentyp struct entspricht völlig dem Datentyp RECORD in Pascal.

14.2 Bitfelder

Bisher konnten Zahlen nur mit mindestens 16 Bit gespeichert werden. Falls man es mit Variablen zu tun hat, deren Werte alle nur im Bereich 0..15 liegen, käme man mit 4 Bit pro Variable aus, und man könnte dann den Wunsch haben, die Werte dieser vier Variablen alle innerhalb von 16 Bit zu speichern. Um dies zu ermöglichen gibt es in C den Begriff Bitfeld, womit der Speicher viel besser ausgenutzt werden kann. Es wird dazu der Datentyp struct in einer speziellen Form verwendet (Bild 14.3).

Bitfeld-Vereinbarung:

    struct Typname   { Typangabe Komponentenname :Breite;
                              Typangabe Komponentenname :Breite;
                              .
                              .
                              .
                      } Variablenname;

Wirkung: Es wird eine Struktur namens Typname vereinbart. Eine Variable dieses Typs hat 16 Bit. Darin können die angegebenen Komponenten mit der jeweils angegebenen Breite von Bit gehalten werden. Typangabe kann sein signed int oder unsigned int. Fehlt bei einer Komponente der Name, bleibt das Feld der angegebenen Breite unbenutzt.

Anmerkung: Es kann entweder Typname oder Variablenname fehlen. Es gibt dann entweder nur die Variablen oder den Typ.

Bild 14.3: Vereinbarung eines Bitfeldes

Nehmen wir als Beispiel, daß man Dinge mit folgenden Angaben versehen will:

nr	0..63
defekt	Ja/Nein 1/0
verliehen	Ja/Nein 1/0
verloren	Ja/Nein 1/0
gefallen	Benotung -5..+5
erhaltung	Benotung 0..7

Bei einer Struktur der Art

```
struct ding {int nr;
             int defekt;
             int verliehen;
             int verloren;
             int gefallen;
             int erhaltung;
             };
struct ding roller;
```

brauchte man für die Variable `roller` 6*16 = 96 Bit, während man doch insgesamt mit 16 Bit auskäme. Ein Bitfeld bietet die Möglichkeit, dies zu tun:

```
struct ding
        {unsigned nr        :6;   /* 0 .. 63 */
         unsigned defekt     :1;   /* 1/0  Ja/Nein */
         unsigned verliehen :1;   /* 1/0  Ja/Nein */
         unsigned verloren   :1;   /* 1/0  Ja/Nein */
         signed   gefallen   :4;   /* -8 .. +7 */
         unsigned erhaltung :3;   /* 0 .. 7 */
         };
struct ding roller;
```

Die Variable `roller` braucht dann nur 16 Bit mit folgender Verteilung (Bild 14.4), wobei die Komponenten von rechts nach links gespeichert werden. Die als unsigned vereinbarten Komponenten werden als Dualzahlen ohne Vorzeichen, die als signed vereinbarten Komponenten mit Vorzeichen und (bei < 0) durch das Zweier-Komplement dargestellt (s. die Komponente gefallen).

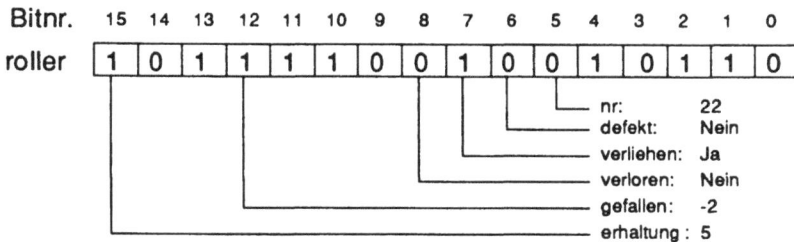

Bild 14.4: Beispiel für ein Bitfeld

Zugegriffen wird auf die Komponenten entweder über den Punktoperator wie

```
roller.nr = 22;
roller.gefallen = -2;
```

oder bei Zeigern über den Pfeiloperator wie

```
struct ding *dptr = roller;
dptr -> erhaltung = 5;
```

Mit Bitfeldern sind allerdings auch einige Einschränkungen verbunden. Es gibt keine Arrays von Bitfeldern. Man kann die Bitlänge 16 nicht überschreiten. Und es gibt keine Adressen der Komponenten von Bitfeldern wie &roller.verloren. Die Anordnung der Komponenten innerhalb der 16 Bit kann maschinenabhängig sein. Bitfelder können aber Komponenten von anderen Strukturen sein!

14.3 Union

Eine Union ist rein äußerlich eine Struktur (Bild 14.5). Der wesentliche Unterschied besteht in der Zuteilung von Speicherplatz an die Komponenten. Bei einer Struktur hat jede Komponente ihren eigenen Speicherplatz, d.h. eine Strukturvariable besteht aus allen ihren Komponenten, die es gleichzeitig gibt. Bei einer Union haben die Komponenten alle denselben Speicherplatz, d.h. es gibt nur Speicherplatz für eine (die größte) Komponente. Es wird also derselbe Speicherplatz für Variable verschiedener Typen benutzt. Das ist eine ebenso leistungsfähige, auch trickreiche, wie gefährliche Konstruktion.

Unionvereinbarung:

    union Typname   { Typangabe Komponentenname;
                        Typangabe Komponentenname;

                        .
                        .
                        .

                        } Variablenname ;

Wirkung: Es wird eine Union namens Typname vereinbart. Die angegebenen Variable ist von diesem Typ. Sie hat die angegebenen Komponenten. Die verschiedenen Komponenten belegen denselben Speicherplatz.

Anmerkung: Es kann entweder Typname oder Variablenname fehlen. Es gibt dann entweder nur die Variable oder den Typ.

Bild 14.5: Vereinbarung einer Union

Betrachten wir den einfachen Fall

```
union common {int i;
               unsigned char c[2];
             } co, * coptr;
```

Zur Variable co gehören 16 Bit = 2 Byte, die wahlweise als int-Wert oder 2 Zeichen interpretiert werden können (Bild 14.6). Der Zugriff zu den Komponenten einer Union erfolgt wie bei einer Struktur mit dem Punktoperator (co.i oder co.c), wenn die Variable co direkt benutzt wird, bzw. mit dem Pfeiloperator ->, wenn man über einen Zeiger auf eine Union zugreifen will (coptr -> i oder coptr -> c).

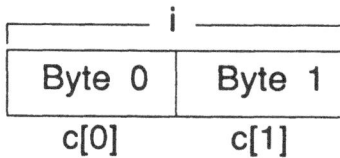

Bild 14.6: Gemeinsamer Speicherplatz für union common

Das folgende Beispiel benutzt für einen long int-Wert und 4 Zeichen dieselben 32 Bit = 4 Byte. Das Programm gibt die Werte wie die Adressen aus, so daß man sehen kann, wie int-Werte beim 8086 gespeichert werden. Das niederwertigste Byte hat die kleinste, daß höchstwertige Byte die größte Adresse. Es kommt also darauf an, wie man die Zahl im Speicher lesen will: Von kleinen nach größeren Adressen gelesen, steht die Zahl verkehrt im Speicher, von größeren zu kleineren Adressen gelesen, normal.

Beispiel 14.4:
Ein long int-Wert und ein String von 4 Zeichen benutzen denselben Speicherplatz.

```
union common { long com_long;
               unsigned char com_char[4];
             };

main()
{union common co;
 int i;

 printf("Bitte eine long eingeben: ");
 scanf("%ld", & co.com_long);
 printf("eingelesen wurde %ld  Adresse %X\n",
                 co.com_long, &co.com_long);
```

```
   for (i = 0; i <= 3; i++)
       printf("char %d: %4X  Adr: %4X\n",
              i,co.com_char[i], &co.com_char[i]);
}
```
■

Wenn man das Beispiel 14.4 mit

```
union common { float com_float;
               unsigned char com_char[4];
             };
```

bzw.

```
union common { double com_double;
               unsigned char com_char[8];
             };
```

laufen läßt, kann man sich ansehen, wie gebrochene Zahlen intern gespeichert werden. Bei `float` steht im höchsten Byte `co.com_char[3]` der Exponent (8 Bit), bei `double` in `co.com_char[7]` und die rechten 3 Bit von `co.com_char[6]` (Exponent also 11 Bit).

So praktisch es auch sein mag, denselben Speicherplatz für Variablen verschiedenen Typs benutzen zu können, so erfordert es doch auch große Sorgfalt. Es ist natürlich fatal, den Speicherplatz mit einem int-Wert zu belegen und dann als char (aus Versehen) zu benutzen. Man sollte eine Art Buchführung über die momentane Art der Belegung machen und bei der Benutzung auf die Buchführung zurückgreifen. Dies könnte etwa so aussehen.

```
# define ZAHL    1
# define ZEICHEN 2

union common { long com_long;
               unsigned char com_char[4];
             };
union common v;
int art;
```

Bei einer Belegung mache man

```
   v.com_long = 19678;  art = ZAHL;
```

bzw.

```
   v.com_char[0] = 'W'; art = ZEICHEN;
```

Beim Benutzen von v greife man auf art zurück:

```
if (art == ZAHL) /* v.com_long verwenden */
    else if (art = ZEICHEN) /* v.com_char verwenden */
```

Pascal:
Der Datentyp union entspricht einem varianten Record in Pascal. Während in C struct und union getrennte Typen sind, ist in Pascal ein varianter Record immer nur Bestandteil eines Records, der auf den festen Teil folgen muß.

15. Aufzählung

Bisher bestanden die Werte von Variablen aus Zeichen oder Zahlen. Mitunter ist es aber zweckmäßig, daß die Werte Farben, Wochentage, Vornamen oder irgendwelche anderen Dinge sein sollen. Und es ist dann wünschenswert, daß die Werte im Programm auch so benannt werden können. Dazu gibt es in C den Datentyp enum (engl. enumeration = Aufzählung). Die Form der Vereinbarung zeigt das Bild 15.1.

Datentyp Aufzählung:

      enum Typname {Werteliste} Variablenname ;

Wirkung: Die Werteliste zählt die Konstanten dieses Typs auf. Die Konstanten sind als Namen anzugeben. Die Konstanten bilden eine geordnete Menge und werden intern durch ganze Zahlen 0, 1,... dargestellt.
Soll nur der Typname vereinbart werden, kann der Variablenname entfallen. Sollen nur Variable dieses Typs vereinbart werden und wird der Typname sonst nicht gebraucht, kann der Typname entfallen.

Bild 15.1: Vereinbarung des Typs enum

Nach der Vereinbarung des Typnamens farbe mit

```
enum farbe {rot, lila, blau, gruen, gelb};
```

gebe es die Variablenvereinbarung

```
enum farbe ball;
int i;
```

Die Namen der Farben und die zugehörigen int-Werte sind völlig gleichberechtigt, d.h. ball kann sowohl den Wert blau als auch 2 bekommen. Und andererseits kann die int-Variable i als Werte Farben annehmen:

```
ball = blau;      gleichwertig mit    ball = 2;
i = 2;                 "    "         i = blau; oder i = ball;
```

Die Variable ball kann wie eine int-Variable behandelt werden:

```
ball++              nächste Farbe
for (ball = rot;    ball <= gruen; ball++)
```

Natürlich ist es nicht der Sinn des Datentyps enum, für die Konstanten dieses Typs Namen einzuführen, um dann neben den Namen die zugehörigen Ordinalzahlen zu verwenden. Es ist guter C-Stil und auch wegen der Portabilität zu empfehlen, dann einen cast-Operator zu verwenden:

```
ball = (enum farbe) i;
i    = (int) ball;
```

In dem folgenden Beispiel werden bei Ein- und Ausgabe nur die Namen der Konstanten verwendet.

Beispiel 15.1:
Das folgende Programm liest und schreibt eine Farbe mit Hilfe zweier Funktionen lies_farbe() und druck_farbe(). Ob eine gültige Farbe gelesen wurde, kann in lies_farbe() oder druck_farbe() geprüft werden. Hier ist es in beiden Funktionen gemacht worden.

```
#include <string.h>
enum farbe {rot, gelb, blau, lila, weiss, gruen};
void druck_farbe(enum farbe f);
void lies_farbe(enum farbe *f);

main()
{enum farbe ball;
 lies_farbe(&ball);
 druck_farbe(ball);
}

void lies_farbe(f)
enum farbe *f;
{static char *s[] =
    {"rot", "gelb", "blau", "lila", "weiss", "gruen"};
 char str[10];
 enum farbe c;
 do
 {
  puts("Gib eine Farbe:");
  gets(str);
  for (c = rot; c <= gruen; c++)
      if (!strcmp(str,s[c])) break;
 }
 while (c == 6);
 *f = c;
}
```

```
void druck_farbe(f)
 enum farbe f;
 {switch (f)
  {case rot  : puts("rot  "); break;
   case gelb : puts("gelb "); break;
   case blau : puts("blau "); break;
   case lila : puts("lila "); break;
   case weiss: puts("weiss"); break;
   case gruen: puts("gruen"); break;
   default:    puts("Keine gültige Farbe"); break;
  }
 }
```

■

Bei einem Aufzählungstyp sollte man dafür sorgen, daß die Bereichsgrenzen nicht überschritten werden. Dazu kann man etwa darauf verzichten, einfach mit ball++ zum nächsten Wert zu zählen, sondern zwei Funktionen successor (Nachfolger) oder predecessor (Vorgänger) einzuführen, bei denen der Nachfolger des letzten Wertes wieder der erste, der Vorgänger des ersten Wertes der letzte ist. Das Beispiel 15.2 enthält diese Funktionen.

Beispiel 15.2:

```
#define FARBZAHL 6
typedef enum
    farbe {rot, gelb, blau, lila, weiss, gruen} FARBE;
FARBE succ(FARBE f);
FARBE pred(FARBE f);
/* Die folgenden cast-Operatoren können bei Turbo C
   auch entfallen */

main()
{FARBE ball;
 ball = (FARBE) 3;
 printf("vor: %d  %d  nach: %d\n",
         pred(ball), ball, succ(ball));
}

FARBE succ(f)
FARBE f;
{ return (FARBE) (((int) f+1) % FARBZAHL);
}

FARBE pred(f)
FARBE f;
{int pr;
```

```
    pr = ((int) f - 1) % FARBZAHL;
    return (pr < 0) ? (FARBE) FARBZAHL-1 : (FARBE) pr;
}
```

■

Beispiel 15.3:
Nach einer Wahl sind Parlamentssitze zu vergeben. Es sind 20 Sitze zu vergeben, um die sich 5 Parteien bewerben. In einem Array stimmen[5] stehen die erhaltenen Stimmen, danach in mandate[5] die jeweils erhaltenen Mandate. Es wird das Höchstzahlverfahren nach d'Hondt angewendet. Aus Platzgründen kann dieses Verfahren hier nicht weiter beschrieben werden. Ein unkundiger Leser wird auf das Wahlgesetz verwiesen. Programmtechnisch wird für die Namen der Parteien ein Aufzählungstyp verwendet. Alle Variablen sind global.

```
#define SITZE 20
#define PARTEI_ZAHL 5
enum partei {cdu, csu, spd, fdp, gruene};

/* Globale Variable */
int stimmen[PARTEI_ZAHL];
int mandate[PARTEI_ZAHL] = {0,0,0,0,0};

/* Prototypen */
void lies_stimmen(void);
void sitze_verteilen(void);
void ergebnis(void);

main ()
{ lies_stimmen();
  sitze_verteilen();
  ergebnis();
}

void lies_stimmen(void)
{static char
        *p[] = {"cdu", "csu", "spd", "fdp", "gruene"};
 enum partei part;
 for (part = cdu; part <= gruene; part++)
     {printf("\nStimmen: %s ",p[part]);
      scanf("%d", &stimmen[part]);
     }
}

void sitze_verteilen(void)
{float dhondt[PARTEI_ZAHL];
 int i, k, maxnr;
```

```
for (i = 0; i < PARTEI_ZAHL; i++)
   dhondt[i] = (float) stimmen[i];
for (i = 1; i <= SITZE; i++)
  {/* Ermittlung der größten Dhondt-Zahl:*/
    {int j,nr=0;
     float m = dhondt[0];
     for (j = 1; j < PARTEI_ZAHL; j++)
       if (m < dhondt[j]) {m = dhondt[j]; nr = j;}
     maxnr = nr;
    }
    /* Partei maxnr erhält ein Mandat */
    mandate[maxnr] += 1;
    dhondt[maxnr]
        = (float) stimmen[maxnr]/(mandate[maxnr]+1);
  }
}

void ergebnis(void)
{enum partei p;
 puts("\n         cdu     csu     spd     fdp     gruene");
 printf("Stimmen:");
 for (p = cdu; p <= gruene; p++)
           printf("%6d ",stimmen[p]);
 printf("\nMandate:");
 for (p = cdu; p <= gruene; p++)
           printf("%6d ",mandate[p]);
}
```

Natürlich kann man mit dem Typ enum wieder kompliziertere Typen aufbauen:

```
enum farbe fahne[3];         Array von drei Farben
enum farbe brett[8][10];     8*10-Matrix von Farben
enum farbe *zeiger;          Zeiger auf eine Farbe
enum farbe f()               Funktion, die eine Farbe zurückgibt
enum farbe *f()              Funktion, die einen Zeiger auf eine
                             Farbe zurückgibt
```

Pascal:
Der Aufzählungstyp wird in Pascal ebenso benutzt:

```
VAR partei : (cdu, csu, spd, fdp, gruene);
    i : integer;
```

Die aufgezählten Konstanten haben ebenfalls die Nummern 0 .. 4. Typisch für Pascal ist wieder, daß `partei` keine integer-Werte bekommen kann und `i` keinen Wert des Aufzählungstyps. Einen Zusammenhang gibt es nur über die Funktion `ord()`, z.B.

```
i := ord(spd);            (* wie i := 2; *)
```

Nur Turbo Pascal ist da etwas großzügiger.

16. Dateien

Jedes Programm verkehrt über E/A-Funktionen mit seiner Umgebung (s. Bild 7.1). Bei jedem Lesen und Schreiben ist festzulegen, woher und wohin gelesen bzw. geschrieben werden soll und wie dies im Einzelnen zu geschehen hat. Zu C gibt es eine Standard-I/O-Bibliothek, in der eine große Anzahl von Lese/Schreibfunktionen zu Dateien enthalten ist. In C wird der Zugriff zu Dateien auf einer relativ niederen Ebene durchgeführt, was zur Folge hat, daß es vielmehr E/A-Funktionen als in anderen Programmiersprachen gibt.

Bei einer Datei sollte man unterscheiden, ob es sich um eine Textdatei oder eine Binärdatei handelt. Eine Textdatei ist einfach eine Folge von ASCII-Zeichen mit einer Zeilenstruktur. In einer Binärdatei kann Objektcode stehen. Es wird der Sorgfalt des Programmierers überlassen zu wissen, wie ein Dateiinhalt zu interpretieren ist. Man muß eben wissen, ob in der Datei die Zeichenkette "1234" (also die vier ASCII-Zeichen '1','2','3','4') steht oder die Dualzahl 1234.

Beim Umgehen mit einer Datei sind zwei Dinge auseinanderzuhalten. Es gibt einmal eine Datei (engl. File), aus der gelesen oder in die geschrieben werden soll. Das kann irgendein Gerät wie Tastatur oder Bildschirm sein oder eine Diskettendatei. Die Datei hat für das Betriebssystem einen Namen wie "A:DATEN.TXT".

Um in einem C-Programm mit einer solchen Datei zu verkehren, wird der Begriff Datenstrom (kurz Strom, engl. stream) eingeführt. Dazu gibt es eine in der Definitionsdatei stdio.h definierte Struktur FILE, in deren Komponenten Informationen über die Datei (wie Name, aktuelle Fileposition, Schreib/Lesepuffer, Zugriffsart usw.) gehalten werden. Programmtechnisch wird ein Strom durch einen Zeiger auf eine Struktur vom Typ FILE realisiert. Mit

```
FILE * fp;
```

wird ein solcher Zeiger, also ein Strom fp, vereinbart. Jeder Zugriff zu der Datei erfolgt nun über den Filezeiger oder Strom fp.

Vor dem erstmaligen Zugriff zu der Datei muß ein Strom eingerichtet und mit einer konkreten Datei verbunden werden. Dazu gibt es die Funktion fopen() (s. Bild 16.1). Der Aufruf von fopen() hat also zwei Aufgaben: Es wird ein Strom angelegt (also ein Zeiger auf eine Datenstruktur FILE erzeugt) und dieser Strom mit einer Datei verbunden:

```
fp = fopen("DATEN.TXT","r");
```

fp zeigt nun auf eine Struktur vom Typ FILE, in der u.a. der Name DATEN.TXT steht sowie der Vermerk "r" = "Lesen". Außerdem ist die Datei

```
Funktion:     FILE *fopen(filename, mode)              <stdio.h>
Parameter:    char *filename,  char *mode;
Wirkung:      Es wird ein Datenstrom zu der Datei filename eingerichtet.
              mode beschreibt den Eröffnungsstatus. Er kann sein:
              "r"    Öffnen einer Textdatei zum Lesen. Die Datei muß es
                     bereits geben.
              "w"    Erzeugung einer Textdatei zum Schreiben. Falls es sie
                     schon gibt, wird ihr Inhalt gelöscht.
              "a"    Anfügen an eine vorhandene Textdatei. Falls es sie
                     noch nicht gibt, wird sie erzeugt.
              "r+"   Öffnen einer Textdatei zum Lesen/Schreiben. Die Da-
                     tei muß es bereits geben.
              "w+"   Öffnen einer neuen Textdatei zum Schreiben/Lesen.
                     Falls es sie schon gibt, wird ihr Inhalt gelöscht.
              "a+"   Öffnen oder Erzeugen einer Textdatei zum Lesen und
                     anfügen.

              Wird dem Modus ein b hinzugefügt, beziehen sich die Operatio-
              nen auf Binärdateien. Der Funktionswert ist ein Zeiger auf einen
              Datenstrom.
```

Bild 16.1: Öffnen einer Datei

DATEN.TXT auf den Anfang positioniert. Man sagt dann auch, die Datei DA-TEN.TXT ist geöffnet. fopen() liefert den Zeiger NULL (= 0) zurück, wenn es die Datei DATEN.TXT nicht gab. Man sollte also besser

```
    if ((fp = fopen("DATEN.TXT","r")) == NULL)
        {puts("Datei konnte nicht eröffnet werden.");
         exit(1);
        }
schreiben.
```

stdin, stdout und stderr sind solche Datenströme, die beim Starten eines Programmes automatisch eingerichtet und eröffnet werden.

Nach der Existenz eines Stromes fp kann mit einer großen Zahl von E/A-Funktionen, die gleich beschrieben werden, aus der in fopen() angegebenen Datei gelesen oder in sie geschrieben werden. Jede Datei hat ein definiertes Ende, dessen Erreichen abgefragt werden kann. Dazu gibt es in stdio.h die Konstante EOF (= End of File), die als -1 definiert ist. Eine typische Lesekonstruktion ist also

```
    while ((c=getc(fp)) != EOF) /* mache etwas mit c */
```

Es ist sorgfältig darauf zu achten, daß der Dateizugriff ordentlich beendet wird. Das bedeutet einmal, daß beim Schreiben der Puffer nach der Datei geleert wird und die Dateiverbindung, eben der Strom, rückgängig gemacht wird. Man sagt auch, die Datei wird geschlossen. Dazu wird die Funktion `fclose()` von Bild 16.2 benutzt.

Funktion:	int **fclose** (fp)	<stdio.h>
Parameter:	FILE *fp	
Wirkung:	Der mit `fopen()` eröffnete Datenstrom `fp` wird geschlossen, d.h. die noch im Puffer befindlichen Daten werden in die Datei geschrieben. Der Funktionswert ist 0, wenn das Schließen korrekt verlaufen ist, sonst -1.	

Bild 16.2: Schließen einer Datei

Man beachte, daß in einem C-Programm nur eine maximale Anzahl Dateien geöffnet sein kann. Eine typische Anweisungsfolge ist also

```
FILE * fp;
if ((fp = fopen("DATEN.TXT","r")) == NULL)
    {puts("Datei konnte nicht eröffnet werden.");
    exit(1);
    }
/* Datei DATEN.TXT lesen und verarbeiten */
fclose(fp);  /* evtl mit if (fclose(fp) != NULL) ...*/
```

Eine Datei kann man sich vorstellen als eine Folge von Zeichen. Man spricht dann auch von einer Textdatei. Die Bearbeitung einer solchen Datei kann also einfach im Lesen und Schreiben von Zeichen bestehen. Bild 16.3 enthält die beiden Funktionen `getc()` und `putc()` zur Übertragung von einzelnen Zeichen. Die Beispiele 16.1 und 16.2 demonstrieren ihren Gebrauch.

Funktion:	int **getc**(fp)	<stdio.h>
Parameter:	FILE *fp;	
Wirkung:	Es wird aus der durch `fp` bezeichneten Datei ein Zeichen gelesen und zurückgeliefert.	
Funktion:	int **putc**(c,fp)	<stdio.h>
Funktion:	int **fputc**(c,fp)	<stdio.h>
Parameter:	int c; FILE *fp;	
Wirkung:	Es wird das Zeichen `c` nach `fp` ausgegeben. Der Funktionswert ist das Zeichen. `putc` ist ein Makro, `fputc` eine Funktion.	

Bild 16.3: Lesen und Schreiben eines Zeichens

Beispiel 16.1:
Kopieren von Tastatur auf den Bildschirm und in eine Datei

```
#include <stdio.h>
main()
{  int c;
   FILE *fp;
   fp = fopen("daten.t","w");
   for(;(c=getchar()) != EOF ;)
     { printf("%c",c);
       putc(c,fp);
     }
   printf("\n") ;
   fclose(fp);
}
```

■

Beispiel 16.2:
Es wird eine Datei zeichenweise kopiert, wobei quelle und ziel eingelesen
werden.

```
#include <stdio.h>

void copy(char source[], char destination[]);

main()
{char quelldatei[14], zieldatei[14];
 printf("Name der Quelle:"); gets(quelldatei);
 printf("\nName des Ziels:"); gets(zieldatei);
 copy(quelldatei,zieldatei);
}

void copy(source,destination)
char source[],destination[];
{FILE *s,*d;
 char c;
 s = fopen(source,"r");
 if (s == NULL)
    { printf("Datei %s nicht gefunden\n",source);
      exit(1);
    }
 d = fopen(destination,"w");
 while ((c=getc(s)) != EOF) putc(c,d);
 fclose(s); fclose(d);
 printf("%s nach %s kopiert\n",source, destination);
}
```

Wird die Zieldatei mit PRN angegeben, erfolgt die Ausgabe auf den Drucker. Ist sie mit CON angegeben, erfolgt die Ausgabe auf den Bildschirm.

Man kann natürlich auch Strings lesen und schreiben. Dazu gibt es die beiden Funktionen fgets() und fputs() von Bild 16.4. Hat die Datei eine Zeilenstruktur, so kann man die Funktion copy() von Beispiel 16.2 auch durch zeilenweises Kopieren realisieren.

Funktion:	char *fgets(str, n, fp)	\<stdio.h>
Parameter:	char *str; int n; FILE *fp;	
Wirkung:	Es wird eine Zeichenfolge aus der durch fp bezeichneten Datei gelesen und ab str gespeichert. Nach maximal n-1 Zeichen (oder vorher bei \n) wird das Lesen beendet und an die Zeichenkette\0 angefügt. Ein gelesenes \n wird gespeichert. Der Funktionswert ist ein Zeiger auf str, beim Erreichen des Dateiendes der Zeiger NULL.	
Funktion:	int fputs(str,fp)	\<stdio.h>
Parameter:	char *str; FILE *fp;	
Wirkung:	Der mit \0 endende String str wird in den Strom fp geschrieben. Der geschriebene String wird nicht mit \n beendet. Der Funktionswert ist das letzte Zeichen oder im Falle eines Fehlers EOF	

Bild 16.4: Lesen und Schreiben eines String

Beispiel 16.3:
Es wird eine Datei zeilenweise kopiert, wobei quelle und ziel eingelesen werden.

```
#include <stdio.h>

void copy(char source[], char destination[]);

main()
{char quelldatei[14], zieldatei[14];
 printf("Name der Quelle:");  gets(quelldatei);
 printf("\nName des Ziels:"); gets(zieldatei);
 copy(quelldatei,zieldatei);
}

void copy(source,destination)
char source[],destination[];
{FILE *s,*d;
```

```
char *line;
if ((s = fopen(source,"r")) == NULL)
    { puts("Datei nicht gefunden");
      exit(1);
    }
d = fopen(destination,"w");
while (fgets(line,80,s) != NULL) fputs(line,d);
fclose(s); fclose(d);
printf("%s nach %s kopiert\n",source, destination);
}
```

■

Funktion:	int **ferror**(fp)	<stdio.h>
Parameter:	FILE *fp;	
Wirkung:	Hat es beim Schreiben oder Lesen des Stromes fp einen Fehler gegeben, ist der Funktionswert ungleich 0, sonst gleich 0.	

Bild 16.5: Fehlerhaftes Lesen oder Schreiben

Es könnte ja sein, daß ein lesender oder schreibender Zugriff auf eine Datei nicht richtig ausgeführt werden konnte. Um das zu überprüfen, gibt es die Funktion ferror() von Bild 16.5. Wenn man also ganz sicher vorgehen wollte, könnte man jedes Lesen oder Schreiben mit ferror() prüfen:

```
fgets(line,80,fp);
printf("%d\n",ferror(fp));
```

oder

```
if (ferror(fp))   /* Fehlerbehandlung */
```

Funktion:	int **fprintf**(fp,"Formatstring",Argument_liste) <stdio.h>
Parameter:	FILE *fp;
Wirkung:	Dieselbe Wirkung wie printf() von Bild 7.4 nur für den Datenstrom fp.
Funktion:	int **fscanf**(fp,"Formatstring",Argument_Liste) <stdio.h>
Parameter:	FILE *fp;
Wirkung:	Dieselbe Wirkung wie scanf() von Bild 7.6 nur für den Datenstrom fp.

Bild 16.6: Formatiertes Lesen und Schreiben

Es könnte sein, daß in der Datei jede Zeile Angaben von gleicher Struktur enthalten soll. Man möchte also formatiert Lesen und Schreiben, genauso wie mit den Funktionen `printf()` über `stdout` und `scanf()` über `stdin`. Dazu gibt es die beiden Funktionen `fprintf()` und `fscanf()` von Bild 16.6.

Die Formulierungen

```
printf(.....);      und      fprintf(stdout,.....);
scanf(......);      und      fscanf(stdin,.......);
```

sind also gleichwertig.

In dem folgenden Beispiel werden Angaben über Städte gelesen, formatiert in eine Datei geschrieben und die Datei dann protokolliert. Die Funktion `fprintf(fp, ...)` schreibt die Daten in der gleichen Weise nach der durch `fp` bezeichneten Datei, wie `printf(...)` auf den Bildschirm. Die Datei ist also immer noch eine Textdatei. Will man die Datei nach dem Schreiben mit `fprintf()` mit `fscanf()` wieder lesen, benutzt man sicherheitshalber denselben Formatstring, um keinen Ärger mit möglichen Blanks zu bekommen. Falls `fprintf()`, wie im folgenden Beispiel, am Ende einen Zeilenwechsel \n schreibt, ist dieser bei `fscanf()` zu überlesen. Das folgende Beispiel benutzt die beiden Funktionen. Der Vorteil von `fprintf()`/`fscanf()` gegenüber `puts()`/`gets()` liegt darin, daß die Zeilen der Datei unabhängig von der Eingabe über die Tastatur dasselbe Format haben.

Beispiel 16.4:
Es werden Angaben über Städte gelesen und auf den Bildschirm und in die Datei `filename` mit `fprintf()` geschrieben. Nach Ende der Eingabe wird die Datei mit fscanf() protokolliert.

```
#include <stdio.h>

struct stadt { int plz;
               char name[13];
               unsigned long int  einwohner;
               char kfz[4];
             };

void schreib_stadt(char name[], struct stadt s);
int lies_stadt(struct stadt s);
void druck_stadt(struct stadt s);
void lies_datei(char name[]);

FILE *fp;
```

```
main()
{ struct stadt s;
  char filename[20];
  puts("Filename:");
  gets(filename);
  while (lies_stadt(&s) != 0)
  { druck_stadt(s);
    schreib_stadt(filename,s);
  }
  lies_datei(filename);
}

int lies_stadt(s)
struct stadt *s;
/* Es wird ein Datensatz über stdin gelesen. */
{ char *c;
  puts("plz (Ende = 0)"); scanf("%d",&(s->plz));
  if (s->plz == 0) return 0;
  puts("name"); scanf("%s",s->name);
  puts("einwohner"); scanf("%ld",&(s->einwohner));
  puts("kfz"); scanf("%s",s->kfz);
  return 1;
}

void druck_stadt(s)
struct stadt s;
/* Es wird ein Datensatz über stdout ausgegeben. */
{ printf("%4d %14s %8ld %3s\n",
          s.plz, s.name, s.einwohner, s.kfz);
}

void schreib_stadt(name,s)
char name[];
struct stadt s;
/* Es wird ein Datensatz formatiert an die
   Datei angefügt. */
{ fp = fopen(name,"a");
  if (fp == NULL) {puts("nicht gefunden"); exit(1);}
  fprintf(fp,"%4d%13s%8ld%4s\n",
              s.plz, s.name, s.einwohner, s.kfz);
  printf("schreiben: %d\n",ferror(fp));
  fclose(fp);
}

void lies_datei(name)
```

```
/*Der Inhalt der Datei wird über stdout ausgegeben.*/
char name[];
{ struct stadt *s;
  char c;
  fp = fopen(name,"r");
  if (fp == NULL) {puts("nicht gefunden"); exit(1);}
  while
  (fscanf
    (fp,"%4d%13s%8ld%4s%c",
     &(s->plz), s->name, &(s->einwohner), s->kfz,&c)
    != EOF)
  { druck_stadt(*s);
  }
  fclose(fp);
}
```

■

Bisher bestanden die Dateien aus Zeichen, eventuell mit einer Zeilenstruktur, und waren also Textdateien. Mitunter möchte man, daß die Daten im Maschinencode in der Datei stehen, also nicht die Zeichenkette "1988", sondern die Dualzahl 1988 (also im int-Format). Man spricht dann auch von einer Binärdatei. Beim Lesen und Schreiben mit solchen Binärdateien sind einfach Gruppen von Bytes zu transportieren. Dazu gibt es die Funktionen fread() und fwrite() von Bild 16.7.

Funktion:	int **fread**(ptr, size, n, fp) <stdio.h>
Parameter:	void *ptr; int size, n; FILE *fp;
Wirkung:	Aus der durch fp bezeichneten Datei werden n Datenelemente der Größe size gelesen und ab dem Zeiger ptr gespeichert. Der Funktionswert ist die Anzahl der korrekt gelesenen Elemente.
Funktion:	int **fwrite**(ptr, size, n, fp) <stdio.h>
Parameter:	void *ptr; int size, n; FILE *fp;
Wirkung:	Nach fp werden n Datenelemente der Größe size geschrieben, die ab dem Zeiger ptr gespeichert sind. Der Funktionswert ist die Anzahl der korrekt geschriebenen Elemente.
Funktion:	int **feof**(fp) <stdio.h>
Parameter:	FILE * fp;
Wirkung:	Der Funktionswert ist true, wenn das Ende der durch fp bezeichneten Datei erreicht wurde, sonst false.

Bild 16.7: Lesen und Schreiben bei Binärdateien

Damit es beim Lesen aus einer Binärdatei zu keiner Verwechslung von -1 und EOF kommen kann, gibt es die besondere Funktion feof() zum Abfragen des Dateiendes. Selbstverständlich ist feof() auch auf Textdateien anwendbar.

Das folgende Beispiel liest wieder Angaben über Städte, schreibt sie in eine Datei und protokolliert anschließend die Datei. Im Gegensatz zu Beispiel 16.4 werden die Angaben über die Städte als Binärdatei gehalten. Zu beachten ist dabei auch, daß bei fopen() der Zugriffsmodus mit b (wie binär) anzugeben ist.

Beispiel 16.5:
Aus Beispiel 16.4 wird übernommen:

```
#include <stdio.h>

struct stadt { int plz;
               char name[13];
               unsigned long int  einwohner;
               char kfz[4]; };

void schreib_stadt(char name[], struct stadt s);
/* neu s.u. */
void druck_stadt(struct stadt s);
/* wie Beispiel 16.4 */
void lies_datei(char name[]);
/* neu s.u. */
int lies_stadt(struct stadt s);
/* wie Beispiel 16.4 */

FILE *fp;

main()
{    wie in Beispiel 16.4
}
```

Die Funktion schreib_stadt() schreibt mit fwrite() einen Datensatz ans Ende der binären Datei name. Man achte auf die Öffnung der Datei mit fopen(name, "a+b").

```
void schreib_stadt(name,s)
char name[];
struct stadt s;
{ fp = fopen(name,"a+b");
  if (fp == NULL) {puts("nicht gefunden"); exit(1);}
  fwrite((struct stadt) &s, sizeof(s), 1, fp);
  fclose(fp);
}
```

Die Funktion `lies_datei()` liest die Binärdatei `name` mit `fread()` von Anfang bis Ende und gibt die Datensätze auf den Bildschirm aus. Geöffnet wird die Datei mit `"rb"`.

```
void lies_datei(name)
char name[];
{ struct stadt *s;
  fp = fopen(name,"rb");
  if (fp == NULL) {puts("nicht gefunden"); exit(1);}
  while (feof(fp) == NULL)
    { fread((struct stadt) s, sizeof(*s), 1, fp);
      druck_stadt(*s);
    }
  fclose(fp);
}
```

Eine Bemerkung ist vielleicht zu `fread/fwrite((struct stadt) &s,...)` angebracht. In Bild 16.7 steht für den ersten Parameter `void *ptr`, was heißen soll, ein Zeiger auf irgendein Objekt. Man sollte also mit dem cast-Operator `(struct stadt)` deutlich darauf hinweisen, daß es sich im vorliegenden Fall um einen Zeiger auf `stadt` handeln soll. ∎

Beim letzten Beispiel ist eine Binärdatei erzeugt worden, die sich nun natürlich nicht mehr mit dem Editor ansehen läßt.

Funktion:	`int fseek(fp, nb, ursprung)`	`<stdio.h>`
Parameter:	`FILE *fp; long int nb; int ursprung;`	
Wirkung:	In der durch den Strom `fp` bezeichneten Datei wird auf das Byte `nb` relativ zu `ursprung` positioniert. Für `ursprung` sind in stdio.h die folgenden Konstanten definiert:	
	SEEK_SET relativ zum Dateianfang	
	SEEK_CUR relativ zur momentanen Position	
	SEEK_END relativ zum Dateiende	
Funktion:	`long int ftell(fp)`	`<stdio.h>`
Parameter:	`FILE *fp;`	
Wirkung:	Der Funktionswert ist die momentane Position in der durch `fp` bezeichneten Datei, d.h. die Nummer des Bytes bezüglich des Dateianfangs. Bei fehlerhafter Ausführung ist der Funktionswert -1L.	

Bild 16.8: Positionieren auf ein bestimmtes Byte der Datei

Bisher wurden die Dateien sequentiell von vorn nach hinten durchlaufen. Bei einer ernsthaften Dateibearbeitung muß es möglich sein, sich auf eine gewünschte Stelle zu positionieren und von dort zu lesen oder zu schreiben. Dafür gibt es die Funktion fseek() von Bild 16.8. Damit kann man sich auf ein gewünschtes Byte relativ zum Dateianfang, Dateiende oder der momentanen Position bewegen. Die letzte Möglichkeit macht aber nur Sinn, wenn man die momentane Position kennt. Um dies zu erfahren, kann man die Funktion ftell() verwenden.

Beide Funktionen arbeiten mit Bytes und sind auf beliebige Dateien anwendbar. fseek() macht aber bei Textdateien gewöhnlich keinen Sinn. Wann ist man schon am Byte Nr. 786 der Datei DATEN.TXT interessiert, das man sich mit

```
fp = fopen("DATEN.TXT","r");
fseek(fp, 786L, SEEK_SET);
c = getc(fp);
```

prinzipiell beschaffen könnte. Auch wenn man in die Datei mit fprintf() formatiert geschrieben hat, wie in Beispiel 16.4, könnte man mit

```
fp = fopen("DATEN.TXT","r");
fseek(fp, n*sizeof(struct stadt), SEEK_SET);
fscanf(fp, "%4d%13s%8ld%4s%c",
       &(s->plz), s->name, &(s->einwohner), s->kfz,&c);
```

zum n-ten Datensatz versuchen zuzugreifen. Das bedarf aber großer Sorgfalt wegen eventueller Blanks oder Zeilenwechsel. Am sichersten greift man mit fseek() bei einer Binärdatei zu einem bestimmten Datensatz. Das folgende Beispiel ergänzt Beispiel 16.5 um die Funktionen satz_zeigen() und zwei Funktionen satz_aendern1() und satz_aendern2(), die mit fseek() und ftell() arbeiten.

Beispiel 16.6:
Aus Beispiel 16.4 wird übernommen:

```
#include <stdio.h>

struct stadt { int plz;
               char name[13];
               unsigned long int  einwohner;
               char kfz[4];
             };

void schreib_stadt(char name[], struct stadt s);
void druck_stadt(struct stadt s);
void lies_datei(char name[]);

FILE *fp;
```

Die Funktion `satz_zeigen()` demonstriert den Gebrauch von `fseek()` . Es wird der Name der Binärdatei und die gewünschte Satznummer verlangt. Mit `fseek()` wird auf diesen Datensatz positioniert, mit `fread()` wird er gelesen und dann auf den Bildschirm augegeben.

```
void satz_zeigen(name,nr)
char name[];
int nr;
{ struct stadt *s;
  fp = fopen(name,"rb");
  if (fp == NULL) {puts("nicht gefunden"); exit(1);}
  if (fseek(fp, nr*sizeof(*s), SEEK_SET) == 0)
      { fread(s, sizeof(*s), 1, fp);
        druck_stadt(*s);
      }
      else puts("kein fseek");
  fclose(fp);
}
```

Die Funktion `satz_aendern1()` sucht mit `fseek()` wie bei `satz_zei-gen()` den Datensatz mit der Nummer `nr`. Danach kann man die Einwohnerzahl ändern. Vor dem Zurückschreiben mit `fwrite()` wird wieder auf den Datensatz `nr` positioniert. Die Datei ist für Lesen und Schreiben zu öffnen, also mit `"r+b"`.

```
void satz_aendern1(name,nr)
char name[];
int nr;
{ struct stadt *s;
  fp = fopen(name,"r+b");
  if (fp == NULL) {puts("nicht gefunden"); exit(1);}
  if (fseek(fp, nr*sizeof(*s), SEEK_SET) == 0)
      { fread(s, sizeof(*s), 1, fp);
        druck_stadt(*s);
        puts("neue einwohnerzahl");
        scanf("%ld",&(s->einwohner));
        fseek(fp, nr*sizeof(*s), SEEK_SET);
        fwrite(s, sizeof(*s), 1, fp);
      }
      else puts("kein fseek");
  fclose(fp);
}
```

Bei der Funktion `satz_aendern2()` ist nicht die Nummer des Datensatzes, sondern ein Suchschlüssel (genannt key) gegeben. Das Suchmerkmal soll die Postleitzahl sein. Dann muß die Datei von vorn nach hinten nach dem Datensatz mit diesem key durchsucht werden. Falls es einen solchen Datensatz gibt, kann man wieder die Einwohnerzahl ändern und den geänderten Satz zurückschreiben. Da man die Stelle des Vorkommens im voraus nicht kennt, wird nach dem Lesen mit ftell() die momentane Fileposition ermittelt und um einen Datensatz zurückpositioniert.

```
void satz_aendern2(name,key)
char name[];
int key;
{ struct stadt *s;
  fp = fopen(name,"r+b");
  if (fp == NULL) {puts("nicht gefunden"); exit(1);}
  do { fread(s, sizeof(*s), 1, fp);}
  while ((feof(fp) == NULL) && (key != s->plz));
  if (key == s->plz)
     { druck_stadt(*s);
       puts("Neue Einwohnerzahl:");
       scanf("%ld",&(s->einwohner));
       fseek(fp, ftell(fp)-sizeof(*s), SEEK_SET);
       fwrite(s, sizeof(*s), 1, fp);
     }
     else puts("key nicht gefunden.");
  fclose(fp);
}
```

Mitunter möchte man bei der Dateibearbeitung diese wieder auf den Anfang setzen. Dies kann man immer mit

```
fseek(fp, 0, SEEK_SET);
```

erreichen. Trotzdem gibt es noch die Funktion rewind() von Bild 16.9. Der Unterschied zwischen rewind(fp) und fseek(fp, 0, SEEK_SET) liegt in der Behandlung der sog. Flags, die bei jedem Dateizugriff gesetzt werden. rewind() löscht alle vorher gesetzten Flags, fseek() nur das Dateiende-Flag. Dieses Löschen der Flags ist auch der Grund, weshalb bei einer zum Lesen und Schreiben eröffneten Datei ("r+" oder "r+b") zwischen dem Wechsel von Lesen zu Schreiben oder umgekehrt, ein Aufruf von rewind() oder fseek() gegeben werden muß.

Funktion:	int **rewind**(fp)	\<stdio.h\>
Parameter:	FILE *fp;	
Wirkung:	Die durch den Strom fp bezeichnete Datei wird auf den Anfang (das Byte 0) positioniert. Der Funktionswert ist bei korrekter Ausführung 0, sonst ungleich 0.	

Bild 16.9: Datei auf Anfang setzen

Die bisher beschriebenen Dateizugriffs-Funktionen entsprechen dem ANSI-Standard. Sie sind dadurch gekennzeichnet, daß der Verkehr zur Datei gepuffert stattfindet. Daneben gibt es in Turbo C auch noch den unter UNIX üblichen Satz von E/A-Funktionen, bei dem der Verkehr zur Datei ungepuffert stattfindet. Sie sind wegen der Kompatibilität von C-Programmen für UNIX vorhanden. Da mit deren Gebrauch keine wesentlich neuen Aspekte in die Dateibearbeitung eingeführt werden, belassen wir es hier mit einer Aufzählung in Bild 16.10 und verweisen auf [1b]. Zu bemerken wäre vielleicht noch, daß diese E/A-Funktionen nicht mit Dateizeigern `FILE *fp` arbeiten, sondern mit Datei-Deskriptoren vom Typ `int`.

open()	Öffnen einer Datei zum Lesen oder Schreiben oder beidem.
creat()	Öffnen einer Datei zum Schreiben.
close()	Schliessen einer Datei.
read()	Lesen in einen Puffer aus einer Datei.
write()	Schreiben eines Puffers in eine Datei.
lseek()	Positionieren auf ein bestimmtes Byte der Datei.
unlink()	Entfernen der Datei aus dem Directory.
eof()	Test auf Dateiende
filelength()	Länge der Datei in Byte

Erforderlich ist die Definitionsdatei <io.h>

Bild 16.10: Die ungepufferten UNIX-E/A-Funktionen.

In Beispiel 21.7 ist beschrieben, wie man sich ein kleines Menü selbst machen kann. Es geht dabei um eine Dateiverwaltung. Die obigen Funktionen wären geeignet, die im Menü genannten Funktionen zu realisieren.

Pascal: Der wesentliche Unterschied zwischen den Datei-Konzepten von C und Pascal liegt darin, daß in C kein Unterschied zwischen Textdateien und Binärdateien (in Pascal auch Typdateien) gemacht wird. In Pascal hat man sich von Anfang an zu entscheiden, ob die Datei vom Typ `text` oder `FILE OF satztyp` sein soll. Und für beide Typen gibt es dann getrennte Prozeduren read/write. In Turbo Pascal gibt es das Paar blockread/blockwrite, wo ohne Rücksicht auf den Typ der Datei einfach eine bestimmte Zahl Bytes transportiert werden.

In C ist eine Datei immer nur eine Folge von Bytes. Es bleibt der Sorgfalt des Programmierers überlassen, die Bytes korrekt zu interpretieren. Er muß einfach wissen, was er in welcher Form in eine Datei geschrieben hat, damit sie korrekt gelesen werden kann.

17. Speicherverwaltung

Zunächst sei kurz beschrieben, wie bei der CPU-Familie Intel 8086 (also auch 8088, 80286, 80386) ein Adresse gebildet wird. Die kleinste adressierbare Speichereinheit ist das Byte, das aus 8 Bit besteht. Zwei Bytes werden auch als Wort, vier Bytes als Doppelwort, 16 Bytes als Paragraph bezeichnet. Es sei daran erinnert, daß 2^{10} B = 1 KB, 2^{20} B = 1 MB und 2^{30} B = 1 GB ist. Mit 16 bzw. 32 Bit langen Adressen ist der Adreßraum:

16 Bit: $2^{16} = 2^6 * 2^{10} = 64$ KB = 65536 Adressen,
32 Bit: $2^{32} = 2^2 * 2^{30} = 4$ GB Adressen,

Da 16 Bit zuwenig, 32 Bit zuviel für eine Adresse sind, wird beim 8086 ein Mittelweg gegangen und eine absolute Adresse aus 20 Bit gebildet, womit $2^{20} = 1$ MB Adressen darstellbar sind. Im einzelnen geschieht dies folgendermaßen.

Der Speicher wird in Segmente zu je 64 KB unterteilt. Die Anfangsadresse eines Segments ist immer durch 16 teilbar, und zwei Segmente haben also einen Mindestabstand von 16 Bytes (= 1 Paragraph). Die Adresse eines Segments besteht aus 16 Bit, so daß es also maximal 65536 Segmente geben kann.

Die lineare Adressierung in einem Segment heißt Offset und ist ebenfalls eine 16 Bit-Adresse. Das Segment wird durch seine Basisadresse festgelegt, so daß eine Adresse immer aus dem Paar segment:offset besteht, die je 16 Bit lang sind (und also jede für sich vom Typ int). Eine absolute Adresse wird dann durch

Segment*16 + Offset

gebildet, d.h. die Segmentadresse wird um vier Stellen nach links verschoben und dazu das Offset addiert:

Segment: 0x0060	(16 Bit)	0x0060	+
Offset:0x01A0	(16 Bit)	0x 01A0	+

Absolute Adresse (20 Bit) 0x007A0

Wie man sieht, können sich die Segmente überlappen, d.h. eine absolute Adresse läßt sich auf mehrere Arten bilden:

Segment: 0x0020	-1 →	Segment: 0x001F	
Offset : 0x0010	+16 →	Offset : 0x0020	
Absolut: 0x00210		Absolut: 0x00210	

Diese Mehrdeutigkeit ist ein Folge davon, daß von den 16+16 Bit von Segment und Offset nur 20 zur Adressbildung benutzt werden. Segmente sind immer 64 KB groß, können aber einen minimalen Abstand von nur 16 Byte haben!

Das hat für unser Thema hier die folgende Konsequenz. In C haben Zeiger als Werte Adressen. Wenn man weiß, daß Code oder Daten auf ein Segment (also 64 KB) beschränkt sind, dann genügt das Offset, also 16 Bit, zur Bezeichnung der Stelle. Nehmen Code oder Daten mehrere Segmente ein, braucht man neben dem Offset auch noch die Basisadresse des Segments, also 16 + 16 = 32 Bit. Man wird also zwischen "kurzen" und "langen" Zeigern zu unterscheiden haben. Die kurzen von 16 Bit (`unsigned int`) reichen nur innerhalb eines Segmentes, die langen von 32 Bit (`unsigned long int`) reichen auch über Segmentgrenzen hinaus.

17.1 Speichermodelle

Bei der 8086-Familie wird ein laufendes Programm in vier Segmente unterteilt:

Codesegment   :   Objektcode (Befehle, aus denen das Programm besteht)
Datensegment   :   Daten (genauer globale Daten)
Stacksegment   :   Parameter von Funktionen, lokale Daten einer Funktion
Extrasegment   :   Für spezielle Zwecke, auch Adressierung von Daten

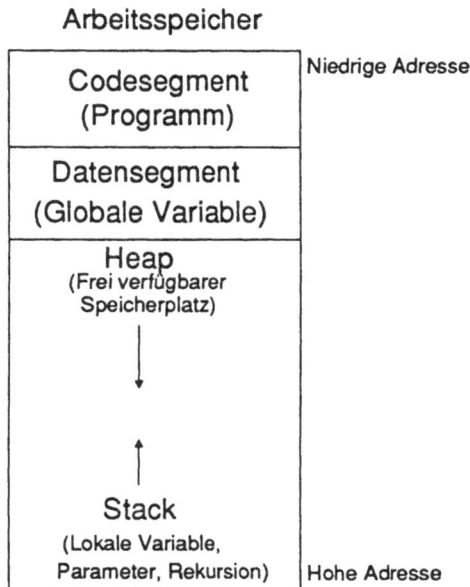

Arbeitsspeicher

Codesegment (Programm)	Niedrige Adresse
Datensegment (Globale Variable)	
Heap (Frei verfügbarer Speicherplatz) ↓	
↑ Stack (Lokale Variable, Parameter, Rekursion)	Hohe Adresse

Bild 17.1: Speicherverteilung

Die Anfangsadressen dieser Segmente stehen in den vier Segmentregistern (s. auch Bild 21.2) cs, ds, ss, es, die alle 16 Bit lang sind. Daneben gibt es noch einen Heap, einen frei verfügbaren Speicherplatz für dynamische Variable. Bild 17.1 gibt einen ungefähren Überblick über die Speicherverteilung eines Programms, wobei der Heap ganz oder teilweise auch hinter dem Stack liegen kann.

Wo die einzelnen Segmente wirklich liegen und wie groß sie sind, könnte man in dem Sprachsystem ein für allemal festlegen, man könnte aber auch mehrere Möglichkeiten der individuellen Konfiguration zulassen. Dieser Weg ist bei Turbo C gewählt worden, wo es sechs verschiedene Speichermodelle gibt. Sie haben die Namen

tiny   small   medium   compact   large   huge

Im Hauptmenü kann man über *Options/Compile/Model* eines der sechs Speichermodelle auswählen. Die Vorbelegung ist small, das für die meisten Anwendungen zweckmäßige Modell.

Funktion:	`void ` **`segread`**`(s)`	`<dos.h>`
Parameter:	`struct SREGS *s;`	
Wirkung:	Es werden die Segmentregister nach `*s` übertragen. In dos.h ist definiert	
	`struct SREGS {unsigned es, cs, ss, ds;};`	

Funktion:	`unsigned ` **`coreleft`**`(void)`	`<alloc.h>`
Funktion:	`unsigned long ` **`coreleft`**`(void)`	`<alloc.h>`
Parameter:	keine	
Wirkung:	Es wird der unbelegte, noch verfügbare Speicherplatz angegeben - bei den kleinen Speichermodellen im Stacksegment, bei den großen im gesamten Speicher.	

Bild 17.2: Lesen der Segmentregister und freier Speicherplatz

Wir wollen zunächst beschreiben, wie man durch ein eigenes Programm einen Einblick in die konkrete Speicherverteilung gewinnen kann. Mit der Funktion `segread()` kann man den Inhalt der Segmentregister holen, mit `coreleft()` kann man sich den freien Speicherplatz (den Heap) angeben lassen.

Beispiel 17.1:
Test der Speicherverteilung von Code-, Daten- und Stacksegment und Größe des Heap

```
#include <dos.h>
#include <alloc.h>
```

```
main()
{struct SREGS *s;
 segread(s);
 printf("codesegment  = %X\n", (*s).cs);
 printf("datensegment = %X\n", (*s).ds);
 printf("stacksegment = %X\n", (*s).ss);
 printf("extrasegment = %X\n", (*s).es);
 printf("Heapgröße: %lu\n",
        (unsigned long) coreleft());
}
```

Wenn man die absoluten, dezimalen Adressen haben möchte, könnte man

```
 printf("codesegment  = %lu\n", (long int) (*s).cs*16);
 printf("datensegment = %lu\n", (long int) (*s).ds*16);
 printf("stacksegment = %lu\n", (long int) (*s).ss*16);
benutzen.
```

Am PC des Autors ergaben sich die Werte von Bild 17.3.

Modell	Codeseg. (hex.)	Datenseg. (hex.)	Stackseg. (hex.)	Extraseg. (hex.)	Heap (dez.)
tiny	4E46	4F46	4F46	4F46	59878
small	4E4B	4F4F	4F4F	4F4F	64238
medium	4EE0	4F51	4F51	4F51	64156
compact	4E45	4FA0	4FE1	0A09	324024
large	4F2B	4FA9	4FFF	0028	323800
huge	4F42	5001	500A	0028	323368

Bild 17.3: Ergebnisse von Beispiel 17.1

Diese Werte ergeben nur einen ersten Einblick darüber, bei welchem Modell welche Segmente gemeinsam benutzt werden und welche getrennt angelegt werden. Eine genauere Verteilung von Segmenten und Variablen kann man sich in Form einer MAP-File erstellen lassen. Dazu gibt es im Hauptmenü *Options/Linker/ Map File*, womit man sich verschieden ausführliche Angaben über die Speicherverteilung erstellen lassen kann. Diese Dateien haben das Attribut .MAP und sind Textdateien, die man sich mit dem Editor ansehen kann.

Die Werte von Bild 17.3 sagen nichts darüber aus, wie groß Code und Daten insgesamt sein können. Sind Code oder Daten auf ein Segment (64 KB) begrenzt, so genügt zur Bezeichnung einer bestimmten Stelle zusammen mit der Basisadresse des zugehörigen Segmentregisters die Angabe des Offset für dieses Segment.

Diese 16-Bit-Adresse für das Offset nennt man auch einen near-Zeiger. Können Code oder Daten mehrere Segmente groß sein, dann braucht man zur Bezeichnung einer bestimmten Stelle die vollständige 32-Bit-Adresse bestehend aus Segment:Offset. Einen solchen Zeiger nennt man auch einen far-Zeiger. In Bild 17.4 wird eine Übersicht über die verschiedenen Speichermodelle gegeben.

Speichermodell	Codeseg.	Datenseg.	Codezeiger	Datenzeiger
tiny	zusammen 64 KB		near	near
small	64 KB	64 KB	near	near
medium	> 64 KB	64 KB	far	near
compact	64 KB	> 64 KB	near	far
large	> 64 KB (Einzelne Variable < 64KB)	> 64 KB	far	far
huge	> 64 KB (Einzelne Variable > 64KB)	> 64 KB	far	far

Anmerkung: 64 KB = 1 Segment bedeutet 16 Bit Adresse für Offset
Zeigertyp: near
> 64 KB = mehrere Segmente bedeutet 32 Bit Adresse Seg:Ofs
Zeigertyp: far

Die Benutzung von 32 Bit Adressen erhöht die Rechenzeit.
small ist Vorbelegung

Bild 17.4: Übersicht über die Speichermodelle

Für die Praxis haben die Angaben von Bild 17.4 also die folgenden Konsequenzen:

tiny: Das ganze Programm kommt für Code, Daten, Stack und Heap mit 64 KB aus. Es ist also für relativ kleine Programme geeignet, erzeugt dafür aber den schnellsten Code.

small: Für den Code gibt es ein Segment, ein anderes gemeinsames für die Daten, den Stack und den Heap. Das Programm braucht also insgesamt maximal 128 KB. Da dies für sehr viele Anwendungen ausreichend ist, ist es das Standardmodell.

medium: Der Code kann mehrere Segmente umfassen, für Daten, Stack und Heap gibt es ein gemeinsames Segment. Für die Adressierung von Funktionen werden far-Zeiger, für die Adressierung der Daten near-

Zeiger verwendet. Dies ist das geeignete Speichermodell für große Programme mit relativ wenigen Daten.

compact: Dieses Speichermodell ist das Gegenteil von medium. Ein Segment für den Code, während die Daten mehrere Segmente beanspruchen können. Dieses Modell ist geeignet für relativ kleine Programme mit großen Datenbeständen, also z.B. für Datenbanken.

large: Hier können Code und Daten jeweils mehrere Segmente haben, mit der Einschränkung, daß eine einzelne Variable (ein Array oder ein Record) nicht größer als 64 KB sein darf. Für beide Arten sind far-Zeiger notwendig. Die Rechenzeit ist gegenüber den obigen Modellen etwas größer.

huge: Dieses Speichermodell arbeitet wie large ohne die Einschränkung von 64 KB für eine einzelne Variable. Die Rechenzeit wächst dabei leider noch etwas an.

Die Wahl des Speichermodells legt die Art der Zeiger entsprechend Bild 17.4 fest. Nach Bild 6.2 gibt es die Modifizierer near, far, huge, _cs, _ss, _ds und _es, mit denen der Programmierer die Art von Zeigern modifizieren kann. Es soll kurz erklärt werden, wozu man dies benutzen kann.

Die near-Zeiger beziehen sich immer nur auf das Offset einer Adresse. Solange man sich in einem Segment bewegt, gibt es damit keine Schwierigkeiten. Bei den großen Speichermodellen gibt es far-Zeiger mit 32 Bit bestehend aus Seg:Ofs. Hier kann es Schwierigkeiten aus zwei Gründen geben.

Operationen bei far-Zeigern beziehen sich immer nur auf das Offset, wobei beim Überschreiten der Segmentgrenzen kein Überlauf in die Segmentadresse stattfindet. Ein Inkrement bei 0x1234:0xFFFF führt zu 0x1234:0x0000 (und nicht zu 0x2234:0x0000), ein Dekrement bei 0x1234:0x0000 zu 0x1234:0xFFFF (und nicht zu 0x0234:0xFFFF). Zum anderen macht sich hier unangenehm bemerkbar, daß die Adressierung mit Seg:Ofs mehrdeutig ist, wie zu Anfang von Kap. 17 beschrieben wurde. Haben bei einem großen Speichermodell zwei Zeiger zi und zk die Werte

zi: 0x0020:0x0010   zk: 0x001F:0x0020

so zeigen beide auf dieselbe absolute Adresse 0x00210, ein Vergleich $zi == zk$ hat aber den Wert false, weil die Offsets ungleich sind. Um diesen Schwierigkeiten zu entgehen, gibt es huge-Zeiger, die explizit anzugeben sind:

```
int huge *zi;
```

Die Werte von huge-Zeigern bestehen zwar auch aus Seg:Ofs, sind aber in folgender Weise normalisiert:

Seg: 0x1234   Seg: 0x1236
Ofs: 0x0021 $\rightarrow$ Absolut: 0x12361 $\rightarrow$ normalisiert: Ofs: 0x0001

Aus irgendeinem far-Zeiger wird die Absolute Adresse xxxxX gebildet und daraus der normalisierte huge-Zeiger xxxx:000X. Somit haben also zwei gleiche absolute Adressen auch gleiche huge-Zeiger. Damit kann man wieder Zeigerarithmetik betreiben und auch Zeiger vergleichen. Es ist sicherer, wenn auch deutlich langsamer, nur mit near und huge-Zeigern zu arbeiten.

Eine andere Schwierigkeit kann sich ergeben, wenn Funktionen mit verschiedenen Speichermodellen compiliert worden sind und dann zu einem Programm gebunden werden sollen. Die ziemlich komplizierten Verhältnisse, die dann auftreten können, sind sehr ausführlich in [1a] beschrieben. Hier kann aus Platzgründen nur das Fazit wiedergegeben werden. Falls die Möglichkeit besteht, ein Programm auch unter einem anderen Speichermodell zu benutzen, sollten nur vollständige Definitionen und Prototypen der Art

```
near void funkt(int a, int b);
far double funkt(char *c);          usw.
```

verwendet werden.

17.2 Dynamische Speicherverwaltung

Für die in einem Programm vorkommenden Konstanten und Variablen wird (je nach Vorkommen im Programm) in einem der Segmente Speicherplatz belegt. Wenn man erst zur Laufzeit Speicherplatz benötigt, weil sich vielleicht erst im Laufe des Programms ergibt, wieviel Platz man braucht, kann man je nach Bedarf Speicherplatz im Heap belegen. Dafür gibt es die Funktionen malloc() und calloc() (Bild 17.5). Um den nicht mehr benötigten Platz im Heap wieder freizugeben, kann man free() benutzen.

Typisch für die Benutzung von malloc() ist also die Verwendung eines Zeigers im Programm, der als Wert eine Adresse des Heap bekommen soll, z.B.

```
float *zx;
 zx = (float *) malloc(sizeof(float));
```

Den benötigten Speicherplatz wird man nicht selbst ausrechnen, sondern sicherheitshalber den sizeof-Operator für den gewünschten Datentyp benutzen. Da malloc() einen typlosen Zeiger liefert (void *), der einfach auf die Anfangsadresse des belegten Speicherplatzes zeigt, zx aber ein Zeiger auf ein float ist, muß man durch den cast-Operator dafür sorgen, daß malloc() einen Zeiger auf ein float liefert. Nach dem Aufruf von malloc() sollte man eigentlich immer testen, ob es überhaupt noch freien Speicherplatz im Heap gab (falls nein, wird der Null-Zeiger geliefert):

```
if (zx == NULL)
        { printf("Kein Speicherplatzbelegt\n");
```

Funktion:	void * **malloc** (s)	\<stdlib.h> \<alloc.h>
Parameter:	unsigned s;	
Wirkung:	Im Heap werden mindestens s Byte Speicherplatz reserviert. Der Funktionswert ist ein Zeiger auf das erste Byte. Gibt es nicht mehr genug Speicherplatz, ist der Funktionswert 0.	
Anmerkung:	Soll ein Zeiger eines bestimmten Typs auf das erste Byte zeigen, ist der cast-Operator auf den Wert von malloc() anzuwenden. Nach dem Aufruf von malloc() sollte immer auf eine korrekte Ausführung getestet werden.	
Funktion:	void * **calloc**(n, s)	\<stdlib.h> \<alloc.h>
Parameter:	unsigned n, s;	
Wirkung:	Es werden n*s Bytes Speicherplatz reserviert und mit 0 belegt. Der Funktionswert ist ein Zeiger auf das erste Byte. Gibt es nicht mehr genug Speicherplatz, ist der Funktionswert 0.	
Funktion:	void **free**(b)	\<stdlib.h> \<alloc.h>
Parameter:	void * b;	
Wirkung:	Zeigt b auf einen zuvor belegten Speicherblock, wird dieser freigegeben.	
Anmerkung:	free() sollte sorgfältig benutzt werden, da sonst die Heapverwaltung fehlerhaft werden kann.	

Bild 17.5: Belegen und Freigeben von Speicherplatz im Heap

```
        /* evtl. */ exit(1);
    }
    else /* Benutzung des Platzes */
```

Wenn man weiß, daß man Platz für 10 float-Zahlen braucht, wird man nicht zehnmal malloc() aufrufen, sondern einmal

```
    zx = (float *) malloc(10*sizeof(float));
```

bzw.

```
    zx = (float *) calloc(10, sizeof(float));
```

wobei der belegte Speicherplatz noch mit 0 belegt wird.

Beispiel 17.2:
Achtung: malloc(sizeof(Typ)) belegt jedesmal 4 Byte mehr als der Typ eigentlich benötigt. Nach fünfmal malloc() kann man die geschriebenen Zahlen nicht einfach mit z++ oder z-- lesen, weil dabei um sizeof(Typ) fortgezählt wird! Beim folgenden Programm ist also nur jede dritte gelesene Zahl richtig.

```
#include <alloc.h>
 #include <stdlib.h>

 main()
 {int *z, i;
   puts("Nach jeweils 1 malloc(sizeof(int)):");
   for (i = 1;i <= 5; i++)
   { z = (int *) malloc(sizeof(int));
     *z = i;
     printf("%X   %d \n",z,*z);
     printf("Heap: %lu \n",(unsigned long) coreleft());
   }
   puts("Ausgabe rückwärts mit --");
   for (i = 10; i >= 1; i--)
           { printf("%X    %u   \n", z, *z); z--; }
 }
```

■

Beispiel 17.3:
Achtung: `malloc(10*sizeof(Typ))` belegt ebenfalls 4 Byte mehr als 10
Zahlen benötigen. Man kann aber jetzt mit `z++` oder `z--` fortlaufend 10 Zahlen
in den Heap schreiben und daraus lesen. Dasselbe gilt für `calloc(10,
sizeof(Typ))`.

```
 #include <alloc.h>
 #include <stdlib.h>


 main()
 {int *z, i;
   printf("Heap: %lu \n",(unsigned long) coreleft());
   z = (int *) malloc(10*sizeof(int));*/
   /* bzw. z = (int *) calloc(10, sizeof(int)); */
   puts("Nach  malloc(10*sizeof(int)):");
   printf("Heap: %lu \n",(unsigned long) coreleft());
   for (i = 1; i <= 5; i++)
   {   *z = i;
     printf("%X   %d \n", z, *z);
     z++;
   }
   for (i = 5; i >= 1; i--)
           { z--; printf("%X    %d   \n", z, *z); }
 }
```

■

Vom Heap wird man immer dann Gebrauch machen, wenn man im voraus nicht weiß, wieviel Speicherplatz man brauchen wird. Wir wollen dabei die beiden Fälle unterscheiden, daß man einmal für eine einzelne Variable unbestimmt viel Platz braucht, zum anderen, daß mehrere gleichartige Variable durch Zeiger verkettet werden sollen. Wegen der großen praktischen Bedeutung von verketteten Datenstrukturen werden diese im Kap. 11.3 behandelt werden. Jetzt soll an zwei Beispielen demonstriert werden, wie man einzelne Variable unbestimmten Umfangs im Heap halten kann.

Beispiel 17.4:
Es soll eine Matrix m[zeilen][spalten] angelegt werden, wobei die Werte von zeilen und spalten zu Beginn des Programms eingelesen werden. Die Matrix soll im Heap angelegt werden. Nach Kap. 13.2 und den Bildern 13.6 und 13.8 war

```
int  m[5][6];           Eine Matrix mit 5 Zeilen und 6 Spalten
     m                  Zeiger auf m[0][0]
*(m+i)  = m[i]          Zeiger auf die i-te Zeile
**(m+i) = m[i][0]       Das Element m[i][0]
**m     = m[0][0]
```

Wenn nun die Matrix m im Heap liegen soll, muß eine Variable

```
int **m;
```

vereinbart werden. m ist dann ein Zeiger auf *m (im Heap), und *m ein Zeiger auf **m, eben den Wert von m[0][0].

```
#include <stdio.h>
#include <stdlib.h>
#include <alloc.h>

int ** anlegen(int zeilen, int spalten);

main()
{int ** m, z, s;
 puts("Anzahl Zeilen:");  scanf("%d", &z);
 puts("Anzahl Spalten:"); scanf("%d", &s);
 m = anlegen(z,s);
}
 int ** anlegen(zeilen, spalten)
int zeilen, spalten;
{int ** matrix;
 int index;      /* Zeilenindex */
```

```
/* Reservierung von Speicherplatz für ein Array von
   Zeigern auf Zeilen */
matrix = (int **) calloc(zeilen, sizeof(int *));
/* printf("m: %X\n", matrix); */
if (matrix == NULL)
  {printf("Kein Speicherplatz für Zeilenzeiger\n");
   exit(1);
  }

/* Reservierung von Speicherplatz für zeilen von je
   spalten Elementen */
for (index = 0; index < zeilen; index ++)
  {matrix[index]
        = (int *) calloc(spalten, sizeof(int));
   /* printf(" m[%d]: %X %u\n",
             index, matrix[index], matrix[index]);
   */
   if (matrix[index] == NULL)
     {printf("Kein Speicherplatz für Spalte %d\n",
             index);
      exit(1);
     }
  }
return matrix;
}
```

■

In Kap. 13.3 (Beispiel 13.14 und Bild 13.10) hatten wir eine Tabelle von maximal 10 Strings zu je maximal 80 Zeichen behandelt. Das Beispiel hatte den Mangel, daß für jeden String 80 Byte reserviert wurden. Wenn man für jeden String nur soviel Speicherplatz belegen will, wie unbedingt nötig ist, liegt es nahe, ein Array von 10 Zeigern anzulegen, die jeweils auf ein Zeichen im Heap zeigen, ab dem genau so viel Speicherplatz reserviert ist, wie der String braucht. Das folgende Beispiel 17.5 leistet dies und Bild 17.6 verdeutlicht die Verhältnisse.

Beispiel 17.5:

```
#include <alloc.h>
#include <stdlib.h>
#include <string.h>
#define MAXDING 10
char * tab [MAXDING];
/* Array von MAXDING Zeigern auf je ein Zeichen */
void lies_ding(char d[]);
void druck_tabelle(char * tab[]);
main()
```

```
{char ding[80];
 int i = 0;
 do { lies_ding(ding);
      tab[i] = (char *) malloc(1+strlen(ding));
      /*  Zeiger auf ein Zeichen im Heap */
      strcpy (tab[i], ding);
      /* Gelesenen String dorthin umspeichern */
      i++;
     }
 while ((ding[0] != '\0') && (i < MAXDING));
 druck_tabelle(tab);
}

void lies_ding(d)
char d[];
{ puts("Gib einen Namen: (Ende = <RETURN>) ");
  gets (d);
}

void druck_tabelle(tab)
char * tab[];
{ int i;
  puts("Tabelle:");
  for (i = 0; i < MAXDING; i++)
     { if (tab[i][0] == '\0') break;
       printf("%s\n", tab[i]);
     }
}
```

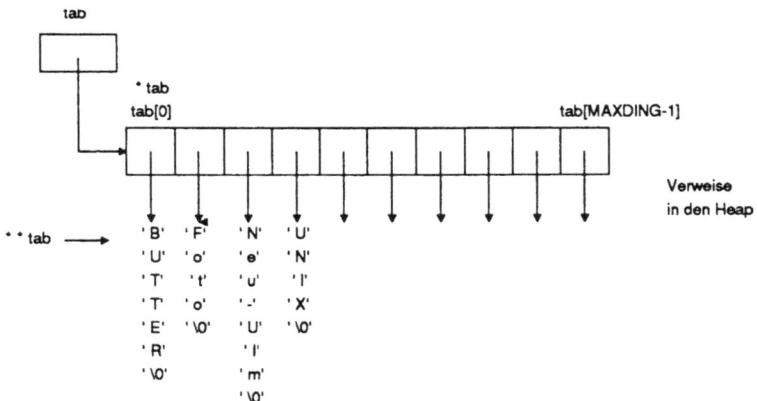

Bild 17.6: Array von Zeigern auf Strings im Heap

Das obige Beispiel hat noch den Nachteil, daß man sich auf die Anzahl der Strings mit `char * tab[MAXDING]` festlegt. Es ist die Frage, ob man nicht überhaupt diese Anzahl offen lassen kann. Dann muß man auch auf das Array von Zeigern verzichten und sich überhaupt mit einem Zeiger auf ein Zeichen im Heap beschränken, ab dem dann die Strings stehen. Dazu gibt es im folgenden Beispiel die Variable

```
char *** tab;
```

Nach Bild 17.6 muß der ganze Verweismechanismus nun in den Heap verlagert werden:

```
tab       im Datensegment
*tab      Zeiger auf Tabelle im Heap,
**tab     Zeiger auf tab[0] im Heap,
***tab    erstes Zeichen tab[0][0] im Heap.
```

Beispiel 17.6:

```
#include <alloc.h>
#include <stdlib.h>
#include <string.h>

char *** tab ;
void lies_ding(char d[]);
void druck_tabelle(char *** tab);

main()
{char ding[80];
 int i = 0;
 do { lies_ding(ding);
      tab[i] = (char **) malloc(sizeof(char *));
      /* Platz für einen Zeiger auf ein Zeichen */
      * tab[i] = malloc(1 + strlen(ding));
      /* Platz für einen neuen Namen */
      strcpy (* tab[i], ding);
      /* Gelesenen Namen dorthin kopieren */
      i++;
    }
 while (ding[0] != '\0');
 druck_tabelle(tab);
}

void lies_ding(d)
char d[];
{ puts("Gib einen Namen: (Ende = <RETURN>) ");
```

```
    gets (d);
  }

  void druck_tabelle(tab)
  char *** tab;
  { int i = 0;
    puts("Tabelle:");
    while (*tab[i][0] != '\0')
          { printf("%s\n", * tab[i]);
            i++;
          }
  }
```

■

Pascal:
In Pascal werden dynamische Variable fast genauso im Heap gehalten. Es ist vergleichbar:

Pascal
```
  VAR  z : ^typname;
  new(z);
  z^ := (* ein Wert *);
  dispose(z);
```

C
```
  typname * z;
  z = malloc(sizeof(typname));
  *z = /* ein Wert */;
  free(z);
```

Der Unterschied besteht darin, daß der Pascal-Zeiger z nur in den Heap zeigen kann, der C-Zeiger z kann auch woandershin zeigen.

17.3 Verkettete Datenstrukturen

Handelt es sich bei einem Problem darum, eine zur Laufzeit noch unbestimmte Anzahl von Daten zu bearbeiten, so ist es zweckmäßig, diese im Heap zu halten. Im Programm gibt es einen Zeiger auf ein solches Datenelement, das im Heap liegt. Jedes Element verweist wieder mit einem Zeiger auf das nächste Element usw. Es entsteht so eine im Heap liegende, durch Zeiger verkettete Datenstruktur.

Es kommt nun darauf an, was man mit den Daten zu machen gedenkt. Wenn es sich nur darum handelt, diese Daten linear fortlaufend zu speichern, wird man mit einer einfach gekettenten Liste auskommen, d.h. jedes Element der Liste besteht aus Daten und einem Zeiger auf das nächste Element der Liste. Im Programm wird es also einen Datentyp folgender Art geben:

```
struct element {int key;
                char info[20];
                /* vielleicht noch andere Daten */
                struct element * next;
               };
```

Die Komponente `key` (Schlüssel) dient zur eindeutigen Identifizierung des Elementes. Dann folgen die eigentlichen Daten (im obigen Beispiel einfach ein String von maximal 20 Zeichen). Die Komponente `next` schließlich ist ein Zeiger auf wieder ein (das in der Liste folgende) Element (Bild 17.7). Es wird dann in dem Programm eine Variable

```
struct element * kopf;
```

geben, die den Zeiger auf das erste Element der Liste bildet. Im Beispiel 17.7 wird gezeigt, wie man eine solche verkettete Liste anlegen und ausgeben kann.

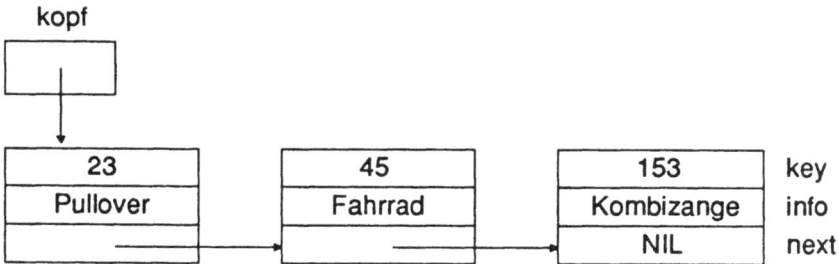

Bild 17.7: Beispiel einer einfach gekettenten Liste

Beispiel 17.7:
Es wird eine verkettete Liste angelegt, wobei für jedes neue Element mit `malloc()` Speicherplatz reserviert wird.

```
#include <stdio.h>
#include <stdlib.h>
#include <alloc.h>
#include <string.h>
#define TRUE -1
#define NIL 0
```

```
struct element {int key;
                char info[20];
                struct element *next;
                };

void listedrucken(struct element *l)

main()
{struct element * kopf, *hilf;
 char puffer[20];
 int k;
 kopf = NIL;      /* Die Liste ist leer */
 while (TRUE)
   {printf
    ("\nNeues Element: key (Ende = EOF ^Z) und info ");
    if (scanf("%d",&k) == EOF) break;
    gets(puffer);
    hilf
    =(struct element *) malloc(sizeof(struct element));
    hilf->key = k;
    strcpy(hilf->info, puffer);
    /*  Element vorn in die List haengen */
    hilf->next = kopf;
    kopf = hilf;
    }
    printf("Liste ab kopf:\n");
    listedrucken(kopf);
}

void listedrucken(l)
struct element *l;
{ while (l != NIL)
    {printf("%d    %s \n",l->key, l->info);
     l = l->next;}
}
```

In dem obigen Beispiel wird jeweils ein neues Element gelesen und vorn in die Liste gehangen. Nachdem mit

```
if (scanf("%d",&k) == EOF) break;
gets(puffer);
```

die Angaben über ein neues Element gelesen sind, wird mit

```
hilf = (struct element *) malloc(sizeof(struct element));
```

Platz für ein neues Element hilf im Heap reserviert. Dorthin werden die gelesenen Daten mit

```
hilf->key = k;
strcpy(hilf->info, puffer);
```

kopiert. Dann wird mit

```
hilf->next = kopf;
kopf = hilf;
```

das Element hilf vorn in die ab kopf beginnende Liste eingefügt. Der Zeiger next von hilf zeigt dorthin, wo kopf hinzeigt (also auf das erste Listenelement). Dann zeigt kopf auf hilf, d.h. auf das neue erste Element.

Beim Ausgeben der Liste mit listedrucken(kopf) wird die Liste von vorn nach hinten durchgegangen. Die Elemente kommen also in umgekehrter Reihenfolge der Eingabe heraus. Mit der Anweisung

```
l = l->next;
```

erfolgt der Übergang auf das nächste Element der Liste. Das letzte Element hat den Zeiger next = NIL.

Da die Aufrufe von malloc() Zeit kosten, ist es praktischer, bei jeder Speicherreservierung gleich Platz für mehrere Elemente zu schaffen. Das folgende Beispiel 17.8 reserviert mit calloc() jeweils Platz für 5 Elemente.

Beispiel 17.8:
Es wird wieder wie in Beispiel 17.7 eine verkettete Liste angelegt, wobei mit calloc() jeweils Platz für 5 Elemente belegt wird.

```
#include <stdio.h>
#include <stdlib.h>
#include <alloc.h>
#include <string.h>
#define TRUE -1
#define NIL 0

struct element {int key;
                char info[20];
                struct element *next;
               };

void listedrucken(struct element *l);
/* Aus Beispiel 17.7 zu entnehmen */
```

```
main()
{struct element * kopf, *hilf;
 char puffer[20];
 int k,i=0;
 kopf = NIL;
 while (TRUE)
   {printf
    ("\nNeues Element: key (Ende = EOF ^Z) und info ");
    if (scanf("%d",&k) == EOF) break;
    gets(puffer);
    if (i==0)
      hilf = (struct element *)
              calloc(5,sizeof(struct element));
    (hilf+i)->key = k;
    strcpy((hilf+i)->info, puffer);
    /*  Element vorn in die List haengen */
    (hilf+i)->next = kopf;
    kopf = hilf+i;
    i = ++i % 5;
   }
 printf("Liste ab kopf:\n");
 listedrucken(kopf);
}
```

In diesem Beispiel wird mit i = ++i % 5 jeweils von 0 .. 4 gezählt. Innerhalb des mit calloc() reservierten Platzes werden die 5 Elemente mit hilf+i aneinandergereiht.

Eine einfach verkettete Liste ist die einfachste verkettete Datenstruktur. Sie hat den Nachteil, daß sie nur von vorn nach hinten durchlaufen werden kann. Falls man bei einem Element auch den Vorgänger kennen muß, könnte man mit

```
struct element {int key;
                char info[20];
                struct element *vor, *nach;
               };
```

bei jedem Element zwei Zeiger vorsehen, die jeweils auf den Vorgänger bzw. Nachfolger zeigen.

Eine besonders interessante verkettete Datenstruktur sind geordnete binäre Bäume. Ein Baum besteht aus Knoten und Ästen, an denen wieder Knoten hängen. Der Knoten, der an keinem Ast hängt, heißt der Wurzelknoten. Knoten ohne Äste heißen Blätter. Damit können hierarchische Beziehungen aufgebaut werden. Jeder Knoten besteht wieder aus einem Datenteil (meist mit einem Element key, um den Knoten eindeutig zu identifizieren) und Zeigern, die auf die nachfolgenden Knoten zu zeigen (also die Äste).

Hat jeder Knoten eines Baumes höchstens zwei Äste, spricht man von einem binären Baum. Jeder Knoten hat dann nur einen linken und einen rechten Nachfolger. Eine passende Beschreibung könnte lauten

```
struct knoten    {int key;
                  char info[20];
                  /* vielleicht noch andere Daten */
                  struct knoten *links, *rechts;
                  };
```

Gilt darüberhinaus auch noch für jeden Knoten, daß alle links an einem Knoten hängenden Knoten kleiner sind (also kleinere keys haben), alle rechts daran hängenden Knoten größer sind, heißt der binäre Baum geordnet. Bild 17.8 zeigt einen solchen Baum. Wegen der Eigenschaft, geordnet zu sein, sind solche Bäume hervorragend zum Suchen geeignet. Man nennt sie auch Suchbäume.

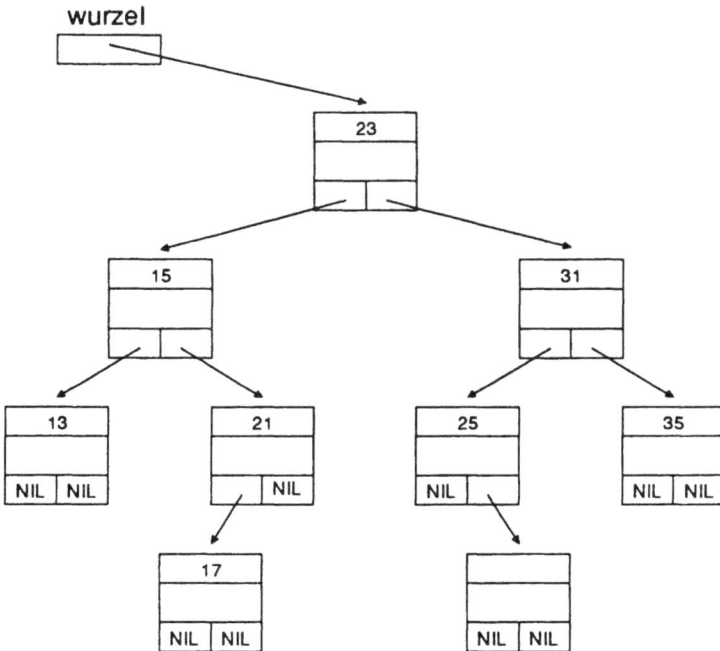

Bild 17.8: Geordneter binärer Baum

In dem folgenden Beispiel wird ein binärer geordneter Baum angelegt und ausgegeben. Die Funktion liesknoten() schafft Speicherplatz für einen neuen Knoten und liest die Daten dazu ein. Der Funktionswert ist der Zeiger auf diesen neuen Knoten hilf. Die Funktion einfuegen() fügt diesen neuen Knoten in den Baum ein. wurzel ist der Zeiger auf den Wurzelknoten (zu Anfang NIL). Das Einfügen wird durch Vergleich der key's gesteuert: Ist hilf.key kleiner als der momentan betrachtete key des Baumknotens, gehört der neue Knoten hilf in den linken Teilbaum, sonst in den rechten. Am Ende von einfuegen() ist der neue Knoten hilf als neues Blatt in den Baum eingefügt.

Um alle Knoten eines binären Baumes zu durchlaufen, gibt es 3 Ordnungen. Angefangen bei der Wurzel mache man für jeden Knoten rekursiv:

Preorder:Knoten, linker Teilbaum, rechter Teilbaum
Inorder:linker Teilbaum, Knoten, rechter Teilbaum
Postorder:linker Teilbaum, rechter Teilbaum, Knoten

Dabei kann man noch jeweils links und rechts vertauschen. Beim Durchlaufen eines geordneten binären Baumes gemäß Inorder ergeben sich die Knoten in sortierter Reihenfolge (links-Knoten-rechts steigend, rechts-Knoten-links fallend). Die Funktion baum_drucken() benutzt Inorder, womit die Knoten in aufsteigender Reihenfolge ausgegeben werden.

Beispiel 17.9:

```
#include <stdio.h>
#include <stdlib.h>
#include <alloc.h>
#include <string.h>
#define TRUE -1
#define NIL 0


typedef struct knoten   {int key;
                         char info[20];
                         struct knoten *links, *rechts;
                         } KNOTEN, * KNOTENZEIGER;
/* s. zu typedef Kap. 12.3 */

void baum_drucken(KNOTENZEIGER w);
KNOTENZEIGER liesknoten();
KNOTENZEIGER
    einfuegen(KNOTENZEIGER wurzel, KNOTENZEIGER hilf);

main()
{KNOTENZEIGER wurzel, hilf;
  wurzel = NIL;     /* Der Baum ist leer */
```

```
while (TRUE)
    { hilf = liesknoten();
      if (hilf == NIL) break;
      /*  Knoten in den Baum hängen    */
      wurzel = einfuegen(wurzel, hilf);
    }
printf("Baum ab wurzel:\n");
baum_drucken(wurzel);
}


KNOTENZEIGER liesknoten()
/* Es wird ein neuer Knoten angelegt und mit Daten
   gefüllt. Der Funktionswert ist der Zeiger auf
   diesen Knoten. Er ist NIL, wenn
   - es nicht mehr genug Speicherplatz gab,
   - keine Daten eingelesen wurden. */
{KNOTENZEIGER h;
 h = (KNOTENZEIGER) malloc(sizeof(KNOTEN));
 if (h == NIL)   {puts("Kein Speicherplatz mehr");
                  return NIL;}
 printf("\n key (Ende = EOF ^Z): ") ;
 if (scanf("%d",&(h->key)) == EOF) return  NIL;
 printf("\ninfo                  :");
 scanf("%s",h->info);
 h->links = NIL; h->rechts = NIL;
 return h;
}


KNOTENZEIGER einfuegen(w, h)
KNOTENZEIGER w, h;
/* w zeigt auf den Wurzelknoten, h auf einen neuen
   Knoten. Der neue Knoten wird in den Baum eingefügt.
*/
{if (w == NIL) /* Knoten anhängen */
     w = h;
 else if (w->key > h->key)
        w->links  = einfuegen(w->links,h);
      else w->rechts = einfuegen(w->rechts,h);
 return w;
}


void baum_drucken(w)
KNOTENZEIGER w;
{if (w != NIL)
    {baum_drucken(w->links);
```

```
    printf("%d    %s \n",w->key, w->info);
    baum_drucken(w->rechts);
    }
}
```

■

Binäre Bäume sind eine exzellente Datenstruktur, um einen Datenbestand geordnet, d.h. sortiert zu halten. Die Form des Baumes von Beispiel 17.9 hängt natürlich von der Reihenfolge der einlaufenden Knoten ab. Der Baum kann extrem schief werden (wenn die key's auf- oder absteigend sortiert einlaufen), er kann bei günstiger Beschaffenheit vollständig ausgeglichen entstehen. Die Qualität des Suchens hängt von dieser Schiefe des Baumes ab.

Dies ist eine Einführung in Turbo C und kein Lehrbuch über Programmieren. Aus Platzgründen können daher die interessanten Operationen (Löschen, Suchen, Ändern usw.) in Listen und Bäumen nicht weiter behandelt werden. Dazu sei auf das vorzügliche Buch [9] verwiesen. Das komfortable Umgehen mit Adressen macht C für die geketteten Datenstrukturen ganz besonders interessant.

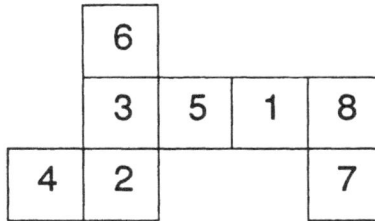

	6			
	3	5	1	8
4	2			7

Bild 17.9: Raumplan für Beispiel 17.10

Zum Schluß sei dies noch an einem Beispiel demonstriert. Computer-Spiele wie ADVENTURE beruhen darauf, daß der Spieler in einem 2- oder 3-dimensionalen Gebilde von Räumen herumwandern und in den einzelnen Räumen alle möglichen Abenteuer mit Geistern und Räubern erleben kann.

Es soll das Wandern in einem zweidimensionalen Gebilde von Räumen realisiert werden, die durch Türen miteinander verbunden sind (die Abenteuer dort werden weggelassen). Die Räume mögen z.B. wie in Bild 17.9 zusammenhängen. Die Angaben über diesen Raumplan sollen dann, wie in Bild 17.10 gezeigt, in einer Datei gespeichert sein.

| Raum-Nr. | Tuer nach Raum | | | | (0 = keine Tuer) |
	Nord	Ost	Sued	West	
7	8	0	0	0	
1	0	8	0	5	
8	0	0	7	1	
5	0	1	0	3	
6	0	0	3	0	
3	6	5	2	0	
2	3	0	0	4	
4	0	2	0	0	

Bild 17.10: Daten für den Raumplan von Bild 17.9

Die Reihenfolge der Räume in dieser Liste ist offensichtlich beliebig, wie auch die Raum-Nummern in dem Plan. In dem folgenden Beispiel besorgt die Funktion einlesen() das Anlegen des Raumplanes als verkettete Datenstruktur. Es wird die Datei mit den Daten gelesen und aus den Raumnummern eine verkettete Liste angelegt (Bild 17.11a). Dann wird die Datei nochmals gelesen und aus den Türen die Verkettung der Räume erzeugt (Bild 17.11b).

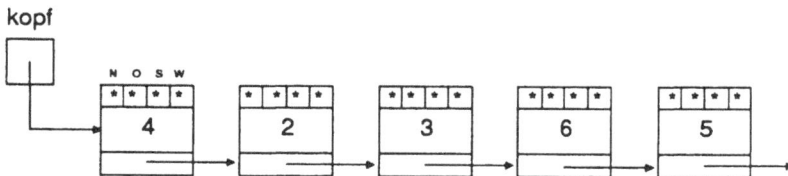

Bild 17.11a: Anfang der Raumliste nach erstem Lesen der Datei von Bild 17.10 und Auswerten der Raumnummern

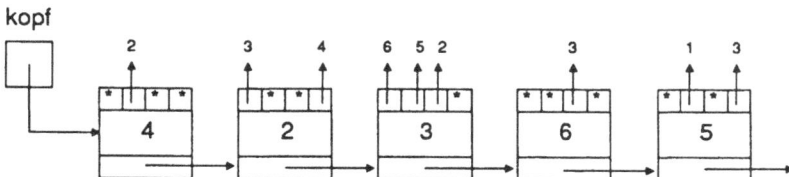

Bild 17.11b: Anfang der Raumliste nach zweitem Lesen der Datei von Bild 17.10 und Auswerten der Türen (* = NIL)

Beispiel 17.10:

```
#include <stdio.h>
#include <alloc.h>
#include <stdlib.h>
#define NIL 0

enum richtung {nord, ost, sued, west};
typedef struct raumrecord
     { int nummer;
       struct raumrecord *tuer[4], *next;
     } RAUM, *RAUMZEIGER;

RAUMZEIGER raum_suchen(RAUMZEIGER kopf,int n);
RAUMZEIGER einlesen(void);

/*********** main ***********/
main ()
{ RAUMZEIGER kopf;
  char c;
  /* Anlegen des verzeigerten Raumplanes */
  kopf = einlesen();
  /* Beginn der Wanderung */
  printf("Gib Kommando n s w o oder e fuer Ende\n");
  do
  { printf("\nSie befinden sich im Raum %5d\n",
              kopf->nummer);
    printf("Die moeglichen Richtungen:");
    if (kopf->tuer[nord] != NIL) printf("n ");
    if (kopf->tuer[ost]  != NIL) printf("o ");
    if (kopf->tuer[sued] != NIL) printf("s ");
    if (kopf->tuer[west] != NIL) printf("w ");
    printf("\nEingabe:");
    scanf("%1s",&c);       printf("\n");
    switch(c)
      { case 'n' :
          if (kopf->tuer[nord] != NIL)
               kopf = kopf->tuer[nord];
          else printf("\ngeht nicht\n");
          break;
        case 's' :
          if (kopf->tuer[sued] != NIL)
               kopf = kopf->tuer[sued];
          else printf("\ngeht nicht\n");
          break;
```

```
          case 'w' :
            if (kopf->tuer[west] != NIL)
                  kopf = kopf->tuer[west];
            else printf("\ngeht nicht\n");
            break;
          case 'o' :
            if (kopf->tuer[ost] != NIL)
                  kopf = kopf->tuer[ost];
            else printf("\ngeht nicht\n");
            break;
      }
  } while (c != 'e');
}


/**************** einlesen  ******************/
/* Die Datei mit dem Raumplan wird zweimal gelesen. */
/*  Zuerst werden die Nummern der 1. Spalte benutzt,*/
/* um eine verkettete Liste der Räume zu erstellen  */
/* (s. Bild 17.11a). Danach werden die Angaben über */
/* die Türen benutzt, um die  Verzeigerung zwischen */
/* den Räumen herzustellen (Bild 17.11b).           */
/***************************************************/
RAUMZEIGER einlesen()
{ RAUMZEIGER p, kopf;
  int i;
  enum richtung k;
  char filename[20];
  FILE *fp;
  printf("Wie heißt der Raumplan:  ");
  gets(filename);
  if ((fp = fopen(filename,"r")) == NULL)
      {puts(" Datei nicht gefunden");
       exit(1);
      }
  /* Verzeigerte Liste der Räume erstellen
     (Bild 17.11a) */
  kopf = p = (RAUMZEIGER) malloc(sizeof(RAUM));
  while
  (fscanf(fp,"%d%d%d%d%d", &i, &k, &k, &k, &k) != EOF)
  {  p ->nummer=i;
     p ->next = (RAUMZEIGER) malloc(sizeof(RAUM));
     p = p->next;
  }
  p ->next = NIL;
  fclose(fp);
```

```
fp = fopen(filename,"r");
/* Verzeigerung zwischen den Räumen erstellen
   (Bild 17.11b) */
p = kopf;
while (fscanf(fp,"%d",&(p->nummer)) != EOF)
{ for (k = nord; k <= west; k++)
  { fscanf(fp,"%d", &i);
    p->tuer[k] = raum_suchen(kopf,i);
  }
  p = p->next;
}
return kopf;
}


/*************** raum_suchen   ******************/
/* Es wird in der in kopf beginnenden Liste von Räu-*/
/* men nach dem Raum Nr. n gesucht. Der Funktions-  */
/* wert ist ein Zeiger auf diesen Raum              */
/* (Bild 17.11a)                                    */
/***************************************************/
RAUMZEIGER raum_suchen(kopf,n)
RAUMZEIGER kopf;
int n;
{  RAUMZEIGER p;
   if (n == 0) return NIL;
   p = kopf;
   while ((p != NIL) && (n != (*p).nummer))
         { p = (*p).next; }
   return p;
}
```

18. Der Preprozessor

Der Preprozessor ist ein dem Compiler vorgeschaltetes Programm, mit dem der Quelltext manipuliert werden kann, bevor der Compiler das Programm übersetzt. Das Zeichen # am Zeilenanfang kennzeichnet eine Anweisung für den Preprozessor. Die Anweisung endet mit dem Zeilenende (und nicht mit ; wie C-Anweisungen). Falls die Preprozessor-Anweisung nicht mit einer Zeile auskommt, kann dies durch \ am Zeilenende angezeigt werden. Die Anweisung selbst bekommt der Compiler nicht zu sehen, sondern nur die Wirkung, die der Preprozessor erbracht hat.

Die wichtigste Preprozessor-Anweisung ist #define, die es in zwei Formen gibt. Bei der einfachen Form (Bild 18.1) kann einfach ein Name durch einen anderen Text ersetzt werden. Die zweite Form (Bild 18.2) kann Parameter enthalten und dient zur Definition von Makros.

Anweisung:	#define Name Ersatztext
Wirkung:	Jedes Auftreten von Name wird durch Ersatztext ersetzt. Davon ausgenommen ist nur das Vorkommen in einem String
Anweisung:	#undef Name
Wirkung:	Ein vorgegangenes #define Name wird rückgängig gemacht, d.h. Name wird nicht mehr ersetzt.

Bild 18.1: define- und undef-Anweisung für Konstanten

Die einfache Form der Anweisung sieht sehr simpel aus, hat aber auch schon erhebliche Konsequenzen. So hat

```
#define MAX 297
```

zur Folge, daß im Qelltext überall von hier ab, außer in Strings, MAX durch 297 ersetzt wird. Aus

```
printf("MAX ist %d\n",MAX);
```

wird

```
printf("MAX ist %d\n", 297);
```

Ein so definierter Name kann seinerseits in einem Ersatztext vorkommen.

```
#define MAX 297
#define MIN 15
#define BEREICH  (MAX - MIN + 1)
```

Falls der Ersatztext ein Ausdruck ist, sollte er geklammert werden. Grundsätzlich wird nämlich ein Ausdruck vom Preprozessor nicht ausgewertet, sondern textuell für Name eingesetzt. Schreibt man nämlich nur

```
#define BEREICH  MAX - MIN + 1
```

und steht im Programm

```
b = BEREICH/k;
```

so wird daraus

```
b = MAX - MIN + 1/k   (oder genauer b = 297 - 15 + 1/k)
```

was offensichtlich nicht gemeint ist. Ein anderer häufiger Fehler ist, die Definitionsanweisung wie eine C-Anweisung zu schreiben:

```
#define MAX = 297;
```

Dann wird aus

```
2 * MAX - i
```

der unsinnige Text

```
2 * = 297; - i
```

Die Großschreibung MAX und MIN ist nicht zwingend vorgeschrieben, aber beim Gebrauch von C üblich geworden. Das hat den Vorteil, daß man dem Programmtext sofort ansieht, bei welchen Namen diese Ersetzung vorgenommen ist.

Mit der undef-Anweisung kann man erreichen, daß Namen auf den Programmteil beschränkt werden können, in dem sie wirklich vorkommen:

```
#define NANU    777
```

C-Programm, in dem NANU durch 777 ersetzt wird

```
#undef NANU
```

C-Programm, in dem NANU nicht mehr durch 777 ersetzt wird

Die Definitionsanweisung kann noch zu einer Makro-Definition erweitert werden (Bild 18.2).

```
Anweisung:  #define Makroname(Par_name, Par_name, ....) Ersatztext
Wirkung:    Der Aufruf Makroname(Text, Text,...) im Programm wird durch
            Ersatztext ersetzt und jedes Vorkommen von Par_name durch
            das entsprechende Argument.
Anmerkung: Zwischen Makroname und ( darf kein Blank stehen.
```

Bild 18.2: define-Anweisung für Makros

Sehen wir uns dazu das folgende Beispiel an.

```
#define MIN(A,B) ((A) < (B) ? (A) : (B))
```

Der Anweisung

```
printf("%d\n",MIN(i+3,5*k)
```

entspricht dann

```
printf("%d\n",((i+3) < (5*k) ? (i+3) : (5*k)));
```

Man achte darauf, die Makrodefinition korrekt zu verklammern, damit der nach dem Ersatz entstehende Ausdruck korrekt ausgewertet wird. Schreibt man nur

```
#define MIN(A,B) (A) < (B) ? (A) : (B)
```

so ist schon ein Aufruf

```
n = 3*MIN(i,k);      →      n = 3*(i) < (k) ? (i) : (k);
```

nicht mehr korrekt, weil 3*(i) vor < gemacht wird!

Vergleichen wir den Makro MIN mit der Funktion

```
double minimum(a,b)
double a,b;
{ return a < b ? a : b;
}
```

Die Funktion minimum() hat einmal den Nachteil, daß Argumente und Funktionswert an einen Typ gebunden sind, während der Makro MIN das Minimum irgendwelcher Typen bildet. Zum anderen ist ein Funktionsaufruf mit einem ziemlichen Aufwand zur Laufzeit verbunden, weil die Parameter über den Stack übergeben werden müssen und die Rückgabe des Funktionswertes organisiert werden muß. Demgegenüber bedeutet ein Aufruf des Makros MIN nur die Auswertung eines Ausdrucks. Allerdings werden beim obigen Aufruf MIN(i+3,5*k) die Ausdrücke i+3 und 5*k je zweimal ausgewertet, beim Aufruf minimum(i+3,5*k) nur einmal bei der Parameterübergabe.

Ein Makro kann in gewissen Fällen sogar prinzipiell mehr leisten als eine Funktion. So ist es bei Funktionen nicht möglich, einen Typ als Parameter zu übergeben, während dies bei Makros durchaus bewirkt werden kann.

Beispiel 18.1:
Der Makro TAUSCH wird durch einen Block ersetzt, dessen erster Parameter den Typ der zu vertauschenden Objekte bezeichnet. Da TAUSCH durch einen Block (mit der lokalen Variablen HILF) ersetzt wird, braucht nach dem Makroaufruf auch kein Semikolon zu stehen.

```
#define TAUSCH(TYP, X, Y) \
        {TYP HILF = X; X = Y; Y = HILF;}
 void tausch(int *x,int *y);

main()
{int i=3,k=7;
 float x=3.5, y=4.67;
 printf("%d %d\n",i,k);
 TAUSCH(int,i,k)
 printf("%d %d\n",i,k);
 tausch(&i, &k);
 printf("%d %d\n",i,k);
 printf("%.3f %.3f\n",x,y);
 TAUSCH(float,x,y)
 printf("%.3f %.3f\n",x,y);
}

 void tausch(x,y)
 int *x, *y;
 {int hilf;
  hilf = *x; *x = *y; *y = hilf;
 }
```

Während der Makro TAUSCH den notwendigen Typ mitbringt, kann die Funktion tausch nur Objekte vom Typ int vertauschen. Da übrigens in C zwischen Groß- und Kleinschreibung unterschieden wird, kann man TAUSCH und tausch so nebeneinander verwenden.

Man hüte sich bei Makros vor Nebeneffekten, wenn Parameter von der Form i++ oder --k verwendet werden! Bei dem folgenden Programm

```
#define QUADRAT(x)   x*x
main()
{int i = 5, k = 7;
 printf("%d\n", QUADRAT(i));
 printf("%d\n", QUADRAT(i++));
 printf("%d\n", QUADRAT(++k));
}
```

wird 25 30 72 ausgegeben. Bei i = 5 ist eben i++ * i++ = 5 * 6.

Beispiel 18.2:
Es sollen noch einmal Funktion und Makro gegenübergestellt werden. Es wird ein Text über die Tastatur gelesen und bei der Ausgabe werden Klein- in Großbuchstaben verwandelt.

```
#include <stdio.h>
#define ISTKLEIN(c)   ('a'<= (c) && (c) <= 'z')
#define PIEP putchar(7)


char wird_gross(char c);

main()
{ char c;
  while( (c = getchar()) != EOF)
    {if (ISTKLEIN(c)) c = wird_gross(c);
     putchar(c);
    }
  PIEP; PIEP; puts("bye bye"); PIEP; PIEP;
}


char wird_gross(c)
char c;
{ return (c-32);
}
```

Wegen dieser Vorzüge der Makros sind manche "Funktionen" gar keine. Der Leser sollte einmal einen Blick in die Definitionsdatei stdio.h werfen. Dort wird er sehen, daß z.B. getchar() und putchar() in Wirklichkeit Makros sind:

```
#define getchar()   getc(stdin)
#define putchar(c) putc((c), stdout)
```

Anweisung:	`#include` <Dateiname> `#include` "Dateiname"
Wirkung:	Es wird die angegebene Datei Dateiname an dieser Stelle in den Text eingefügt. Bei <Dateiname> wird in einem bestimmten Katalog gesucht. Dieser Katalog ist im Hauptmenü unter *Options/Environment* anzugeben (z.B. \TURBOC\INCLUDE). Bei "Dateiname" wird im aktuellen Katalog nach der Datei gesucht. Wird sie dort nicht gefunden, wird wie bei < > verfahren.

Bild 18.3: Include-Anweisung

Auf diese Weise kann man häufig vorkommende Konstanten und Makros in sog. Definitionsdateien zusammenfassen und an einer bestimmten Stelle hinterlegen. Da der Hinweis auf diese Dateien gewöhnlich am Programmanfang steht, werden sie auch Header Files genannt und erhalten .H als Attribut.

Beispiel 18.3
Wem es gefällt, kann mit der define- und -include-Anweisung sein C-Programm ungefähr wie ein Pascal-Programm aussehen lassen. In einer Datei PASCAL.H werden Konstanten wie etwa die folgenden definiert:

```
#define BEGIN    {
#define END      }
#define INTEGER int
#define REAL     double
#define AND      &&
#define OR       ||
#define MOD      %
#define IF       if (
#define THEN     )
#define ELSE     else
```

Befindet sich PASCAL.H in dem Katalog \TURBOC\INCLUDE, kann man z.B. folgendes Programm schreiben:

```
#include <pascal.h>
main()
BEGIN
    INTEGER i,k;
    REAL x,y;
    i = 12;
    IF i < 10 THEN k = 1;
            ELSE k = 2;
    printf("%d \n",k);
END
```

Natürlich kann man das Zuweisungszeichen := von Pascal nicht durch

```
#define :=  =
```

einführen, weil nach define ein Name stehen muß und : = keiner ist.   ∎

define und include sind, wenigstens für Anfänger, die wichtigsten Preprozessor-Anweisungen. Für einen fortgeschrittenen Gebrauch gibt es noch andere,
die im folgenden wenigsten so weit erklärt werden, um ihren zahlreichen Gebrauch in den zu Turbo C gehörenden Definitionsdateien verständlich zu machen.

Anweisung:	#ifdef Name #ifndef Name #if Ausdruck #else #elif Ausdruck #endif
Wirkung:	Mit diesen bedingten Anweisungen können die dadurch einge- faßten Programmteile in Abhängigkeit vom Wert eines Aus- drucks oder der Definiertheit von Namen vom Preprozessor oder Compiler übergangen werden.

Bild 18.4: Die Anweisungen ifdef, ifndef, if, else, elif, endif

Nehmen wir zunächst als kleines Beispiel für Preprozessor-Anweisungen die Definition von NULL aus stdio.h, die je nach Speichermodell als int oder long
definiert wird:

```
#ifndef NULL
#   if defined(__TINY__) || defined(__SMALL__) \
              || defined(__MEDIUM__)
#   define NULL 0
#   else
#   define NULL 0L
#   endif
#endif
```

Bei der folgenden Formulierung

```
#if i == 1
    int x = 12;
#else
    float x = 12.3;
#endif
```

wird in Abhängigkeit von i die Variable x entweder als `int` oder `double` vereinbart.

Dieser Preprozessor-Mechanismus ist überhaupt eine der Stärken von C, die besonders bei großen Programmen zum Tragen kommt. Alle individuellen Konstanten und Makros werden in einer Definitionsdatei gehalten und von allen beteiligten Funktionen und Programmen per `include` benutzt. Notwendige Änderungen sind dann immer nur an einer Stelle vorzunehmen. Es wird zum Schluß sehr empfohlen, sich die Definitionsdateien .H anzusehen. Einmal ist es nützlich zu wissen, was dort alles definiert ist, zum anderen sehr lehrreich zu sehen, was Profis mit dem Preprozessor alles machen können.

Der Vollständigkeit halber seien die noch fehlenden drei Preprozessor-Anweisungen angeführt:

`#line`   zur Numerierung von Quelltext-Zeilen,
`#error`   zur Erzeugung von Fehlermeldungen,
`#pragma` zur Ignorierung von unbekannten Preprozessor-Anweisungen.

Schließlich gibt es im Hauptmenü über *Options/Compiler/Defines* die Möglichkeit, Anweisungen für den Preprozessor zu definieren, die nur für diesen Compilerlauf gelten. Man kann so ein Programm ändern, ohne den Quelltext zu ändern.

19. Aufrufparameter

Bei UNIX ist es Brauch, daß man einem Kommando beim Aufruf Parameter hinzufügt, die das Kommando benutzen kann. Da die UNIX-Kommandos in C geschrieben sind, kann man das natürlich auch beim Starten eines C-Programms
tun.

Bisher waren bei der Funktion main() die Klammern immer leer, und es macht
ja auch eigentlich keinen Sinn, main mit Parametern zu versehen. Da main
nicht von anderen Funktionen aus aufgerufen werden kann, kann es auch keine
Parameter erhalten. main wird aber als erste Funktion beim Starten eines Programms aufgerufen, und so macht es Sinn, dort die Parameter zu übergeben, die
beim Aufruf des Programms genannt werden.

Die vollständige Definition von main heißt denn auch

```
main(argc,argv)
int argc;
char *argv[];
{ lokale Größen
  Anweisungen
}
```

Dabei bedeuten:

int argc	Anzahl der im Aufruf genannten Parameter
	(inclusive Programmname selbst)
char *argv[]	Ein Vektor von Zeigern auf Strings (eben die Parameter)
	argv[0] == Programmname (nur bei DOS 3.0)
	argv[1] == 1. Parameter
	argv[2] == 2. Parameter
	argv[3] == 3. Parameter usw.

Beispiel 19.1
Echo der Argumente des Aufrufs.

```
main(argc,argv)
int argc;
char *argv[];
{ int i;
  printf("Anzahl Parameter: %d\n",argc);
  for (i = 0; i < argc; i++)
      printf("Parameter  %d: %s \n", i, argv[i]);
}
```

Nehmen wir einmal an, das Programm von Beispiel 19.1 heiße ARGECHO.C und das lauffähige Programm also ARGECHO.EXE. Gibt man dann unter MS-DOS

C> ARGECHO dies und das

ist die Ausgabe:

```
Anzahl Parameter:  4
Parameter 0:       ARGECHO
Parameter 1:       dies
Parameter 2:       und
Parameter 3:       das
```

Der Wert von `argv[0]` = `"ARGECHO"` ergibt sich nur unter MS-DOS 3.0, während bei MS-DOS 2.0 diese Zeile leer bleibt.

Das Programm von Beispiel 19.1 protokolliert einfach die Zahl der Aufruf-Argumente und diese dann selbst.

Von den Aufrufparametern kann man auf drei Arten Gebrauch machen:

1. Bei der integrierten Entwicklungsumgebung TC wird im Hauptmenü *Compile/Make EXE file* angewählt und aus ARGECHO.C das lauffähige Programm ARGECHO.EXE erzeugt.

2. ARGECHO.EXE wird aus ARGECHO.C mit der Kommandozeilen-Version TCC (s. Kap. 20) erzeugt.

   In beiden Fällen kann von MS-DOS aus das Programm ARGECHO.EXE mit

   C> ARGECHO parameter1 parameter2 usw.

   gestartet werden.

3. Innerhalb der integrierten Entwicklungsumgebung TC gibt es im Hauptmenü *Options/Args*. Dort wird man aufgefordert, die Aufrufparameter anzugeben. Beim Starten des (im Editor befindlichen) Programms, werden dann diese Aufrufparameter benutzt.

Praktisch kann man damit natürlich den Programmlauf beeinflussen und sich das Einlesen von Angaben ersparen. Gibt es etwa ein Programm MISCHEN.EXE, das zwei Dateien zu einer neuen mischt, so könnte man über `argc` und `argv` und den Aufruf

C> MISCHEN QUELLE1.DAT QUELLE2.DAT ZIEL.DAT

erreichen, daß die beiden Dateien QUELLE1.DAT und QUELLE2.DAT zu ZIEL.DAT gemischt werden. Als Beispiel greifen wir auf Beispiel 16.2 zurück, in dem eine Datei kopiert wurde.

Beispiel 19.2:
Wie in Beispiel 16.2 wird eine Datei quelle in eine Datei ziel kopiert, nur werden jetzt quelle und ziel nicht eingelesen, sondern als Parameter beim Aufruf genannt.

```
#include <stdio.h>

void copy(char source[], char destination[]);

main(argc, argv)
int argc;
char *argv[];
{ if (argc != 3)
    printf("Aufruf ist: %s quelle ziel\n", argv[0]);
    /* Achtung: Bei MS-DOS 2. wird argv[0] nicht
       ausgegeben! */
  else copy(argv[1],argv[2]);
}

void copy(source,destination)
char source[],destination[];
{FILE *s,*d;
 char c;
 s = fopen(source,"r");
 if (s == NULL)
    { printf("Datei %s nicht gefunden\n",source);
      exit(1);
    }
 d = fopen(destination,"w");
 while ((c=getc(s)) != EOF) putc(c,d);
 fclose(s); fclose(d);
 printf("%s nach %s kopiert\n",source, destination);
}
```

Die Parameter des Aufrufs werden durch Blank voneinander getrennt. Wenn ein Parameter Blanks enthalten soll, ist der Parameter als String zu formulieren. Nehmen wir das Programm ARGECHO.C von Beispiel 19.1, so liefert der Aufruf

   C> ARGECHO par1 das ist par2 par3

die Ausgabe:

```
Anzahl Parameter: 6
Parameter 0:  ARGECHO        (Nur Bei MS-DOS 3 )
Parameter 1:  par1
Parameter 2:  das
Parameter 3:  ist
Parameter 4:  par2
Parameter 5:  par3
```

Der Aufruf

    C> ARGECHO par1 "das ist par2" par3

ergibt die Ausgabe:

```
Anzahl Parameter: 4
Parameter 0:  ARGECHO        (Nur Bei MS-DOS 3 )
Parameter 1:  par1
Parameter 2:  das  ist par2
Parameter 3:  par3
```

Pascal:
In Pascal ist es eigentlich nicht vorgesehen, daß ein Programm Aufrufparameter übernehmen kann. Manche Umgebungen machen es indes möglich. In Turbo Pascal gibt es die beiden Standardfunktionen

    paramcount   Funktionswert: integer
                                     Zahl der Parameter des Aufrufs

    paramstr(n)   Funktionswert: STRING[64]
                                     Der n-te Parameter.

Das folgende kleine Programm gibt die im Aufruf genannten Parameter aus:

```
PROGRAM argecho(input,output);
VAR i:integer;
BEGIN
  writeln('Parameterzahl: ',paramcount:3);
  FOR i := 1 TO paramcount DO
      writeln('Parameter ',i:2,' ',paramstr(i));
END.
```

Im Gegensatz zu C ist paramstr(0) nicht der Programmname, und die Parameter werden strikt durch Blank getrennt. Ein Aufruf

    C>ARGECHO par1 "das ist par2" par3
bzw.
    C>ARGECHO par1 'das ist par2' par3

führt zu paramcount = 5 und paramstr(2) = "das bzw. = 'das

Viele Pascal-Versionen unter UNIX haben wie C die Standardvariablen `argc` und `argv`, deren Vereinbarung man sich so vorzustellen hat:

```
TYPE string = PACKED ARRAY [1..80] OF char;
VAR  argc  : integer;
     (* wie    int argc;     *)
     argv  : ^ARRAY[1..100] OF ^string;
     (* wie    char *argv[]; *)
```

Die ARRAY-Grenzen sind hier willkürlich gewählt. Das Programm

```
PROGRAM argecho(input,output);
VAR i:integer;
BEGIN
  writeln('Parameterzahl: ',argc:3);
  FOR i := 1 TO argc DO
     writeln('Parameter ',i:2,' ',argv^[i]^);
END.
```

leistet dann dasselbe wie das C-Programm von Beispiel 19.1.

20. Die Kommandozeilen-Version TCC

Bei UNIX werden Kommandos in der Form

$ Kommando Optionen Dateinamen

aufgerufen.

Option	Bedeutung
-A	Erkennung der ANSI-Schlüsselwörter
-B	Inline Assemblercode im Quelltext
-C	akzeptiert verschachtelte Kommentare
-Dname	definiert einen Makronamen
-Dname=string	definiert einen Makronamen und gibt ihm einen Wert
-G	Codeoptimierung bezüglich Laufzeit
-Ipfad	spezifiziert den Pfad des Include-Kataloges
-Lpfad	spezifiziert den Pfad des Library-Kataloges
-N	Test auf Stack-Überlauf
-O	Codeoptimierung bezüglich Speicherplatz
-S	erzeugt Assemblercode als Ausgabe
-Z	Registeroptimierung ein
-a	
-c	nur zu .OBJ compilieren
-ename	das erzeugte .EXE Programm heißt name.EXE
-f	Benutzung der floating point Emulierung
-gN	Stop nach N Warnungen
-iN	spezifiziert Länge der Namen
-jN	Stop nach N Fehlern
-mc	Speichermodell kompakt benutzen
-mh	Speichermodell huge benutzen
-ml	Speichermodell large benutzen
-mm	Speichermodell medium benutzen
-ms	Speichermodell small benutzen
-mt	Speichermodell tiny benutzen
-npfad	spezifiziert Katalog für Ausgabe
-p	Benutzung der Aufrufkonventionen von Pascal
-r	Benutzung von Registervariablen

Bild 20.1: Optionen der Kommandozeilen-Version TCC

$ ist das Promptzeichen von UNIX. Kommando bezeichnet, was gemacht werden soll; die Dateinamen bezeichnen, womit dies gemacht werden soll und die Optionen, die mit - anfangen, beschreiben, wie dies gemacht werden soll. Das Kommando "C-Compiler aufrufen" lautet cc, und ein typischer Aufruf wäre etwa

$ cc -f -o prog prog.c

d.h. Rufe den C-Compiler auf, der Quelltext steht in der Datei prog.c, der erzeugte Objektcode soll prog heißen, -f soll die Floatingpoint-Arithmetik emulieren.

Genau dies soll auch bei Turbo C möglich sein, damit UNIX-Benutzer in der ihnen vertrauten Weise mit C-Programmen umgehen können. Normalerweise wird man ein C-Programm mit der integrierten Entwicklungsumgebung TC entwickeln. Ein fertiges C-Programm kann dann auch mit der Kommandozeilen-Version TCC wie unter UNIX behandelt werden:

C> TCC Optionen Dateinamen

Die Optionen, die wie in UNIX mit - anfangen, legen die speziellen Eigenschaften von Compiler und Binder fest, die Dateinamen beschreiben die Dateien, in denen das Quellprogramm oder der bereits übersetzte Objektcode steht. Die wichtigsten Optionen zeigt Bild 20.1.

Nehmen wir einmal an, ein C-Programm steht in der Datei PROG.C und erinnern uns daran, daß das vom Compiler erzeugte Compilat PROG.OBJ, das vom Binder vervollständigte, lauffähige Programm PROG.EXE heißt. Dieses kann von MS-DOS aus mit PROG gestartet werden.

Ein Versuch

C> TCC PROG.C

führt im besten Fall zur Erzeugung von PROG.OBJ (ist also nicht lauffähig) oder bricht mit einer Fehlermeldung ab, wenn in PROG.C mit #include auf Definitionsdateien verwiesen wird. Der Grund liegt darin, daß TCC genauso wie die integrierte Entwicklungsumgebung TC wissen muß, wo die Definitionsdateien (Includedateien) und Bibliotheken (Libraries) für den Binder stehen. Gibt es dafür im Katalog C:\TURBOC die Kataloge INCLUDE und LIB, so führt (s. die Optionen -I und -L)

C> TCC -IC:\TURBOC\INCLUDE -LC:\TURBOC\LIB PROG.C

zum Ziel: Es wird das lauffähige Programm PROG.EXE erzeugt. Da diese Optionen immer zu benennen sind, ist es natürlich lästig, sie immer anzugeben. Es ist daher vorgesehen, immer wieder notwendige Optionen in einer Datei TURBOC.CFG (im selben Katalog wie TCC) zu hinterlegen. TURBOC.CFG ist eine normale ASCII-Datei und kann mit dem Turbo-Editor angelegt werden. Hat man dort die beiden Optionen -I und -L, wie eben angegeben, hinterlegt, dann genügt

C> TCC PROG.C

Zu den Dateinamen wäre noch zu sagen, daß beim Weglassen des Attributs .C dieses automatisch unterstellt wird. Man könnte also auch nur

C> TCC PROG

geben. Und natürlich sind auch andere Attribute als .C zulässig. Steht der Quelltext in PROG.TMP, so hat man eben

C> TCC PROG.TMP

zu geben. Eine häufige Anwendung wird darin bestehen, daß man nur zu .OBJ compilieren will. Dies leistet die Option -c. Ist etwa der Quelltext auf die Dateien PROG1.C, PROG2.C und PROG3.C aufgeteilt, so werden mit

C> TCC -c PROG1.C PROG2.C PROG3.C

die Objektdateien PROG1.OBJ, PROG2.OBJ, PROG3.OBJ erzeugt. Will oder muß man in dem Stück PROG1.C noch irgendwelche Änderungen vornehmen, so braucht man nur dieses neu zu compilieren. Für den Binder gibt man die schon vorhandenen Objektdateien an:

C> TCC PROG1.C PROG2.OBJ PROG3.OBJ

Soll der vom Binder erzeugte lauffähige Code noch den Namen TEST.EXE erhalten, so kann man diesen mit der Option -e angeben (ohne Zwischenraum):

C> TCC -eTEST PROG1.C PROG2.OBJ PROG3.OBJ

Man kann so natürlich ein Programm, das auf mehrere Dateien verteilt ist, bearbeiten. Man muß dann selbst wissen, ob eine Änderung in PROG1.C insofern Auswirkungen auf andere Teile, z.B. PROG2 hat, daß auch PROG2.C neu compiliert werden muß. Man benutzt dann besser die in Kap. 22 beschriebene Möglichkeit einer Projektdatei und MAKE.

21. Turbo C und MS-DOS

Wenn man Turbo C unter MS-DOS betreibt, erhebt sich die Frage, welche Dienstleistungen von MS-DOS man von einem C-Programm aus beanspruchen kann.

Funktion:	int **rename**(alt, neu)	\<stdio.h\>
Parameter:	char *alt, *neu;	
Wirkung:	Die Datei alt wird in neu umbenannt. alt und neu können Pfadnamen sein (ohne Wechsel des Laufwerkes). Nach korrekter Ausführung ist der Funktionswert 0, sonst -1.	
Funktion:	int **remove**(name)	\<stdio.h\>
Parameter:	char *name;	
Wirkung:	Die Datei name wird aus dem Directory ausgetragen. Es können Pfadnamen, hingegen keine Joker * und ? verwendet werden. Bei korrekter Ausführung ist der Funktionswert 0, sonst -1.	
Funktion:	int **mkdir**(name)	\<dir.h\>
Funktion:	int **rmdir**(name)	\<dir.h\>
Parameter:	char *name;	
Wirkung:	Das Directory name wird angelegt (mkdir) oder gelöscht (rmdir). Es können Pfadnamen angegeben werden. Bei rmdir muß das Directory leer, nicht das aktuelle und nicht die Wurzel sein. Bei korrekter Ausführung ist der Funktionswert 0, sonst -1.	
Funktion:	int **chdir**(name)	\<dir.h\>
Parameter:	char *name;	
Wirkung:	Es wird in das Directory name übergegangen. name kann ein Pfadname sein. Bei korrekter Ausführung ist der Funktionswert 0, sonst -1.	
Funktion:	char ***getcwd**(buff, laenge)	\<dir.h\>
Parameter:	char *buff; int laenge;	
Wirkung:	Es wird der vollständige Pfadname des aktuellen Directory an buff übergeben. laenge ist die Länge von buff (dafür gibt es die Konstante MAXPATH aus dir.h). Der Funktionswert ist ein Zeiger auf einen String, der (ebenfalls) den Pfadnamen enthält.	

Bild 21.1: Einige Kommandos von MS-DOS

Dazu gibt es in der Definitionsdatei dos.h eine Fülle von Konstanten, Datentypen und Prototypen. Von den vielen Möglichkeiten kann in diesem Kapitel nur ein Überblick über die wichtigsten Funktionen gegeben werden. Und es muß dazu eine ausreichende Kenntnis von MS-DOS vorausgesetzt werden.

Ein Betriebssystem wie MS-DOS stellt vielerlei Dienstleistungen zur Verfügung, die durch Kommandos aufgerufen werden können. Es wäre denkbar, daß die Kommandos in Turbo C als Standardfunktionen zur Verfügung stehen. Dies ist für eine Reihe von Kommandos tatsächlich der Fall. Bild 21.1 enthält einige davon.

Beispiel 21.1:

```
#include <dir.h>

main()
{char pfad[MAXPATH];
 getcwd(pfad,MAXPATH);
 puts(pfad);
 mkdir("NEU");
 chdir("NEU");
 getcwd(pfad,MAXPATH);
 puts(pfad);
 chdir("..");
 rmdir("NEU");
 getcwd(pfad,MAXPATH);
 puts(pfad);
}
```

Bezeichnung	Inhalt
ax (ah,al)	Allgemeine Zwecke
bx (bh,bl)	" "
cx (ch,cl)	" "
dx (dh,dl)	" "
	Segmentregister:
ds	Datensegment
es	Extrasegment
cs	Codesegment
ss	Stacksegment
	Spezialregister
bp	Basiszeiger (für Stackindex)
di	Zielindex (Destination Index)
si	Quellindex (Source Index)
sp	Stackpointer

Bild 21.2: Register des 8086

Bevor auf die Benutzung der MS-DOS-Funktionen eingegangen werden kann, seien die Register und ihre Bedeutung in Bild 21.2 zusammengefaßt. Die Register sind alle 16 Bit lang. Die Register *x unterscheiden die beiden Bytes: *h das linke Byte (high), *l das rechte Byte (low).

Interrupt	Wirkung
0x5	Bildschirmausdruck
0x10	Video E/A
	Steuerung des Bildschirms für Text und Graphik
0x11	Peripherieprüfung (installierte Geräte)
0x12	Speichergröße
0x13	Disketten E/A
	Zum direkten Lesen und Schreiben auf Diskette
0x16	Tastatur-Eingabe
0x17	Drucker
0x19	Warmstart
0x21	Funktionsaufrufe
0x1A	Datum und Uhrzeit

Bild 21.3: BIOS-Interrupts

Nummer	Wirkung
0x5	Druckerausgabe
0xB	Tastatureingabe
0x19	aktuelles Laufwerk angeben
0x23	Dateigröße
0x2A	Datum holen
0x2C	Uhrzeit holen
0x30	DOS-Versionsnummer holen
0x33	Prüfung auf <Ctrl>Break
0x36	Freier Diskettenspeicherplatz
0x39	Anlegen eines Unterverzeichnisses (MKDIR)
0x3A	Löschen eines Unterverzeichnisses (RMDIR)
0x3D	Datei eröffnen
0x3E	Datei schließen
0x41	Datei löschen
0x47	Aktuelles Inhaltsverzeichnis holen
0x4B	Laden oder Ausführen eines Programms
0x57	Datum und Uhrzeit einer Datei holen/setzen

Bild 21.4: Funktionsaufrufe mit DOS-Interrupt 0x21

Die Funktionen von MS-DOS werden über Interrupts aufgerufen (sog. BIOS-Routinen). Die wichtigsten sind in Bild 21.3 aufgezählt. Beim Aufruf muß die Interrupt-Nummer im Register ah stehen. Die meisten von diesen Interrupts haben viele Varianten, je nachdem welche Parameter in den Registern al, bx, cx und dx stehen. Von besonderer Qualität ist der Interrupt 0x21, über den viele DOS-Funktionen (die sog. High level functions) aufgerufen werden können (Bild 21.4). Für die Einzelheiten muß der Leser auf das Technische Handbuch verwiesen werden.

Um alle diese Möglichkeiten zu nutzen, gibt es in Turbo C eine Fülle von Bibliotheksfunktionen. Im Folgenden werden die drei wichtigsten behandelt:
- int86() ermöglicht den Aufruf beliebiger BIOS-Interrupts,
- intdos() ermöglicht den Aufruf von DOS-Funktionen über Interrupt 0x21,
- bdos() ermöglicht einen vereinfachten Aufruf von vielen DOS-Funktionen.

Beginnen wir mit der allgemeinsten Funktion int86(). Um im Programm mit den Registern umgehen zu können, gibt es in dos.h passende Standard-Datentypen (Bild 21.5). Es sind die beiden Strukturen WORDREGS (alle Register 16-Bit, vorzeichenlose int) und BYTEREGS (die Register a .. d aufgeteilt in low und high Byte). Um beide Interpretationen gleichzeitig verfügbar zu haben, gibt es die Union REGS.

```
struct WORDREGS
        { unsigned int ax, bx, cx, dx, si, di, cflag,
flags;
        };

struct BYTEREGS
        { unsigned char al, ah, bl, bh, cl, ch, dl,
dh;
        };

union REGS { struct WORDREGS x;
             struct BYTEREGS h;
           };
```

Bild 21.5: Datentypen für die 8086-Register in dos.h

Die Funktion int86() von Bild 21.6 hat nun die drei Parameter Interruptnummer, Registerbelegung vor dem Aufruf und Registerbelegung nach dem Aufruf. Natürlich können die beiden letzten Parameter dieselbe Variable sein.

Funktion:	int **int86**(inr, inreg, outreg) <dos.h>
Parameter:	int inr; union REGS *inreg, *outreg;
Wirkung:	Es wird der Interrupt inr ausgeführt. Die Registerinhalte für den Aufruf stehen in inreg. Die Registerinhalte nach dem Aufruf stehen in outreg. Der Funktionswert ist der Inhalt von ax.

Bild 21.6: Die Funktion int86()

Beispiel 21.2:
Der Interrupt 0x12 überprüft den Arbeitsspeicher und hinterlegt die Größe des Speichers (in KB) im Register ax.

```
#include <dos.h>
main()
{union REGS reg;
 int86(0x12, &reg, &reg);
 printf("Arbeitsspeicher: %d KByte\n", reg.h.ax);
}
```
                                                                    ∎

Von besonderem Interesse ist wohl der Interrupt 0x10, mit dem man den Bildschirm bearbeiten kann. Die Ausgabefunktionen von Kap. 7 schreiben ihre Ausgabe in einen Puffer, der geleert werden muß. Intern gibt es einen Bildschirmspeicher (für Mono ab Adresse B000:0000, für Grafik ab B800:0000), in den man mit 0x10 direkt schreiben kann. Bei Mono wird jedes Zeichen durch 2 Bytes dargestellt: 1 Byte für das Zeichen selbst, 1 Byte für das Attribut (hell, blinken, invers, usw.). Das folgende Beispiel 21.3 enthält zwei Funktionen gotoxy() zum Positionieren des Cursors und schreibe(), um ein Zeichen mit einem beliebigen Attribut darzustellen.

Beispiel 21.3:
Bildschirmattribute:

Bit Nr.	7	6	5	4	3	2	1	0	Bedeutung
		0	0	0		1	1	1	Normal (weiß/schwarz)
		0	0	0		0	0	0	unsichtbar (schwarz/schwarz)
		1	1	1		0	0	0	invers (schwarz/weiß)
		0	0	0		0	0	1	unterstrichen

Immer gilt:	Bit 7	1 = Blinken ein	0 = Blinken aus
	Bit 3	1 = Hell	0 = halbhell

```
#include <dos.h>
void gotoxy(int x,int y);
void schreibe(char c,int a);
```

```
main()
{ char c = 'X';
  int a;
  gotoxy(20,10);
  puts("hallo, hier werden Attribute vorgeführt");
  do {gotoxy(0,0);
      puts("Gib ein Attribut (hex. oder dez):");
      scanf("%i",&a);
      if (a >= 256) break;
      gotoxy(40,12);
      schreibe(c,a);
      gotoxy(45,12); printf("  Hex %X",a);
      gotoxy(0,1); puts("           ");
      }
  while (1);
}

void gotoxy(x,y)
int x,y;
{union REGS reg;
 reg.h.al = 3;          /* 80*25 S/W */
 reg.h.ah = 2;          /* Cursor positionieren */
 reg.h.dl = x;          /* Spalte */
 reg.h.dh = y;          /* Zeile */
 reg.h.bh = 0;          /* Seiten-Nummer */
 int86(0x10, &reg, &reg);
}

void schreibe(c,a)
char c;
int a;        /* Attribut */
{union REGS reg;
 reg.h.ah = 9;     /* Zeichen u. Attribut schreiben */
 reg.h.bh = 0;     /* Seiten-Nummer */
 reg.h.bl = a;     /* Attribut */
 reg.h.al = c;     /* zu schreibendes Zeichen */
 reg.h.cx = 5;     /* Anzahl Zeichen */
 int86(0x10, &reg, &reg);
}
```

Damit kann man Menüs und Fenster gestalten. Wem das zu kompliziert erscheint, kann es auch einfacher (und sehr viel langsamer) haben. In Beispiel 21.7 wird dafür der ANSI-Treiber ANSI.SYS benutzt werden.

Die Funktionsaufrufe über den Interrupt 0x21 kann man über die Funktion intdos() realisieren (Bild 21.7).

Funktion:	int **intdos**(inreg, outreg) <dos.h>
Parameter:	union REGS *inreg, *outreg;
Wirkung:	Es wird der Interrupt 0x21 ausgeführt, wobei in inreg die Registerinhalte für den Aufruf (in inreg.h.ah die Funktionsnummer) stehen, in outreg die Registerinhalte nach dem Aufruf. Der Funktionswert ist der Inhalt des Registers ax.

Bild 21.7: Die Funktion intdos()

Beispiel 21.4:
Es wird der freie Speicher auf einer Diskette ermittelt.

```
#include <dos.h>
long disketten_speicher(int lw);

main()
{int lw;
 printf("Laufwerk (Aktuell=0, A=1, B=2, C=3, usw)\n");
 scanf("%d",&lw);
 printf("Laufwerk %c:\n", '@'+lw);
 printf("Freier Speicher: %ld\n",
         disketten_speicher(lw));
}

long disketten_speicher(lw)
int lw;        /* Laufwerk */
{ union REGS reg;
  reg.h.ah = 0x36;
  /* Funktionsaufruf: freier Speicherplatz */
  reg.h.dl = lw;
  /* lw ist die Nummer des Laufwerkes */
  intdos(& reg, & reg);
   /* jetzt steht in ax = Anzahl Diskettenseiten,
      bzw. 0xFFFF, wenn lw ungültiges Laufwerk,
                      bx = Anzahl freier Sektoren,
                      cx = Anzahl Bytes pro Sektor. */
  if (reg.x.ax == 0xFFFF) return 0;
  return  (long) reg.x.ax * reg.x.bx * reg.x.cx;
}
```

Falls man bei den Funktionsaufrufen von Bild 21.4 mit den Registern dx und al allein auskommt, bietet die Funktion bdos() von Bild 21.8 eine vereinfachte Aufrufart, die ohne die Datenstrukturen von Bild 21.5 auskommt.

Funktion:	int **bdos**(fnr, reg_dx, reg_al)	<dos.h>
Parameter:	int fnr; unsigned reg_dx, reg_al;	
Wirkung:	Es wird die DOS-Funktion fnr ausgeführt. reg_dx und reg_al sind die Inhalte der Register dx und al. Der Funktionswert ist der Inhalt des Registers ax.	

Bild 21.8: Die Funktion bdos()

Beispiel 21.5:
Einige Anwendungen von bdos().

```
#include <dos.h>
main()
{puts
 ("Das folgende Zeichen mit bdos(0x5) ausgeben:");
 /* Auszugebendes Zeichen in dl */
 bdos(0x5,'x',0);
 bdos(0x5,'\n',0);
 /* Damit das Zeichen ausgegeben wird */
 puts("Warten auf Tastendruck mit bdos(0xB):");
 /* Ist ein Zeichen verfügbar, ist al = 0xFF,
    sonst 0x00. Da ah undefiniert ist, ist der
    folgende cast auf char notwendig! */
 do       `
 if ((char) bdos(0xB,0,0) != 0) break;
 while (1);
 puts("Taste gedrückt");
 printf("Aktuelles Laufwerk: %c \n",
        'A' + bdos(0x19,0,0));
 sleep(2);
}
```

Ein häufiges Problem ist das Abfragen oder Setzen von Datum und Uhrzeit. Dazu gibt es in dos.h die beiden Datenstrukturen time und date von Bild 21.9.
Es gibt in Turbo C eine große Anzahl von Funktionen, die Datum und Uhrzeit verarbeiten können. Die beiden wichtigen getdate() und gettime() sind in Bild 21.10 enthalten. Die Funktion gettime() kann insbesondere dazu verwendet werden, um die Rechenzeit zu ermitteln.

```
struct time { unsigned char  ti_min;   /* Minuten */
              unsigned char  ti_hour;  /* Stunden */
              unsigned char  ti_hund;  /* 1/100 Sekun-
                                              den */
              unsigned char  ti_sec;   /* Sekunden */
            };

struct date { int  da_year;  /* Jahr - 1980 */
              char da_day;   /* Tag des Monats 1 .. 31*/
              char da_mon;   /* Monat 1..12 */
            };
```

Bild 21.9: Datentypen time **und** date **aus dos.h**

Funktion:	void **getdate**(d)	<dos.h>
Parameter:	struct date * d;	
Wirkung:	Die Komponenten der Variablen *d werden mit dem momentan gültigen Datum besetzt. Der Datentyp struct date ist in dos.h definiert (s. Bild 21.9)	
Funktion:	void **gettime**(t)	<dos.h>
Parameter:	struct time * t;	
Wirkung:	Die Komponenten der Variablen *t werden mit der momentan gültigen Uhrzeit besetzt. Der Datentyp struct time ist in dos.h definiert (s. Bild 21.9)	

Bild 21.10: Die Funktionen getdate() **und** gettime()

Beispiel 21.6:

```
#include <dos.h>

double zeit_differenz(struct time z1, struct time z2);

main()
{ struct date datum;
  struct time zeit1, zeit2;
  int i,k;
  getdate(&datum);
  printf("Datum : %2d. %2d. %d\n",
          datum.da_day, datum.da_mon, datum.da_year);

  gettime(&zeit1);
```

```
printf("Uhrzeit: %2d h  %2d min  %2d sec\n",
        zeit1.ti_hour, zeit1.ti_min, zeit1.ti_sec);
for (i = 0; i < 3000; i++)
    for( k = 0; k < 1000; k++);
gettime(&zeit2);
printf("Uhrzeit: %2d h  %2d min  %2d sec\n",
        zeit2.ti_hour, zeit2.ti_min, zeit2.ti_sec);
printf("Rechenzeit: %10.2f sec\n",
        zeit_differenz(zeit1, zeit2));
}

double zeit_differenz(z1, z2)
/* Zeitdifferenz in sec */
struct time z1, z2;
{double anfang, ende;
 anfang = 60*z1.ti_min + z1.ti_sec + z1.ti_hund/100.0;
 ende   = 60*z2.ti_min + z2.ti_sec + z2.ti_hund/100.0;
 return (ende - anfang);
}
```

Das ASCII-Zeichen ESCAPE (27, \x1B, \033) hat die Aufgabe, Steuerzeichen an ein Peripheriegerät zu übertragen. Das oder die auf ESCAPE folgenden Zeichen sollen nicht ausgegeben werden, sondern steuern das Verhalten des Gerätes. Man spricht auch von ESCAPE-Sequenzen. Für einen Drucker findet man diese ESCAPE-Sequenzen im Drucker-Handbuch. Für den Bildschirm gibt es die sog. ANSI-Sequenzen, die Sie in Ihrem MS-DOS-Handbuch finden können. Sie sind von der Form

Esc[Parameter

und benutzen den in ANSI.SYS definierten Treiber, d.h. in der Datei CONFIG.SYS muß es den Eintrag

DEVICE =ANSI.SYS

geben. Damit kann man den Bildschirm in ähnlicher Weise steuern, wie oben im Beispiel 21.3 mit dem Interrupt 0x10. In dem folgenden Beispiel wird ein kleines Menü damit aufgebaut. Es ist (leider) sehr viel langsamer als das Schreiben mit dem Interrup 0x10.

Beispiel 21.7:

```
#include <dos.h>
#include <stdio.h>
#define GOTOXY(x,y)  printf("\x1B[%d;%dH",y,x)
```

```
#define CLRSCR        printf("\x1B[2J")
#define BLINK_EIN     printf("\x1B[5m")
#define INVERS_EIN    printf("\x1B[7m")
#define FETT_EIN      printf("\x1B[1m")
#define UNTER_EIN     printf("\x1B[4m")
#define ATTR_AUS      printf("\x1B[0m")
#define CHAR          178      /* Zeichen für den Rahmen */
#define FOREVER       for(;;)

void menue(void);

main()
{ FOREVER
    menue();
}


void menue(void)
{ int i, j;
  char c;
  CLRSCR;
  for (i=1;i<=18;i++)
       { if ((i == 1) || (i == 18))
           { for (j=1; j<=60; j++)
                printf("%c",CHAR); printf("\n");
           }
           else
           { printf("%c",CHAR);
             for (j=2; j < 60; j++) printf(" ");
             printf("%c\n",CHAR);
           }
       }
  GOTOXY(10,3);
  printf("D a t e i b e a r b e i t u n g");
  GOTOXY(10,4);
  printf("=================================");
  GOTOXY(5,6); FETT_EIN; printf("A "); ATTR_AUS;
                         printf("Satz einfügen");
  GOTOXY(5,8); FETT_EIN; printf("B "); ATTR_AUS;
                         printf("Satz ändern");
  GOTOXY(5,10); FETT_EIN; printf("C "); ATTR_AUS;
                         printf("Satz löschen");
  GOTOXY(5,12); FETT_EIN; printf("D "); ATTR_AUS;
                         printf("Datei drucken");
  GOTOXY(5,14); FETT_EIN; printf("E "); ATTR_AUS;
                     INVERS_EIN; printf("Ende"); ATTR_AUS;
```

```
GOTOXY(30,16); printf("Geben Sie A - E ");
c = tolower(getch());
GOTOXY(10,22);
switch (c)
/* Im Ernstfall wären statt der printf() die ent-
   sprechenden Funktionen für die Dateibearbeitung
   aufzurufen */
  {case 'a': printf("Aufruf Satz einfügen"); break;
   case 'b': printf("Aufruf Satz ändern"); break;
   case 'c': printf("Aufruf Satz löschen"); break;
   case 'd': printf("Aufruf Datei drucken"); break;
   case 'e': exit(1); break;
   default: printf("Keine gültige Angabe");
  }
  sleep(3);
}
```

Zum Schluß dieses Kapitels seien noch einige Anmerkungen zu der Frage gemacht, ob und wie man Teile eines C-Programms im Assembler schreiben kann. Dabei sind zwei Gesichtspunkte zu unterscheiden:
– eine ganze Funktion soll im Assembler geschrieben werden,
– einzelne Assembler-Befehle stehen in einer Funktion.

Aus Platzgründen und weil wegen der Maschinennähe von C dieser Fall wohl ohnehin selten ist, werden hier nur die Prinzipien beschrieben.

Beginnen wir mit dem ersten Gesichtspunkt. Bevor man eine Funktion im Assembler schreiben kann, muß man ganz genau wissen, wie die Parameter an die Funktion übergeben werden und der Funktionswert zurückgegeben wird. Die aktuellen Parameter werden über den Stack übergeben. Die Stackregister sp, bp und si spielen eine wichtige Rolle. Ein Funktionswert wird im Register ax hinterlegt. Um die Funktion im Assembler zu schreiben, braucht man detaillierte Kenntnisse über die Aufteilung der Segmente (abhängig von dem verwendeten Speichermodell) und die Lage von lokalen Größen. Am sichersten geht man so vor, daß man die zu schreibende Funktion funkt() zunächst als leere Funktion spezifiziert, z.B.

```
int funkt(a, b)
int a, b;
{ }
```

Bei der Kommandozeilenversion TCC gibt es die Option -S, womit ein Assemblercode erzeugt wird (s. Bild 20.1). Heißt die obige leere Funktion F.C, so erzeuge man sich mit

C> TCC -S F.C

die Assemblerdatei F.ASM. Dort ist dann schon der ganze Rahmen erzeugt worden, und an der Stelle

    ; Line 3

ist die Wirkung von funkt() zu beschreiben. Die Assemblerfunktion kann dann mit dem Makro-Assembler MASM assembliert und später eingebunden werden.

Sehr viel einfacher ist es, in einem C-Programm einzelne Assemblerbefehle einzufügen. Dazu gibt es die asm-Anweisung oder Inline-Anweisung

    asm   Assemblerbefehl

die nicht mit ; abzuschließen ist. Solche Zeilen mit asm werden vom Compiler zunächst übergangen und in der Assemblerphase des Compilers einfach eingefügt. Vorausgesetzt der Assembler MASM befindet sich im selben Directory wie TC, kann man so die beiden Bytes einer int-Variablen i vertauschen:

```
asm    mov ax,i
asm    xchg al,ah
asm    mov i, ax
```

22. Projekt und Make

Bei ernsthaften praktischen Anwendungen werden die C-Programme zu groß, als daß man sie in einer Datei halten sollte. Einmal sind lange Programme zu unhandlich beim Editieren. Zum anderen erfordert jede kleine Änderung ein erneutes Compilieren des ganzen Quellprogramms. Auch wenn der Turbo-Compiler sehr schnell ist, bei einigen hundert oder tausend Zeilen fällt die Compilierzeit schon ins Gewicht. Das Prinzip sollte dann sein, das Programm in mehrere kleine, jeweils zusammengehörige Teile zu zerlegen, die jeweils in einer Datei gehalten, einzeln compiliert und dann gebunden werden.

Eine mögliche Aufteilung eines Programms in drei Teile wäre z.B.

Datei DEF.H   enthält Konstanten und Makros, Typdefinitionen und Funktionsprototypen des ganzen Programms.

Datei FUNKT.C   enthält die von main benutzten Funktionen. Falls es zu viele sind, könnte man Gruppen davon in den Dateien FUNKT1.C, FUNKT2.C usw. zusammenfassen.

Datei MAIN.C   enthält das Hauptprogramm, gewissermaßen den Rahmen des ganzen Problems.

Bei der Kommandozeilen-Version TCC in Kap. 20 war beschrieben worden, wie man die beim Compilieren beteiligten Dateien name.C und die zu bindenden übersetzten Objektdateien name.OBJ beim Aufruf von TCC angeben kann.

Bei der Aufteilung eines Programms in mehrere Dateien entsteht das Problem, welche Änderungen in einer Quelltextdatei Auswirkungen auf die anderen haben. Insbesondere geht es um die Frage, ob eine bereits übersetzte Datei, die als name.OBJ vorliegt, bei einer Änderung in einer anderen neu compiliert werden muß. Bei der Kommandozeilen-Version TCC ist es Sache des Benutzers, auf solche Zusammenhänge zu achten. In der integrierten Entwicklungsumgebung TC gibt es zwei Möglichkeiten, diese Zusammenhänge automatisch zu überwachen. Die eine ist die Benutzung der Grundfunktion *Projekt* im Hauptmenü (Bild 3.1), die andere die Verwendung von *Make* bei der Grundfunktion *Compile*.

Zur Veranschaulichung wollen wir ein nicht zu langes, aber auch nicht zu triviales Beispiel nehmen. Es soll um die Simulation eines Stack gehen. Ein Stack ist eine LIFO-Datenstruktur nach dem Motto: "Last In First Out" . Neue Elemente werden jeweils oben auf den Stack gelegt, was man auch abkellern oder englisch push oder push down nennt. Entnommen werden Elemente aus dem Stack immer von oben, was man auch auskellern oder englisch pop oder pop up nennt. Da die Größe des Stack unbekannt ist, wird der Stack im Heap gehalten. Die Reihenfolge der Elemente des Stack wird durch eine einfach gekettete Liste realisiert. Die Operation `push` bedeutet dann, die Erzeugung eines neuen Elementes mit `calloc()` im Heap, das vorn in die Liste eingefügt wird (Bild 22. 1a).

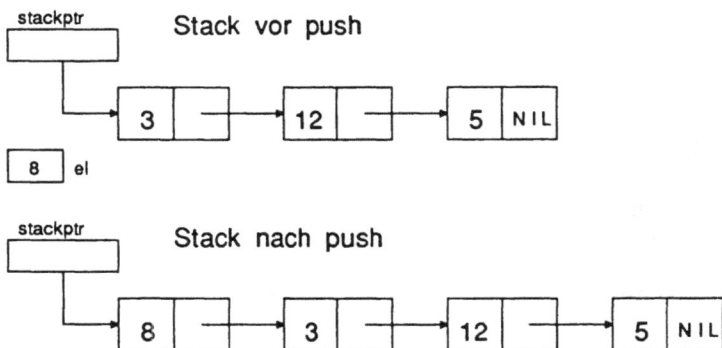

Bild 22.1a: Operation push auf einem Stack

Die Operation `pop` entnimmt das erste Element der Liste und gibt es mit `free()` an die Speicherverwaltung zurück (Bild 22.1b). Das folgende Beispiel 22.1 zeigt eine Lösung, die wie bisher in einer Quelltext-Datei stehen möge.

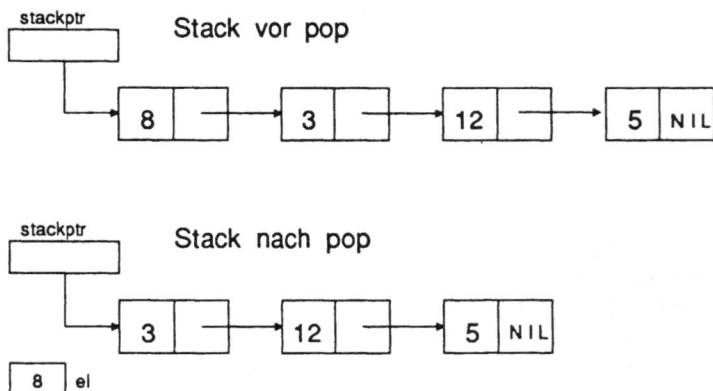

Bild 22.1b: Operation pop auf einem Stack

Beispiel 22.1:
Stacksimulation mit einem Programm in einer Quelltext-Datei:

```
#include <stdio.h>
#include <stdlib.h>
#include <alloc.h>
#define FOREVER for(;;)
#define CLRSCR puts("\x1B[2J")
#define NIL 0

typedef int ELEMENT;

struct stack {ELEMENT      el;
              struct stack * next;
              } * stackptr = NIL;

void push(ELEMENT el);
void eingabe(ELEMENT * el, char * kommando);
void ausgabe( struct stack *st);
ELEMENT pop(void);

main()
{ELEMENT el;
 char kommando;
 FOREVER
 { eingabe(&el, &kommando);
   switch (kommando)
    {case '+': push(el); break;
     case '-': printf("ausgekellert: %d\n", pop());
               puts("Return");getch();break;
     case '0': exit(1);
    }
   ausgabe(stackptr);
 }
}

void eingabe (el, kommando)
ELEMENT *el;
char    *kommando;
{int ok;
 do {puts ("\n\nGib ein Kommando:");
     puts ("push: +    pop: -   ende: 0");
     *kommando = getch();
     if ((*kommando == '+')||(*kommando == '-')
         ||(*kommando == '0'))
```

```
        {ok = 1;}
      else {puts("Was denn nun eigentlich?"); ok = 0;}
      if (*kommando == '+')
        {puts("Gib Element"); scanf("%d",el);}
    }
  while (!ok);
}

void ausgabe(st)
struct stack *st;
{struct stack *hilf;
 CLRSCR;
 puts("Momentaner Stack:  ");
 hilf = st;
 while (hilf != NIL) {printf("%d  ",hilf->el);
                      hilf = hilf->next;
                     }
 printf("\n");
}

void push(el)
ELEMENT el;
{struct stack * neu;
 if
 ((neu = (struct stack *)
         calloc(1, sizeof(struct stack))) == NIL)
 {fprintf(stderr, "Kein Speicher mehr!\n");
  exit(1);
 }
 neu->el = el;
 neu->next = stackptr;
 /* Element neu vorn in Stack einfügen */
 stackptr = neu;
}

ELEMENT pop()
{ELEMENT el;
 struct stack * alt;
 if (stackptr == NIL)
 {fprintf(stderr, "Stack leer\n");
  exit(1);
 }
 el = stackptr->el;
 alt = stackptr;
 /* alt zeigt auf 1. Element im Stack */
```

```
stackptr = stackptr->next;
/* stackptr zeigt auf 2. Element im Stack */
free(alt);
return el;
}
```

■

Man könnte nun auf die Idee kommen, das Programm auf vier Dateien verteilt zu entwickeln:

DEF.H   enthält alle Include-Dateien, Preprozessor-Anweisungen für Konstante und Makros, globale Datentypen und Funktionsprototypen.

MAIN.C   enthält das Rahmenprogramm.

EA.C   enthält die E/A-Funktionen eingabe() und ausgabe().

STACKOP.C   enthält die Stackoperationen push() und pop().

Um nun zu kennzeichnen, daß die vier Dateien zusammen ein Programm bilden, gibt es im Hauptmenü das Menü *Projekt*. Wählt man dieses an, wird man aufgefordert, eine sog. Projektdatei anzugeben. Das ist eine mit dem Attribut .PRJ zu bezeichnende Datei, die mit dem Editor angelegt werden kann, und die die an dem Projekt beteiligten Quelltext-Dateien auflistet (das Attribut .C kann dabei entfallen). Falls eine dieser Quelltextdateien bei der Änderung einer anderen Datei neu compiliert werden müßte, ist diese in runden Klammern hinzuzufügen. In unserem Beispiel würde eine Projektdatei STACK.PRJ folgenden Inhalt haben können:

Datei STACK.PRJ: MAIN (DEF.H)
                    EA (DEF.H)
                    STACK (DEF.H)

Das folgende Beispiel 22.2 zeigt die Aufteilung genauer. DEF.H enthält alle Preprozessor-Anweisungen, Funktionsprototypen, typedef int ELEMENT und die Definition des Typs stack. Die Deklaration und Initialisierung von stackptr ist dabei weggenommen worden, da jede der anderen Dateien #include "DEF.H" enthält und eine Variable nur einmal deklariert und initialisiert werden darf. stackptr ist in der Datei MAIN.C vereinbart. Die Datei STACKOP.C verweist mit extern auf diese Variable.

Beispiel 22.2:
Stacksimulation in vier Dateien:

Datei: STACK.PRJ
          EA   (DEF.H)
          STACKOP   (DEF.H)
          MAIN (DEF.H)

Datei: DEF.H
```
#include <stdio.h>
#include <stdlib.h>
#include <alloc.h>
#define FOREVER for(;;)
#define CLRSCR puts("\x1B[2J")
#define NIL 0

typedef int ELEMENT;

struct stack {ELEMENT       el;
              struct stack * next;
              } ;

void push(ELEMENT el);
void eingabe(ELEMENT * el, char * kommando);
void ausgabe( struct stack *st);
ELEMENT pop(void);
```

Datei: MAIN.C
```
#include "DEF.H"

struct stack *stackptr = NIL;

main()
{
    wie in Beispiel 22.1
}
```

Datei: EA.C
```
#include "DEF.H"

void eingabe (el, kommando)
ELEMENT *el;
char    *kommando;
{
    wie in Beispiel 22.1
}
```

```
void ausgabe(st)
struct stack *st;
{
        wie in Beispiel 22.1
}
```

Datei: STACKOP.C
```
#include "DEF.H"

extern struct stack *stackptr;

void push(el)
ELEMENT el;
{
        wie in Beispiel 22.1
}

ELEMENT pop()
{
        wie in Beispiel 22.1
}
```
■

Die obige Aufteilung des Problems auf die vier Dateien ist natürlich auch anders möglich. So könnte man die Funktionsprototypen aus DEF.H herausnehmen und dort als extern deklarieren, wo sie gebraucht werden (also in MAIN.C).

Im Hauptmenü gibt es unter *Compile* das Kommando *Compile to OBJ*. Damit wird der im Editor stehende Quelltext compiliert. Mit *Compile/Make EXE file* (oder F9) werden nun die in STACK.PRJ genannten Dateien gemeinsam compiliert und gebunden. Die in .PRJ genannten Dateien werden übrigens in der Reihenfolge compiliert, in der sie in .PRJ aufgeführt sind. Dabei wird folgendermaßen vorgegangen.

Bei jeder Erzeugung einer Quelltext-Datei .C oder Objektdatei .OBJ wird Datum und Uhrzeit festgehalten. In der Projektdatei .PRJ sind die gegenseitigen Abhängigkeiten beschrieben. Bei einem Kommando F9 wird nun .PRJ geladen und geprüft, ob seit der letzten Compilierung eine Datei .C geändert wurde. Wenn ja, wird sie neu zu .OBJ compiliert. Dann wird über .PRJ geprüft, ob eine an dem Projekt beteiligte Datei von der Änderung betroffen ist. Gegebenenfalls wird sie neu compiliert. Würde man z.B. in DEF.H etwas verändern, würde DEF.H mit einem jüngeren Termin als die Dateien .OBJ versehen sein. Alle drei Quelltext-Dateien würden dann neu compiliert. Würde man nur in EA.C etwas ändern, würde ein erneuter Start mit F9 nur EA.C compilieren und der Binder die alten Objektdateien MAIN.OBJ und STACKOP.OBJ benutzen. Anschließend werden die Teile gebunden und die Datei .EXE erzeugt. Sie erhält den Namen der Datei .PRJ, in unserem Fall also STACK.EXE. Das Programm kann dann mit Alt-R gestartet werden. Über *Compile/Build all* werden grundsätzlich alle am Projekt beteiligten Dateien neu übersetzt. Die Überprüfung von Datum und Uhrzeit findet nicht statt.

Übrigens ruft das Start-Kommando Alt-R immer auch *Compile/Make EXE file* auf, d.h. man braucht überhaupt nur Alt-R zu geben. Dabei muß lediglich in *Projekt/ Project name* der Name von .PRJ angegeben zu sein. Und es braucht sich auch keine der beteiligten Quelltext-Dateien im Editor zu befinden. Das ist übrigens der Grund, weshalb auch beim Compilieren eines einzelnen Programms im Editor mit Alt-R zunächst die Meldung "Checking dependencies..." kommt.

Bei dem komplizierten Vorgang, der mit *Make Exe file* verbunden ist, bleibt noch die Frage, was bei Fehlern geschieht. Im Menü *Projekt* gibt es weiter *Break make on* mit den vier Möglichkeiten

Errors (Vorbelegung), Abbruch bei Syntaxfehlern,
Warnings, Abbruch bei Warnungen,
Fatal errors, Abbruch, wenn z.B. eine der Dateien nicht gefunden wurde
Link, Abbruch grundsätzlich vor Aufruf des Binders.

Bei *Errors* kann man nun wählen, ob die Fehler insgesamt oder nur die einer Datei angezeigt werden. Über *Debug/Track messages* kann man wählen zwischen *Current File* (die im Editor) oder *All files* (alle Dateien des Projekts). Hat man *All files* gewählt und will sich dann mit F7/F8 die Fehler im Quelltext ansehen, so wird die jeweils betroffene Quelltext-Datei in den Editor geladen.

Zum Schluß noch ein Hinweis. Hat man nach dem obigen Beispiel 22.2 bei *Projekt/ Projekt name* STACK.PRJ eingetragen, so wird diese auch benutzt, wenn man später eine einzelne Datei im Editor, die mit STACK.PRJ nichts mehr zu tun hat, mit Alt-R übersetzen und starten will. Das geht natürlich nicht, und man sollte nicht vergessen, über *Projekt/Clear projekt* den Eintrag STACK.PRJ zu löschen.

MAKE ist übrigens ein eigenständiges Programm, das auch außerhalb der integrierten Entwicklungsumgebung TC benutzt werden kann. Genaueres dazu finden Sie im Referenzhandbuch [1b].

23. Graphik

Vorausgesetzt, Ihr PC ist graphikfähig, d.h. verfügt über einen Graphikadapter, so steht Ihnen bei Turbo C 2.0 in graphics.h ein reichhaltiges Sortiment an Graphikroutinen zur Verfügung. Die Treiber für die Graphikadapter stehen in Dateien mit dem Attribut .BGI (= Borland Graphic Interface). Es gibt Treiber für die gängigen Graphikadapter CGA, EGA, VGA, Hercules u. a. Für die Ausgabe von Text im Graphikmodus gibt es neben den Normalzeichen aus 8x8 Pixeln noch Vektor-Zeichensätze mit den Definitionsdateien .CHR.

In graphics.h gibt es Dutzende von Graphikroutinen. Aus Platzgründen können hier nur einige Kostproben gegeben und das Prinzip aufgezeigt werden. Auf der Lieferdiskette gibt es ein Demonstrationsprogramm BGIDEMO.C, dessen Studium sehr nützlich ist. Die wichtigsten Graphikfunktionen werden im folgenden erläutert. Aus Platzgründen werden nicht alle Graphikfunktionen aufgeführt. Beachten Sie statt dessen den folgenden

Hinweis:
Steht im Editormodus der Cursor auf dem Namen einer Graphikfunktion, so liefert die Tastenkombination Ctrl-F1 eine Erklärung dieser Funktion und zugleich Verweise auf ähnliche bzw. damit zusammenhängende Funktionen, Konstanten oder Datentypen. Welche Funktionen es überhaupt gibt, zeigt ein Blick in graphics.h, die man sich mit dem Editor ansehen kann. Außerdem wird auf die Zusammenstellung der Bibliotheksfunktionen in Anhang C verwiesen.

Mit dieser in Turbo C integrierten Dienstleistung kann man sich während des Programmentwurfs rasch und zuverlässig und wohl auch bequemer als durch Nachschlagen in einem Buch informieren.

In einem Graphikprogramm muß man zuerst die Graphikhardware aktivieren, d.h. einen der BGI-Treiber initialisieren. Dies geschieht durch Aufruf der Funktion initgraph(),die den momentan installierten Graphikadapter auf seinen höchsten Auflösungsmodus setzt. Der Prototyp von initgraph() lautet

```
void far initgraph(int far *treiber, int far *modus,
                  char far *treiber_pfad);
```

Die ersten beiden Argumente sind Zeiger auf Integers. Sie spezifizieren den Graphikadapter und den benutzten Modus. Der dritte Parameter gibt den Pfadnamen an, wo die BGI-Dateien zu finden sind. Falls die BGI-Dateien in demselben Verzeichnis wie TC.EXE stehen, ist der leere Pfadname "" anzugeben. Nach dem Aufruf von initgraph() hat treiber einen der Werte

```
enum graphics_drivers
{ /* define graphics drivers */
DETECT, /*  0 requests autodetection */
CGA, MCGA, EGA, EGA64, EGAMONO, IBM8514, /* 1 - 6 */
HERCMONO, ATT400, VGA, PC3270,            /* 7 - 10 */
CURRENT_DRIVER = -1
};
```

Nach dem Aufruf von initgraph() kann man mit der Funktion

```
graphresult()
```

prüfen, ob die Initialisierung erfolgreich war, für deren mögliche Werte in graphics.h folgende Fehlerwerte definiert sind:

```
enum graphics_errors
{/* graphresult error return codes */
grOk             =   0,
grNoInitGraph    =  -1,
grNotDetected    =  -2,
grFileNotFound   =  -3,
grInvalidDriver  =  -4,
grNoLoadMem      =  -5,
grNoScanMem      =  -6,
grNoFloodMem     =  -7,
grFontNotFound   =  -8,
grNoFontMem      =  -9,
grInvalidMode    = -10,
grError          = -11,    /* generic error */
grIOerror        = -12,
grInvalidFont    = -13,
grInvalidFontNum = -14,
grInvalidVersion = -15,
};
```

Die Funktion

```
grapherrormsg(int error);
```

liefert einen Zeiger auf einen statischen String mit dem zum Wert von error (0 ...-15) gehörenden Text.

Fast alle Graphiktreiber können mit verschiedenen Modi hinsichtlich Auflösung, Zahl der Farben und Seiten betrieben werden. Nach dem Aufruf von initgraph hat modus einen der in graphics.h definierten Werte:

```
enum graphics_modes
{/* graphics modes for each driver */
CGAC0       = 0,    /* 320x200 palette 0; 1 page*/
CGAC1       = 1,    /* 320x200 palette 1; 1 page*/
CGAC2       = 2,    /* 320x200 palette 2: 1 page*/
CGAC3       = 3,    /* 320x200 palette 3; 1 page*/
CGAHI       = 4,    /* 640x200 1 page*/
MCGAC0      = 0,    /* 320x200 palette 0; 1 page*/
MCGAC1      = 1,    /* 320x200 palette 1; 1 page*/
MCGAC2      = 2,    /* 320x200 palette 2; 1 page*/
MCGAC3      = 3,    /* 320x200 palette 3; 1 page*/
MCGAMED     = 4,    /* 640x200 1 page*/
MCGAHI      = 5,    /* 640x480 1 page*/
EGALO       = 0,    /* 640x200 16 color 4 pages*/
EGAHI       = 1,    /* 640x350 16 color 2 pages*/
EGA64LO     = 0,    /* 640x200 16 color 1 page */
EGA64HI     = 1,    /* 640x350 4 color  1 page */
EGAMONOHI   = 0,    /* 640x350 64K on card, 1 page -
                       256K on card, 4 pages */
HERCMONOHI  = 0,    /* 720x348 2 pages */
ATT400C0    = 0,    /* 320x200 palette 0; 1 page*/
ATT400C1    = 1,    /* 320x200 palette 1; 1 page*/
ATT400C2    = 2,    /* 320x200 palette 2; 1 page*/
ATT400C3    = 3,    /* 320x200 palette 3; 1 page*/
ATT400MED   = 4,    /* 640x200 1 page*/
ATT400HI    = 5,    /* 640x400 1 page*/
VGALO       = 0,    /* 640x200 16 color 4 pages*/
VGAMED      = 1,    /* 640x350 16 color 2 pages*/
VGAHI       = 2,    /* 640x480 16 color 1 page */
PC3270HI    = 0,    /* 720x350 1 page*/
IBM8514LO   = 0,    /* 640x480 256 colors*/
IBM8514HI   = 1     /*1024x768 256 colors*/
};
```

Hierzu scheint folgende Bemerkung notwendig. Wer in seinem PC eine VGA-Karte für eine Auflösung von 800x600 oder gar 1024x768 Pixel hat, kann diese nur im Modus VGAHI mit 640x480 bei 16 Farben betreiben. Dies gilt übrigens auch für die Graphik in Turbo Pascal. In beiden Fällen heißt der Treiber EGA-VGA.BGI. Hier zeigt sich eben, daß die Entwicklung der Hardware schneller verläuft als die der Software. Wem das nicht gefällt, muß sich für die höhere VGA-Auflösung einen eigenen Treiber schreiben.

Nach dem erfolgreichen Aufruf von initgraph() können dann die Graphik-funktionen aus graphics.h aufgerufen werden. Am Ende des Programms sollte man wieder in den Textmodus zurückkehren, was durch closegraph() geschieht.

Das folgende Beispiel 23.1 zeigt den prinzipiellen Aufbau eines Graphikprogramms, in dem der Graphikmodus initialisiert wird und Informationen über diesen Zustand ausgegeben werden. Bevor die dabei benutzten Funktionen erklärt werden, sei eine Bemerkung über das Koordinatensystem gemacht. Bei einer Auflösung von 320x200 liegt folgende Situation vor:

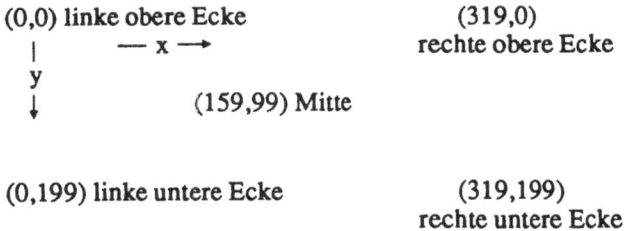

```
(0,0) linke obere Ecke                    (319,0)
 |        — x —→                          rechte obere Ecke
 y
 ↓              (159,99) Mitte


(0,199) linke untere Ecke                 (319,199)
                                          rechte untere Ecke
```

In Beispiel 23.1 werden noch die folgenden Funktionen benutzt: Mit der Funktion

```
void far outtext(char far *textstring);
```

kann man Text ab der momentanen Cursorposition ausgeben.Soll der Text ab der Stelle mit den Koordinaten (x,y) ausgegeben werden, steht dafür die Funktion

```
void far outtextxy(int x, int y, char far *textstring);
```

zur Verfügung. Bei den Funktionen outtext() und outtextxy() findet kein automatischer Umbruch wie im Textmodus statt. Am rechten Rand des Bildschirms bzw. gesetzten Fensters wird der Text abgebrochen. Die Funktion

```
char* far getdrivername(void);
```

liefert einen Zeiger auf den Namen des durch initgraph() aktivierten Graphiktreibers. Die Funktion

```
int far getmaxcolor(void);
```

liefert die höchste Farbnummer für den momentanen Graphiktreiber und -modus.

Die Funktion

```
char* far getmodename(int modus);
```

erwartet die Nummer eines Graphikmodus und liefert einen Zeiger auf den Namen dieses Modus, z. B. "640 * 480 VGA".

Beispiel 23.1
Prinzipieller Aufbau eines Graphikprogramms.

```c
#include <graphics.h>
#include <stdio.h>
#include <conio.h>
#include <stdlib.h>
main()
{ int treiber = DETECT, modus,error;
  char *t, *mc;
  initgraph(&treiber,&modus,"");
  error = graphresult();
  if (error < 0)
      { printf("graphics initialization error:");
      printf("%s \n",grapherrormsg(error));
      getch();
      exit(1);
      }
 /* Hier können jetzt Aufrufe von Graphikroutinen
    folgen */
  outtext("Hallo Graphik! Bitte eine Taste druecken!");
  getch();
  outtextxy(20,30,getdrivername());
  itoa(getmaxcolor(),mc,10);
  /* s. dazu Beispiel 23.12 */
  outtextxy(20,50,"maxcolor:");
  outtextxy(100,50,mc);
  outtextxy(20,70,getmodename(modus));
  getch();
  closegraph();   /* Ende Graphikmodus */
  return(0);
}
```

■

Wenn das Programm von Beispiel 23.1 zufriedenstellend abläuft, kann man auf den Test von error nach initgraph() verzichten. Aus Platzgründen wird bei den folgenden Beispielen auf den Test von error verzichtet.

Im folgenden Beispiel 23.2 werden sich drehende Geraden im linken oberen Quadranten des Bildschirms gezeichnet, darauf dieselben in ein Rechteck im rechten unteren Quadranten.Um die Quadranten unabhängig von der aktuellen Auflösung zu beschreiben, gibt es die Funktionen

```c
int far getmaxx(void);
int far getmaxy(void);
```

`getmaxx()` liefert die maximal mögliche X-Koordinate, `getmaxy()` die maximale Y-Koordinate, so daß also

`getmaxx()*0.5,getmaxy()*0.5`

immer die Mitte des Bildschirms ist. Um eine Gerade zu zeichnen, gibt es zwei Möglichkeiten. Bei der Funktion

```
void far line(int x1, int y1, int x2, int y2);
```

wird eine Gerade vom Punkt (x1,y1) zum Punkt (x2,y2) gezeichnet, wobei der Graphikcursor nicht bewegt wird. Die Funktion

```
void far lineto(int x, int y);
```

zeichnet eine Gerade von der momentanen Cursorposition zum Punkt (x,y). Vor dem Aufruf von `lineto()` kann man den Cursor mit

```
void far moveto(int x, int y);
```

auf einen gewünschten Punkt (x,y) positionieren. In Beispiel 23.2 werden die Geraden auch von einem Rechteck eingerahmt. Dazu wird die Funktion

```
void far rectangle(int x1, int y1, int x2, int y2);
```

benutzt. Sie zeichnet ein Rechteck mit der linken oberen Ecke (x1, y1) und der rechten unteren Ecke (x2, y2). Alle vier Eckpunkte müssen innerhalb der Bildschirmgrenzen liegen.

Beispiel 23.2
Drehende Geraden

```
#include <graphics.h>
#include <stdio.h>
#include <conio.h>
#include <stdlib.h>
main()
{ int treiber = DETECT;
  int modus, x, y,xmin, ymin, xmax, ymax;
  int stepx, stepy;
  initgraph(&treiber, &modus, "");
  xmin = getmaxx()*0.05;
  ymin = getmaxy()*0.05;
  xmax = getmaxx()*0.5;
  ymax = getmaxy()*0.5;
  stepx = (xmax - xmin)/25;
  stepy = (ymax -ymin)/25;
```

```
x = xmin;
y = ymin;
while (x < xmax)
{ line (x,ymin,xmax,y);
  x += stepx;
  y += stepy;
}
xmin = getmaxx()*0.5;
ymin = getmaxy()*0.5;
xmax = getmaxx()*0.95;
ymax = getmaxy()*0.95;
rectangle(xmin, ymin, xmax, ymax);
x = xmin;
y = ymin;
while (x < xmax)
{ line (x,ymin,xmax,y);
  x += stepx;
  y += stepy;
}
outtextxy(xmax-10, ymax+10,"<RET>");
getch();
closegraph();
}
```

Im letzten Beispiel wurden Geraden in ein Rechteck gezeichnet. Mit der Funktion

```
void far setviewport(int links, int oben, int rechts,
                     int unten, int clip);
```

kann man ein Fenster setzen, auf dessen linke obere Ecke sich die Koordinaten der folgenden Zeichenoperationen beziehen. Der 5. Parameter clip legt fest, ob die Zeichnungsaktionen am Fensterrand abgebrochen werden sollen (true) oder nicht. Die Funktion initgraph() setzt den ganzen Bildschirm als Fenster, was einem Aufruf

```
setviewport(0,0,getmaxx(),getmaxy(),0);
```

entspricht.

Neben dem Rechteck von Beispiel 23.2 ist der Kreis eine andere geometrische Grundfigur. Dafür gibt es die Funktion

```
void far circle(int xm, int ym, int rad);
```

Es wird um den Mittelpunkt (xm,ym) ein Kreis vom Radius rad gezeichnet. Im folgenden Beispiel 23.3 wird um den Mittelpunkt des Bildschirms eine Schar konzentrischer Kreise gezeichnet.

Beispiel 23.3
Schar von konzentrischen Kreisen

```c
#include <graphics.h>
#include <stdio.h>
#include <conio.h>
#include <stdlib.h>
main()
{ int treiber = DETECT;
    int modus, xmax, ymax, xm, ym, radius;
    initgraph(&treiber, &modus, "");
    xmax =getmaxx();
    ymax = getmaxy();
    xm =xmax*0.5;
    ym =ymax*0.5;
    line(xm,0,xm,ymax);
    line(0,ym,xmax,ym);
    for (radius = xmax*0.02;radius<ym;
        radius += xmax*0.02)
        circle(xm,ym,radius);
    outtextxy(xmax-40, ymax-10,"<RET>");
    getch();
    closegraph();
}
```

■

Die beiden Funktionen

```c
void far putpixel(int x, int y, int farbe);
unsigned far getpixel(int x, int y);
```

erlauben es, auf ein einzelnes Pixel zuzugreifen. putpixel(x,y,f) färbt den Punkt (x,y) mit der angegebenen Farbe f. getpixel liefert als Funktionswert die Nummer der Farbe des Punktes(x,y). Das folgende Programm von Beispiel 23.4 schreibt 10000 zufällig ausgewählte Punkte mit zufällig gewählten Farben auf den Bildschirm. Danach werden alle Punkte des Bildschirms mit getpixel inspiziert und gegebenenfalls auf die Hintergrundfarbe schwarz gesetzt.

Beispiel 23.4
getpixel und putpixel

```c
#include <graphics.h>
#include <stdio.h>
#include <conio.h>
#include <stdlib.h>
main()
{ int gdriver = DETECT;
  int gmode, gerror ;
  int i, x, y, color, maxcolor, xmax, ymax;
  initgraph(&gdriver, &gmode, "");
  xmax =getmaxx();
  ymax = getmaxy();
  maxcolor = getmaxcolor();
  randomize();
  for(i = 0; i < 10000; i++)
     { x = random(xmax+1);
       y = random(ymax+1);
       color = random(maxcolor+1);
       putpixel(x,y,color);
     }
  outtextxy(xmax-40,ymax-10,"<RET>");
  getch();
  /* Löschen der Punkte */
  for (y=0;y<=ymax;y++)
     for (x=0; x<=xmax;x++)
        if (getpixel(x,y) != BLACK)
            putpixel(x,y,BLACK);
  closegraph();
}
```

■

Im folgenden Beispiel 23.5 sollen soviele parallele Geraden waagerecht unter-
einander gezeichnet werden, wie es verschiedene Farben gibt. Die Funktion
getmaxcolor() war schon in Beispiel 23.1 vorgekommen. Wir benutzen nun
auch

```c
void far setcolor(int nr);
```

wobei man neben der Farbnummer auch den in graphics.h definierten Namen
verwenden kann

```c
enum COLORS {
    BLACK,      /* dark colors */
    BLUE,
```

```
        GREEN,
        CYAN,
        RED,
        MAGENTA,
        BROWN,
        LIGHTGRAY,
        DARKGRAY,      /* light colors */
        LIGHTBLUE,
        LIGHTGREEN,
        LIGHTCYAN,
        LIGHTRED,
        LIGHTMAGENTA,
        YELLOW,
        WHITE
};
```

wodurch die folgenden Figuren mit der Farbe nr gezeichnet werden. Die Geraden sollen weiter in verschiedenen Formen dargestellt werden, wozu die Funktion

```
void far setlinestyle(int stil, unsigned muster,
                      int dicke);
```

genommen werden kann. Für stil gibt es in graphics.h die Vereinbarung:

```
enum line_styles {
/* Line styles for get/setlinestyle */
SOLID_LINE   = 0,  /* durchgezogene Linie */
DOTTED_LINE  = 1,  /* punktierte Linie */
CENTER_LINE  = 2,  /* strich-punktierte Linie */
DASHED_LINE  = 3,  /* gestrichelte Linie */
USERBIT_LINE = 4,  /* benutzerdefinierte Linie */
};
```

Nach stil = 4 kann das Linienmuster direkt hexadezimal angegeben werden, z.B. als 0xCC00,0x0077 usw. Für die Strichdicke gibt es die beiden Konstanten:

```
enum line_widths {
/* Line widths for get/setlinestyle */
NORM_WIDTH  = 1, /* Dicke 1 Pixel */
THICK_WIDTH = 3, /* Dicke 3 Pixel */
};
```

Beispiel 23.5
Es werden parallele Geraden in allen bei dem aktuellen Graphiktreiber möglichen Farben mit verschiedenen Strichmustern gezeichnet.

```
#include <graphics.h>
#include <stdio.h>
#include <conio.h>
#include <stdlib.h>
main()
{ int gdriver = DETECT;
  int gmode, gerror ;
  int i, maxcolor, xmax, ymax;
  initgraph(&gdriver, &gmode, "");
  xmax =getmaxx();
  ymax = getmaxy();
  maxcolor = getmaxcolor();
  for(i = 0; i <= maxcolor; i++)
     {setcolor(i);
      setlinestyle(i%4,0,1);
      if (i==maxcolor) setlinestyle(4,0xCC00,3);
      line(0.1*xmax,0.05*ymax*(i+1),
           0.9*xmax,0.05*ymax*(i+1));
     }
  outtextxy(xmax-40,ymax-10,"<RET>");
  getch();
  closegraph();
}
```

In früheren Beispielen sind schon die elementaren Figuren line, rectangle
und circle beschrieben und benutzt worden. Daneben gibt es noch Funktionen
für die folgenden Figuren:

```
void far arc(int x,int y,int start,int end, int rad);
```

Um den Mittelpunkt x,y wird ein Kreisbogen vom Radius rad beginnend beim
Winkel start bis zum Winkel end gezeichnet. start und end werden in
Grad angegeben.

```
void far drawpoly(int anzpkt,int far polypkt[]);
```

Es wird ein Polynom aus anzpkt Punkten gezeichnet. Das Array polypkt[2*anzpkt] enthält anzpkt Paare von Koordinaten x,y der Eckpunkte.
Der letzte Punkt des Polygons muß mit dem ersten übereinstimmen.

```
void far ellipse(int x, int y,int start, int end,
int xrad,int yrad);
```

Um den Mittelpunkt x,y wird ein Ellipsenbogen vom Winkel start bis zum
Winkel end gezeichnet. xrad bzw. yrad sind die Radien in x- bzw. y-Richtung. In dem folgenden Beispiel werden diese Figuren demonstriert. In der oberen Hälfte des Bildschirms werden Kreisbogen, Kreis und Ein Polygon, in der
unteren Hälfte Ellipse, Rechteck und Gerade gezeichnet. Um die Figuren zu be-
schriften, werden die Funktionen

```
int far textwidth(char far *textstring);

int far textheight(char far *textstring);
```

benutzt. textwidth() liefert die Breite eines Textes in Pixeln, textheight
die Höhe eines Textes in Pixeln. Sie werden in outtextxy() benutzt, um die
linke untere Ecke eines Textes passend zu plazieren.

Beispiel 23.6
Demonstration von Figuren mit arc, circle, drawpoly, ellipse, rectangle und line.

```
#include <graphics.h>
#include <stdio.h>
#include <conio.h>
#include <stdlib.h>
main()
{ int gdriver = DETECT;
  int gmode, gerror, xmax, ymax;
  int punkt[10];
  initgraph(&gdriver, &gmode, "");
  xmax =getmaxx();
  ymax = getmaxy();
  setcolor(GREEN);
  arc(xmax/6,ymax/4,0,150,50);
  outtextxy(xmax/6-textwidth("arc")/2,0,"arc");
  circle(xmax/2,ymax/4,60);
  outtextxy(xmax/2-textwidth("circle")/2,0,"circle");
  punkt[0] = xmax*5/6-20;   punkt[1] = ymax/4-20;
  punkt[2] = xmax*5/6-30;   punkt[3] = ymax/4+30;
  punkt[4] = xmax*5/6+40;   punkt[5] = ymax/4+15;
  punkt[6] = xmax*5/6+15;   punkt[7] = ymax/4-25;
  punkt[8] = punkt[0];      punkt[9] = punkt[1];
  drawpoly(5,punkt);
  outtextxy(xmax*5/6-textwidth("drawpoly")/2,0,
            "drawpoly");
```

```
ellipse(xmax/6,ymax*3/4,0,360,70,30);
outtextxy(xmax/6-textwidth("ellipse")/2,
          ymax-textheight("1"),"ellipse");
rectangle(xmax/2-25,ymax*3/4-30,xmax/2+20,
          ymax*3/4+30);
outtextxy(xmax/2-textwidth("rectangle")/2,
          ymax-textheight("1"),"rectangle");
line(xmax*5/6-20,ymax*3/4-10,xmax*5/6+30,
     ymax*3/4+30);
outtextxy(xmax*5/6-textwidth("line")/2,
          ymax-textheight("1"),"line");
getch();
closegraph();
}
```

Im letzten Beispiel wurden einige elementare Figuren gezeichnet. Es gibt auch
die Möglichkeit, diese mit einem vordefinierten Muster zu füllen. Mit der Funktion

```
void far setfillstyle(int muster, int farbe);
```

kann man eines der in graphics.h definierten Muster auswählen:

```
enum fill_patterns
{/* Fill patterns for get/setfillstyle */
EMPTY_FILL,       /* Füllen mit Hintergrundfarbe */
SOLID_FILL,       /* komplettes Ausfüllen */
LINE_FILL,        /* Füllen mit --- */
LTSLASH_FILL,     /* Füllen mit ///  */
SLASH_FILL,       /* Füllen mit dicken /// */
BKSLASH_FILL,     /* Füllen mit dicken \\\ */
LTBKSLASH_FILL,   /* Füllen mit \\\   */
HATCH_FILL,       /* leicht schraffiert */
XHATCH_FILL,      /* stark schraffiert, kreuzend */
INTERLEAVE_FILL,  /* abwechselnde Linien */
WIDE_DOT_FILL     /* punktiert weit auseinander */
CLOSE_DOT_FILL,   /* dicht punktiert  */
USER_FILL         /* benutzerdefiniert */
};
```

Zum Füllen wird die in setfillstyle() angegebene farbe benutzt.

Mit der Funktion

```
void far floodfill(int x, int y, int grenze);
```

kann man eine vollständig umrandete Region mit einem Muster füllen. Dabei ist grenze die Farbe der Umrandung und x,y ein Punkt innerhalb der zu füllenden Region. Das folgende Beispiel demonstriert die 12 obigen Standardmuster.

Beispiel 23.7
Demonstration von setfillstyle. Es werden 12 Rechtecke gezeichnet und verschieden gefüllt.

```
#include <graphics.h>
#include <stdio.h>
#include <conio.h>
#include <stdlib.h>
main()
{ int gdriver = DETECT;
  int gmode, gerror ;
  int  xmax, ymax, i;
  initgraph(&gdriver, &gmode, "");
  xmax =getmaxx();
  ymax = getmaxy();
  setcolor(RED);
  for (i=0;i<=3;i++)
     rectangle(0.2*(i+1)*xmax-50,0.25*ymax-40,
               0.2*(i+1)*xmax+50,0.25*ymax+40);
  for (i=4;i<=7;i++)
     rectangle(0.2*(i-3)*xmax-50,0.5*ymax-40,
               0.2*(i-3)*xmax+50,0.5*ymax+40);
  for (i=8;i<=11;i++)
     rectangle(0.2*(i-7)*xmax-50,0.75*ymax-40,
               0.2*(i-7)*xmax+50,0.75*ymax+40);
  outtextxy(xmax-50,ymax-20,"<RET>");
  getch();

  for (i=0;i<=3;i++)
     {setfillstyle(i,GREEN);
      floodfill(0.2*(i+1)*xmax,0.25*ymax,RED);
     }
  for (i=4;i<=7;i++)
     {setfillstyle(i,GREEN);
      floodfill(0.2*(i-3)*xmax,0.5*ymax,RED);
     }
  for (i=8;i<=11;i++)
     {setfillstyle(i,GREEN);
```

```
        floodfill(0.2*(i-7)*xmax,0.75*ymax,RED);
    }
      getch();
  closegraph();
}
```

Im letzten Beispiel wurden die standardmäßig vorhandenen 12 Füllmuster verwendet. Darüberhinaus kann der Benutzer eigene Füllmuster definieren: In

```
void far setfillpattern(char far *muster, int farbe);
```

ist muster ein Array von 8 Zeichen. Jedes Zeichen definiert eine Spalte des 8x8-Musters. Mit

```
char muster[]={0xC3,0xC3,0xC3,0xC3,0x3C,0x3C,0x3C,0x3C};
```

wird also das Muster   ....

                             ....

                                    ....

                                    ....

                                    ....

                                    ....

                    ....

                    ....

definiert

Beispiel 23.8
Definition eigener Füllmuster

```
#include <graphics.h>
#include <stdio.h>
#include <conio.h>
#include <stdlib.h>
main()
{ int gdriver = DETECT;
  int gmode, gerror ;
  int  xmax, ymax, i, k ;
  char muster[]={0xC3,0xC3,0xC3,0xC3,
                 0x3C,0x3C,0x3C,0x3C};
  initgraph(&gdriver, &gmode, "");
  xmax =getmaxx();
  ymax = getmaxy();
  setcolor(YELLOW);
```

```
rectangle(0.1*xmax,0.1*ymax,0.9*xmax,0.9*ymax);
outtextxy(0.9*xmax,0.9*ymax,"<RET>");
getch();
setfillpattern(muster,YELLOW);
floodfill(xmax/2, ymax/2,YELLOW);
outtextxy(0.9*xmax,0.9*ymax,"<RET>");
getch();
closegraph();
}
```

■

Im Beispiel 23.6 wurden die Grundfiguren demonstriert, in Beispiel 23.7 Rechtecke mit setfillstyle() und floodfill() gefüllt. Einige der Grundfiguren werden automatisch bei ihrem Aufruf gefüllt. Es sind dies, wobei zur Füllung ein vorhergehender Aufruf von setfillstyle() verwendet wird:

```
void far pieslice(int x,int y,int start,int end,int rad);
```

Es wird ein Kreissektor mit dem Mittelpunkt x,y vom Winkel start bis end
und dem Radius rad gezeichnet.

```
void far fillpoly(int anzpkt,int far polypkt[]);
```

Es wird ein Polynom aus anzpkt Punkten gezeichnet. Das Array polypkt
[2*anzpkt] enthält anzpkt Paare von Koordinaten x,y der Eckpunkte. Der
letzte Punkt des Polygons muß mit dem ersten übereinstimmen.

```
void far fillellipse(int x, int y,int xrad,int yrad);
```

Um den Mittelpunkt x,y wird eine Ellipse gezeichnet. xrad bzw. yrad sind die
Radien in x- bzw. y-Richtung.

```
void far sector(int x, int y,int start, int end,
                int xrad, int yrad);
```

Um den Mittelpunkt x,y wird ein Ellipsensektor vom Winkel start bis end und
dem Radius xrad in x-Richtung bzw. yrad in y-Richtung gezeichnet.

```
void far bar(int links,int oben,int rechts,int unten);
```

Es wird ein Balken mit den angegebenen Werten gezeichnet.

```
void far bar3d(int links,int oben,int rechts,int unten,
               int tiefe,int deckel);
```

Es wird ein Balken mit den angegebenen Werten dreidimensional gezeichnet, wobei tiefe die Tiefe der perspektivischen Darstellung ist. Bei deckel = true wird der Balken oben abgeschlossen. In dem folgenden Beispiel wird ähnlich wie in Beispiel 23.6 je eine dieser gefüllten Grundfiguren gezeichnet.

Beispiel 23.9
Demonstration der automatisch mit dem Aufruf gefüllten Figuren mit pieslice, fillellipse, sector, fillpoly, bar und bar3d (s. a. Beispiel 23.6)

```
#include <graphics.h>
#include <stdio.h>
#include <conio.h>
#include <stdlib.h>
main()
{ int gdriver = DETECT;
  int gmode, gerror ;
  int   xmax, ymax;
  int punkt[10];
  initgraph(&gdriver, &gmode, "");
  xmax =getmaxx();
  ymax = getmaxy();
  setcolor(GREEN);
  setfillstyle(HATCH_FILL,YELLOW);
  pieslice(xmax/6,ymax/4,0,150,50);
  outtextxy(xmax/6-textwidth("pieslice")/2,0,"pieslice");
  pieslice(xmax/2,ymax/4,0,360,60);
  outtextxy(xmax/2-textwidth("kreis")/2,0,"kreis");
  punkt[0] = xmax*5/6-20;   punkt[1] = ymax/4-20;
  punkt[2] = xmax*5/6-30;   punkt[3] = ymax/4+30;
  punkt[4] = xmax*5/6+40;   punkt[5] = ymax/4+15;
  punkt[6] = xmax*5/6+15;   punkt[7] = ymax/4-25;
  punkt[8] = punkt[0];      punkt[9] = punkt[1];
  fillpoly(5,punkt);
  outtextxy(xmax*5/6-textwidth("fillpoly")/2,0,
            "fillpoly");
  fillellipse(xmax/6,ymax*3/4,70,30);
  outtextxy(xmax/6-textwidth("fillellipse")/2,
            ymax-textheight("1"),"fillellipse");
  sector(xmax/2-25,ymax*3/4-30,0,300,70,30);
  outtextxy(xmax/2-textwidth("sector")/2,
            ymax-textheight("1"),"sector");
  bar(xmax*0.7-20,ymax*0.75-50,xmax*0.7+10,
      ymax*3/4+30);
  outtextxy(xmax*0.7-textwidth("bar")/2,
            ymax-textheight("1"),"bar");
```

```
   bar3d(xmax*0.9-20,ymax*0.75-60,xmax*0.9+10,
        ymax*3/4+30,10,1);
   outtextxy(xmax*0.9-textwidth("bar3d")/2,
        ymax-textheight("1"),"bar3d");
   getch();
 closegraph();
 }
```

■

In den obigen 10 Beispielen sind die wichtigsten Graphikfunktionen vorgekommen. Es bleibt eigentlich nur noch einiges über Texte und Fonts nachzutragen. Zur Ausgabe von Text im Graphikmodus gibt es zunächst den Standardzeichensatz, dessen Zeichen aus einem Muster von 8x8 Pixeln aufgebaut sind.

Daneben gibt es noch vier Vektorzeichensätze, deren Fonts in den Dateien goth.chr, litt.chr, sans.chr und trip.chr stehen. Sollen diese Zeichensätze in einem Programm verwendet werden, müßen diese Dateien zur Laufzeit verfügbar sein. Zur Auswahl einer Schriftart gibt es die Funktion

```
   void far settextstyle(int font,int richtung,int groesse);
```

Für die Auswahl der Schriftart durch font, gibt es die Konstanten

```
   DEFAULT_FONT          0    /* Standardschrift */
   TRIPLEX_FONT          1
   SMALL_FONT            2
   SANS_SERIF_FONT      3
   GOTHIC_FONT          4
```

Für richtung gibt es die beiden Werte

```
   HORIZ_DIR            0
   VERT_DIR             1
```

Das letzte Argument groesse ist eine ganze Zahl 0..10 und legt die Größe der Zeichen für die folgende Ausgabe mit outtext() oder outtextxy() fest.

Beispiel 23.10
Demonstration von Schriften (Fonts)

```
   #include <graphics.h>
   #include <stdio.h>
   #include <conio.h>
   #include <stdlib.h>
   main()
```

```
{ int gdriver = DETECT;
  int gmode, gerror ;
  int  xmax, ymax, i;
  initgraph(&gdriver, &gmode, "");
  xmax =getmaxx();
  ymax = getmaxy();
  for (i = 0;i<=4; i++)
  {
     settextstyle(i,0,7);
     outtextxy(0.2*xmax,0.15*(i+1)*ymax,"Hallo");
  }
  settextstyle(3,1,6);
  outtextxy(0.7*xmax,0.5*ymax,"<Return>");
  getch();
  closegraph();
}
```

Zur flexiblen Plazierung von Text gibt es einige Möglichkeiten der Textjustierung. Standardmäßig ist bei `outtext()` und `outtextxy()` die momentane Cursorposition die linke untere Ecke des Textes, d.h. der Text steht rechts und oberhalb des Cursors. Um dies zu ändern kann man die Funktion

```
void far settextjustify(int horiz, int vert);
```

benutzen. Das erste Argument setzt die horizontale Ausrichtung fest. `horiz` kann einen der folgenden Werte

```
LEFT_TEXT           0
CENTER_TEXT         1
RIGHT_TEXT          2
```

haben. Die vertikale Ausrichtung `vert` kann sein:

```
BOTTOM_TEXT         0
CENTER_TEXT         1
TOP_TEXT            2
```

In dem folgenden Beispiel wird ein Rechteck gezeichnet und verschieden beschriftet.

Beispiel 23.11
Plazierung von Text mit settextjustify

```
#include <graphics.h>
#include <stdio.h>
#include <conio.h>
#include <stdlib.h>
main()
{ int gdriver = DETECT;
  int gmode, gerror ;
  int  xmax, ymax, i;
  initgraph(&gdriver, &gmode, "");
  xmax =getmaxx();
  ymax = getmaxy();
  setcolor(GREEN);
  rectangle(0.1*xmax,0.1*ymax,0.5*xmax,0.5*ymax);
  outtextxy(0.8*xmax,0.8*ymax,"<RET>");
  getch();
  setcolor(YELLOW);
  settextjustify(CENTER_TEXT,CENTER_TEXT);
  settextstyle(3,0,5);
  outtextxy(0.3*xmax,0.3*ymax,"Rechteck");
  getch();
  setcolor(YELLOW);
  settextjustify(CENTER_TEXT,CENTER_TEXT);
  settextstyle(3,0,5);
  outtextxy(0.3*xmax,0.3*ymax,"Rechteck");
  getch();
  setcolor(RED);
  settextjustify(CENTER_TEXT,TOP_TEXT);
  settextstyle(3,0,5);
  outtextxy(0.3*xmax,0.5*ymax,"Rechteck");
  getch();
  setcolor(CYAN);
  settextjustify(LEFT_TEXT,BOTTOM_TEXT);
  settextstyle(3,1,5);
  outtextxy(0.5*xmax,0.5*ymax,"Rechteck");
  getch();
  setcolor(MAGENTA);
  settextjustify(LEFT_TEXT,BOTTOM_TEXT);
  settextstyle(3,0,5);
  outtextxy(0.1*xmax,0.1*ymax-5,"Rechteck");
  getch();

  closegraph();
}
```

Es sei schließlich noch einmal an die beiden Funktionen

```
int far textwidth(char far *textstring);
int far textheight(char far *textstring);
```

erinnert, die Breite bzw. Höhe eines Textes in Pixeln ermitteln. Sie waren in Beispiel 23.6 benutzt worden, um Text passend zu plazieren.

Wie das Beispiel 23.10 zeigt, hat der Parameter groesse von settextsty-le() bei verschiedenen Fonts eine verschiedene Wirkung. Um die Schriftgröße und -Form individuellen Wünschen anzupassen, gibt es die Funktion

```
void far setusercharsize(int multx, int div x, int multy,
                         int div y);
```

Die ersten beiden Argumente sind Skalierungsfaktoren (Strecken bzw. Komprimieren) in x-Richtung, die letzten beiden entsprechend in y-Richtung.

Ganz zum Schluß noch ein Wort zur Ausgabe von Zahlen im Graphikmodus. Die beiden Funktionen outtext() und outtextxy() haben als Parameter einen Zeiger auf einen String, der ausgegeben wird. Wenn man Zahlen ausgeben will, müßen diese also vorher in einen String gewandelt werden. Dazu gibt es zwei Möglichkeiten. Zunächst einmal gibt es die Funktion itoa(x,str,10), die den Wert einer Variablen int x ins Dezimalsystem (10) konvertiert und in dem String str hinterlegt. itoa() ("integer to ascii") liefert als Wert einen Zeiger auf str, kann also unmittelbar in outtext aufgerufen werden. Dann gibt es die Funktion sprintf(), die die Ausgabe nicht wie printf() auf den Bildschirm gibt, sondern in einem String hinterlegt. In dem folgenden Beispiel gibt es eine Variable float y und den Aufruf sprintf(str,"Wert von y ist %2.3f",y), worauf der Wert von y dezimal in str steht.

Für die Eingabe kann man ähnlich vorgehen. Mit gets() wird ein String gelesen. Falls eine ganze Zahl eingegeben wurde, kann dieser String mit atoi() ("ascii to integer") konvertiert werden.

Beispiel 23.12
Ein - Ausgabe von Zahlen im Graphikmodusn

```
#include <graphics.h>
#include <stdio.h>
#include <conio.h>
#include <stdlib.h>
main()
{ int treiber = DETECT, modus, x, error, zeile, spalte;
  float y;
  char *str[80];
```

```
initgraph(&treiber,&modus,"");
settextstyle(0,0,2);
outtext("Hallo Graphik!  Bitte eine Taste druecken!");
getch();
x = 1990;
outtextxy(20,50,"Wert von x ist");
outtextxy(250,50,itoa(x,str,10));
getch();
/*Eine 2. Möglichkeit mit sprintf()
*/
y = 32.456;
sprintf(str,"Wert von y ist %2.3f",y);
outtextxy(20,100,str);
getch();
outtextxy(20,120,"Gib Zeilennr.:");
gets(str);
/* Echo der Eingabe */
outtextxy(20,140,str);
/* Konvertierung ascii zu integer: */
zeile =atoi(str);
outtextxy(20,160,"Gib Spaltennr.:");
gets(str);
spalte = atoi(str);
outtextxy(spalte,zeile,"hier");
getch();
closegraph();  /* Ende Graphikmodus */
}
```

24. Fehlersuche

Ein Spaßvogel hat einmal gesagt: "Programmieren ist eine gute Schule fürs Leben. Alles was man macht, ist zunächst einmal falsch". Diese überspitzte Formulierung kommt leider der Wirklichkeit ziemlich nahe. Das Suchen und Beheben von Fehlern nimmt leider einen großen Teil beim Programmieren in Anspruch. Zunächst einmal wollen wir in die vielfältigen Möglichkeiten, Fehler zu machen, eine gewisse Ordnung bringen.

24.1 Klassifikation der Fehler

Wenn man sich diese Schule fürs Leben ansieht, so kann man in einer großzügigen Mischung aus Pseudocode und C die Arbeit so beschreiben:

```
do { Quellprogramm erstellen oder ändern;
        if (compilieren ok) binden;
          else {fertig = false; continue}
        if (binden ok)     starten;
          else {fertig = false; continue}
        if (run-time-abort)
                {fertig = false; continue}
        if (Ergebnisse korrekt) fertig = true
          else fertig = false;
    }
while (not fertig);
```

Den vier if's dieser Beschreibung entsprechen die vier möglichen Arten von Fehlern, die ein Programm enthalten kann:
– Fehler beim Compilieren,
– Fehler beim Binden,
– Laufzeitfehler, die zu einem Abbruch führen,
– ein ablaufendes Programm erzeugt falsche Ergebnisse.

Beim Compilieren können drei Arten von Meldungen entstehen:
– Warnungen, die anzeigen, daß möglicherweise unbeabsichtigte Versehen vorgekommen sind. Jedenfalls kann ein lauffähiger Code erzeugt werden, aber es besteht die Möglichkeit, daß der Compiler etwas anderes meint als der Programmierer. Man sollte sie auf alle Fälle ernst nehmen.
– Fehler, meist Verstöße gegen die Syntax, die es nicht erlauben, einen korrekten Code zu erzeugen. Die Compilierung wird bis zum Ende durchgeführt, und die Fehler werden mit Angabe der Zeilennummer und des Grundes aufgelistet.
– Fatale Fehler, die zum sofortigen Abbruch des Compilierens führen.

Die reinen Syntaxfehler sind relativ harmlos zu finden und zu beheben. Sie werden von Turbo C gut lokalisiert und gekennzeichnet. Sie sind mit einer gewissen Nachsicht zu lesen, da eine Fehlerdiagnose ziemlich schwierig ist. Häufig kann der Compiler nicht die Stelle des Fehlers angeben, sondern die Folgen, die dieser Fehler hat. Und es kann durchaus sein, daß ein Fehler zu vielen Folgefehlern führt. Nehmen wir zur Demonstration das Beispiel 8.2, das die Fehler <- enthält.

```
   main ()
   { int x;                          /* <- k nicht vereinbart */
     puts ("Gib eine ganze Zahl:");
     scanf ("%d", &x);
     printf ("Dezimal: %d \nHexadezimal: %X \nDual:", x, x);
     /* Es wird unter x eine 1 von links nach rechts ge-
        schoben und per & auf 0/1 getestet */
/* 8 */      for (k = 15; k >= 0; k--)
/* 9 */          if (x & (1 << k)) != 0)
                      /* ( vor x fehlt */
                      printf ("1");
                  else printf ("0")        /* <-  ; fehlt  */
/* 12 */ printf ("\n");
   }
```

Das Compilieren hat vier Fehlermeldungen zur Folge:

```
Error C:\TURBOC\PROG.C 8: Undefined symbol 'k' in function main
Error C:\TURBOC\PROG.C 9: Expression syntax in function main
Error C:\TURBOC\PROG.C 12: Statement missing ; in function main
Error C:\TURBOC\PROG.C 12: Illegal character '\' (0x5c) funct-
ion main
```

Bei einer fehlenden Vereinbarung wird also das erste Auftreten des Namens als Fehler gemeldet. Die fehlende Klammer in Zeile 9 wird genau angemerkt. Das fehlende Semikolon in Zeile 11 macht sich erst in Zeile 12 bemerkbar. Das "unzulässige" Zeichen '\' in Zeile 12 ist eine Folge des fehlenden Semikolons.

Mitunter sind die Fehlermeldungen länger als die Bildschirmzeile. Dann kann man mit der Cursortaste -> das Bild nach links schieben, um die Meldung vollständig zu sehen. Mit den Tasten F7/F8 wird ein bequemer Mechanismus zur Verfügung gestellt, um die Fehler im Quelltext anzuzeigen. Hat man beide Felder Edit und Message auf dem Bildschirm, kann man mit F8 zum nächsten, mit F7 zum vorhergehenden Fehler übergehen. Hat man nach F5 die beiden Felder getrennt, kann man aus dem Edit-Feld mit F6 zu dem Message-Feld umschalten, dort ebenso mit F7/F8 arbeiten, wobei jedesmal zum Edit-Feld umgeschaltet und die Stelle des Fehlers angezeigt wird.

Über *Options/Compiler/Errors* läßt sich das Verhalten des Compilers bei Fehlern und Warnungen beeinflußen:

Errors: stop after   bestimmt, nach wieviel Fehlern die Compilierung abgebrochen wird (Voreinstellung: 25),

Warnings: stop after bestimmt, nach wieviel Warnungen die Compilierung
abgebrochen wird (Voreinstellung: 100),

Display warnings   legt fest, ob sie angezeigt (ON, Voreinstellung) oder un-
terdrückt werden sollen (OFF),

Portability warnings: ANSI violations: Common errors: Less common errors:
eröffnen alle weitere Fenster, bei denen man die verschiedenen Gründe für Warnungen aktivieren kann. Es
ist sicher nützlich, einmal einen Blick darauf zu werfen,
welche Gründe als Voreinstellung *ON*, welche *OFF* haben.

Der Fall, daß ein Programm über mehrere Dateien verteilt ist, scheint auf den
ersten Blick schwierig zu sein, weil ja Fehler gleichzeitig in verschiedenen Datei-
en vorkommen können. Um auch hier alle Fehler ermitteln und im Quelltext angeben zu können, gibt es verschiedene Möglichkeiten, wann Projekt und Make
das Compilieren beenden. Greifen wir dazu auf das Beispiel 22.2 zurück. Dort
ging es um die Simulation eines Stack. Das Problem war in vier Dateien unterteilt:

DEF.H   enthält alle Definitionsdateien, Datentypen und Funktions-
prototypen,
MAIN.C   enthält das Rahmenprogramm,
EA.C   beschreibt die Ein- und Ausgabe,
STACKOP.C   realisiert die Stackoperationen.

Dazu gibt es die Projektdatei STACK.PRJ

EA   (DEF.H)
STACKOP   (DEF.H)
MAIN   (DEF.H)

In den beiden Dateien EA.C und STACKOP.C möge es nun Fehler geben. Nachdem man im Hauptmenü bei *Projekt* den Projektnamen STACK.PRJ angegeben
hat und bei leerem Editor Ctrl-F9 gibt, bleibt der Compiler nach dem Compilieren von EA.C stehen. Es wird die fehlerhafte Datei EA.C in den Editor geladen.
Die Fehler werden dort mit F7/F8 wie bei einer einzelnen Quelltextdatei angezeigt.

Im Hauptmenü *Projekt* gibt es das Untermenü *Break make on*, das standardmäßig
auf *errors* steht. Eben dies hat die obige Wirkung, daß nach dem Compilieren der
ersten fehlerhaften Datei abgebrochen wird. Wenn man in dem Untermenü *Pro-*

jekt/Break make on die Wahl *fatal errors* trifft, werden alle an dem Projekt beteiligten Dateien compiliert und die Fehler insgesamt protokolliert. Wenn dann im Messagefeld die Meldung

```
Compiling C:\TURBOC\EA.C:
Error C:\TURBOC\EA.C 17: Fehlergrund
Compiling C:\TURBOC\STACKOP.C:
Error C:\TURBOC\STACKOP.C 29: Fehlergrund
```

erscheint, bewirkt die Betätigung von F7/F8, daß jeweils die entsprechende Datei in den Editor geladen und dort der Fehler in den Zeilen 17 bzw. 29 angezeigt wird. Das ist eine außerordentlich komfortable Möglichkeit, um auch bei mehreren Quelltextdateien alle Fehler auf einmal zu sehen.

Auch beim Binden wird zwischen Warnung, Fehler und fataler Fehler wie beim Compilieren unterschieden. Der weitaus häufigste Fehler liegt vor, wenn eine Funktion benutzt wird, die nicht vereinbart wurde. Das kann einfach daran liegen, daß vergessen wurde, eine Definitionsdatei anzugeben, in der eine Funktion als Makro definiert ist. In dem Programm PROG.C

```
main ()
{ char c;
  puts("Gib ein Zeichen:");
    c = getchar();
}
```

kommt es zu der Fehlermeldung

Linker Error: Undefined symbol '_getchar' in module PROG.C

Sie verschwindet natürlich, wenn man dem Programm PROG.C

```
#include <stdio.h>
```

hinzufügt. Gibt es in PROG.C keine Funktion fkt(), so führt

```
main()
{char c;
  ....
  fkt();
  ...
}
```

zu der entsprechenden Meldung

Linker Error: Undefined symbol '_fkt' in module PROG.C

Man hat dann eben die Vereinbarung von fkt() in PROG.C oder in einer mit ihr über Projekt verbundenen Datei nachzutragen.

Bei einem laufenden Programm kann es durch vielerlei Fehler zu einem Abbruch kommen, z.B.:
- falsche Anwendung von Operatoren
- falscher Dateizugriff
- falsche Eingabe beim Lesen
- nicht bereite Peripheriegeräte

Der Grund für den Abbruch wird zwar angegeben, trotzdem kann der Abbruch aber insofern fatale Folgen haben, weil das Programm dann nicht ordentlich beendet wird, d.h. es kann zu Datenverlust kommen, weil geöffnete Dateiverbindungen nicht geschlossen werden. Falls der Quelltext nur im Editor steht und es kommt zu einem zwangsweisen Verlassen von Turbo C oder sogar zu einem neuen Starten des Computers, ist sogar das Programm im Editor verloren. Man ist gut beraten, wenn man vor einem Starten mit Ctrl-F9 erst mit F2 das Programm sichert. Ansonsten sollte man alle Stellen des Programms, wo solche Schwierigkeiten auftreten können, mit if und exit() (s. Bild 11.3) versehen, um im Fehlerfall zu einem ordnungsgemäßen Ende zu kommen.

Am schwierigsten wird es eigentlich, wenn ein Programm ohne Fehlermeldung compiliert und gebunden werden kann, ohne ersichtliche Störungen abläuft und trotzdem falsche Ergebnisse liefert. Da kann man noch froh sein, wenn man überhaupt merkt, daß die Ergebnisse nicht korrekt sind. Wenn man die Ursache durch Betrachten des Programms nicht finden kann, ist es häufig hilfreich, an kritischen Stellen print-Anweisungen einzufügen, um zur Laufzeit in den dynamischen Ablauf hineinsehen zu können. Meist werden dies Schleifen, Verzweigungen oder von Funktionen übernommene Parameter oder erzeugte Werte sein.

Über *Options/Linker/Map file* kann man sich verschieden detaillierte Angaben über symbolische Adressen, Segmente usw. in Form einer MAP-File erstellen lassen. Ob einem diese Angaben weiterhelfen, hängt von der Sachkunde dessen ab, der den Fehler sucht. Bei genügender Sachkunde, und wenn sich der Verdacht auf eine bestimmte Stelle konzentriert, kann es sogar hilfreich sein, sich den vom Compiler erzeugten Assemblertext anzusehen (s. Ende von Kap. 21).

Bei großen Programmen kann dies alles sehr mühsam werden. Dann sollte man sich nach einem Debugger umsehen. Ein Debugger ist ein Fehler-Suchprogramm, das folgendermaßen vorgeht. Nach Aufrufen des Debuggers wird unter dessen Regie ein bestimmtes Programm compiliert, gebunden und gestartet. In dem Quelltext kann man Haltepunkte definieren, an denen die Ausführung angehalten und ein gewünschtes Protokoll über Werte von Variablen erstellt wird. Man kann das Programm im Einzelschritt-Verfahren ausführen lassen, und sich so die Wirkung der einzelnen Anweisungen ansehen. Solche Debugger werden auf dem Software-Markt angeboten.

24.2 Der Turbo-Debugger

Der Benutzer von Turbo C 2.0 verfügt über einen "eingebauten" Debugger, der nun beschrieben werden soll. Dieser Turbo-Debugger ist ein sog. Quelltext-Debugger, d.h. man bewegt sich beim "Debuggen"auf der Ebene des Quelltextes. Um den Start des Debuggers braucht man sich nicht zu kümmern. Im Haupmenü ist standardmäßig

Debug/Source Debugging ON

gesetzt, d.h.der Debugger läuft im Hintergrund immer mit und kann einfach durch Tastenbefehle aktiviert und benutzt werden. Mit ihnen kann man auf der Ebene des Quelltextes den Programmablauf verfolgen und Inhalte von Variablen überprüfen und ändern.

Zunächst seien einige Begriffe erläutert. Ein Haltepunkt (breakpoint) ist eine Programmstelle, an der die Ausführung des Programms unterbrochen und der Debugger aktiviert werden soll. Mit einem Überwachungsausdruck (watch expression) kann man ein Programm unterbrechen, wenn sich der Wert des angegebenen Ausdrucks ändert.

Der Debugger wird über Tastenkommandos gesteuert. Die wichtigsten sind:

F1   Hilfe

F7   *= Run/Trace into*
        Nächste Anweisung in der Arbeitszeile ausführen und danach anhalten. Dabei aufgerufene Funktionen werden ebenfalls schrittweise verfolgt (trace into). Falls noch nicht geschehen (bei Programmanfang) wird der Debugger aktiviert. Die erste Programmzeile wird als Arbeitszeile (d.h. nächster auszuführender Befehl) durch einen Balken markiert.

F8   *= Run/Step over*
        Wie F7 aber ohne schrittweises Verfolgen aufgerufener Funktionen (Step over)

F4   *= Run/Go to cursor*
        Das Programm wird bis zur Cursorposition ausgeführt. Falls noch nicht geschehen, wird der Debugger aktiviert.

Ctrl-F4 *= Debug/Evaluate*
        In ein Fenster der Form

```
┌─────────Evaluate─────────┐
│                          │
│                          │
└──────────────────────────┘
```

```
┌──────────Result──────────┐
│                          │
│                          │
└──────────────────────────┘

┌──────────New Value───────┐
│                          │
│                          │
└──────────────────────────┘
```

kann man einen Ausdruck eingeben, dessen Wert angezeigt wird. Ist
der Ausdruck eine Variable, kann der Wert durch Eingabe im dritten
Teilfenster verändert werden.

Ctrl-F7   = *Break/ Add watch*
In einem Fenster der Form

```
┌──────────Add watch───────┐
│                          │
│                          │
└──────────────────────────┘
```

kann ein zu überwachender Ausdruck eingegeben werden. Er wird im
unteren Bildschirm permanent angezeigt, falls dort das Watchfenster
sichtbar ist.

Break/Delete watch   löscht den aktuellen (d.h. hervorgehobenen) Watch-
Ausdruck

Break/Remove all watches   löscht alle definierten Watch-Ausdrücke.

Alt-F5   Bildschirm wechseln, d.h. Umschaltung von Turbo C zum DOS-Fenster und umgekehrt.

Ctrl-F3   = *Debug/ Call stack*
Der "Funktions-Stack" wird in einem Fenster gezeigt, d.h. die Folge
der Funktionsaufrufe bis zu dem momentanen Punkt, jeweils mit
Funktionsnamen und übergebenen Parameterwerten

Ctrl-Break   Bei einem laufenden Programm wird die Unterbrechungsstelle
als Arbeitszeile markiert. Nur in diesem Zustand können Debugger-
Kommandos eingegeben werden.

Ctrl-F8   = *Break/Toggle Breakpoint*
An der Stelle des Cursors wird ein Haltepunkt gesetzt und die Pro-
grammstelle durch einen Balken markiert bzw.ein dort vorhandener
Haltepunkt gelöscht.

Break/Clear all breakpoints   löscht alle während der Sitzung gesetzten Haltepunkte.

Break/View next breakpoint   zeigt den nächsten Haltepunkt an.

Insgesamt sieht das Arbeiten mit dem Debugger also folgendermaßen aus: Der Quelltext steht im Fenster Edit und soll getestet werden. Dann bewirkt F5 erst einmal, daß der Bildschirm in die Fenster Edit/Message unterteilt wird. Mit F6 wird das Fenster Message aktiviert und dann mit Alt-F6 durch das Fenster Watch ersetzt. Der Bildschirm ist also in die Fenster Edit/ Watch unterteilt. Dann suche man sich kritische Stellen im Programm, wo man zur Laufzeit bestimmte Informationen sehen möchte. Dort setze man mit Ctrl-F8 Haltepunkte. Dann richte man Watch-Fenster ein, in denen die gewünschten Werte angezeigt werden sollen. Das kann man entweder mit Ctrl-F7 machen, aber auch dadurch, daß mit F6 das Watchfenster aktiviert wird. Dann ändert sich nämlich die Fußleiste des Menüs, wo Ins=Add und Del=Delete neu erscheinen,d.h. mit der Taste Insert erscheint dasselbe Fenster wie bei Ctrl-F7. Man kann nun z.B. den Namen einer Variablen angeben, deren Wert man laufend verfolgen will. Mit jedem Insert wird dabei das Watchfenster um eine Zeile größer. Dabei ist folgendes zu beachten. Gibt man nach Insert (oder Ctrl-F7) den Namen einer Variablen z.B. k ein, so erscheint im Watchfenster nach k: entweder der Wert von k bzw., wenn k noch keinen Wert bekommen hat, k: undefined symbol'k'. Diese Meldung wird dann später durch die Werte von k ersetzt.

Nach dieser Vorbereitung (Setzen von Haltepunkten und Vorbereitung des Watchfensters) kann das Programm mit F7 (Trace into) oder F8 (Step over) oder auch wie üblich mit Ctrl-F9 (Ablauf bis zum ersten Haltepunkt) gestartet werden. Mit F7 oder F8 wird es dann schrittweise ausgeführt.

Wenn man dies ein paarmal gemacht hat, wird man sich schnell angewöhnen, ein neues C-Programm nur noch mit Hilfe des Debuggers zu testen. Das ist einfach ein erstklassiges Hilfsmittel, Zeit für die Fehlersuche zu sparen. Nach den Erfahrungen des Autors, hat der integrierte Debugger nur Schwächen bei Graphikprogrammen, weil für die Dauer des Graphikmodus das Watchfenster nicht zu sehen ist.

Insgesamt ist die Fehlersuche, auch mit einem Debugger, ein lästiges Geschäft, das zwar durch die integrierte Entwicklungsumgebung TC erleichtert wird. Wenn Compilieren, Binden und Ablaufen auch ohne Fehlermeldung stattfinden, sollte man sich eine gehörige Portion Skepsis gegenüber den Ergebnissen zulegen. Man denke immer daran, daß Testen nur die Anwesenheit von Fehlern beweist, nie die Abwesenheit von Fehlern. Ein Programm tut immer nur das, was man hingeschrieben hat. Und es bleibt die Frage, ob es auch das ist, was man eigentlich meint. Dies gehört zu dem schwierigen Thema Programmverifikation, über das hier nicht weiter geredet werden kann.

25. Der Turbo-Editor

Turbo C enthält einen relativ komfortablen Editor, mit dem sich Texte schreiben, manipulieren und verwalten lassen. Vor der Erklärung des Turbo-Editors ist eine Bemerkung über die Tastatur notwendig. Wenn man einen Editor bedient, hat man zu unterscheiden, ob das Zeichen der gedrückten Taste zum Text gehören oder die Funktionen des Editors steuern soll. Zur Steuerung des Editors gibt es die Taste <CTRL>, die zusammen mit einer anderen Taste gedrückt werden muß. Im Anhang A ist der ASCII-Zeichensatz aufgeführt, woraus hervorgeht, daß man mit dieser Tastenkombination eines der ersten 32 ASCII-Zeichen erzeugen kann. Wir schreiben hier kurz

| ^K | bedeutet | <CTRL>-K |
| ^KD | bedeutet | <CTRL>-K <CTRL>-D |

Bei der Eingabe des zweiten Buchstabens kann <CTRL> gedrückt sein oder auch nicht.

Der Editor wird aufgerufen durch
- *Edit* im Hauptmenü
- Tastenbefehl Alt-E.

Der Editor wird verlassen durch
- irgendeinen Tastenbefehl (z.B. F10 Aktivierung des Hauptmenüs)
- <CTRL)-KD.

Der zu bearbeitende Text wird angegeben durch
- *New* im File-Menü (automatischer Name NONAME.C)
- Tastenbefehl F3 (= Load im File-Menü).

Der bearbeitete Text wird gesichert durch
- Tastenbefehl F2 (= *Save* im File-Menü)
- *Write* im File-Menü unter einem neuen Namen.

Bei einem Editor gibt es die beiden Zustände "Einfügen" (insert) und "Überschreiben" (overwrite). Einfügen bedeutet, daß an der Stelle des Cursors Zeichen eingefügt und die rechts davon stehenden nach rechts verschoben werden. Überschreiben bedeutet, daß das Zeichen an der Cursorposition überschrieben wird. Der momentane Zustand ist in der Kopfzeile angegeben. Der Übergang von einem Zustand in den anderen erfolgt durch ^V. Schließlich noch der Hinweis: Mit der Hilfetaste F1 werden alle Editorkommandos erklärt.

Es werden zuerst die reinen Steuerkommandos mit der <CTRL>-Taste aufgelistet. Danach folgt die Tastenbelegung für PC-DOS.

Kommandos zur Steuerung des Cursors

Zeichen links	^S	linken Zeilenrand	^QS
Zeichen rechts	^D	rechten Zeilenrand	^QD
Zeile auf	^E	Bildschirm oben	^QE
Zeile ab	^X	Bildschirm unten	^QX
Wort links	^A	Textanfang	^QR
Wort rechts	^F	Textende	^QC
Rollen Zeile ab	^W	Blockanfang	^QB
Rollen Zeile auf	^Z	Blockende	^QK
Rollen Seite ab	^C	Letzte Cursorposition	^QP
Rollen Seite auf	^R		

Kommandos zum Einfügen und Löschen

Einfügen ein/aus	^V	Zeile einfügen	^N
Zeichen links löschen	^H	Zeile löschen	^Y
Zeichen unter Cursor löschen	^G	Bis Zeilenende löschen	^QY
Wort rechts löschen	^T		

Wenn der Cursor am Ende der Zeile steht, bedeutet ^T das Löschen des folgenden Zeilenwechsels, d.h. die folgende Zeile wird angehängt.

Kommandos zur Bearbeitung von Blöcken

Blockanfang markieren	^KB	Block bewegen	^KV
Blockende markieren	^KK	Block löschen	^KY
Wort markieren	^KT	Block auf Diskette schreiben	^KW
Block sichtbar/unsichtbar	^KH	Block von Diskette lesen	^KR

Verschiedene Kommandos

Suchen	^QF	Auto tab ein/aus	^QI
Suchen und Ersetzen	^QA	Tabulator	^I
Wiederholen letztes Suchen	^L	<CTRL>-Zeichen einfügen	^P
Abbruch eines Kommandos	^U	Ende Editor	^KD
		Ende Editor mit Sichern	^KS

Während fast alle obigen Kommandos selbsterklärend sind, verlangen einige noch zusätzliche Erklärungen.

Kommando: ^QF Suchen
Optionen: Es wird von der Cursorposition in Richtung Textende gesucht.
b Von der Cursorposition aus rückwärts (zum Textanfang) suchen.
n Suche nach dem n-ten Vorkommen ab der Cursor-Position.
u Ignoriere Unterschied zwischen Groß- und Kleinbuchstaben.
w Suche nach ganzen Wörtern, nicht nach Teilen von Wörtern.
Die Optionen können auch kombiniert werden, z.B. b3w

Kommando: ^QA Suchen und Ersetzen
Optionen: wie bei ^QF und zusätzlich
g Im ganzen Text suchen
n Ersetzen ohne Rückfrage
Die Optionen können auch kombiniert werden, z.B. b3w

Kommando: ^P
Wirkung: Danach können auch <CTRL>-Zeichen in den Text eingefügt werden, die ja normalerweise Kommandos bedeuten.
Beispiel: Nach ^P bedeutet ^L das Einfügen des ASCII-Zeichens 12 (Form Feed) in den Text.

Wer WORDSTAR kennt, wird erfreut feststellen, daß die obigen Kommandos alle auch dort vorkommen. Der Turbo-Editor ist eine Art Mini-WORDSTAR. Trotzdem ist die Steuerung des Editors über die <CTRL>-Taste lästig. Die meisten Tastaturen haben Funktionstasten, und es ist zweckmäßig, diese mit den häufigsten Kommandos zu belegen. Zu Turbo C gehört ein Installationsprogramm TCINST.COM, mit dem man das erreichen kann.

Für Turbo-C unter PC-DOS ist bereits folgende Installation vorgenommen:

Aktion	PC-Taste	Kommando
Zeichen links	←	^S
Zeichen rechts	→	^D
Wort links	^←	^A
Wort rechts	^→	^F
Zeile auf	↑	^E
Zeile ab	↓	^X
Rollen Seite auf	PgUp	^R
Rollen Seite ab	PgDn	^C
linken Zeilenrand	Home	^QS
rechten Zeilenrand	End	^QD

Aktion	PC-Taste	Kommando
Bildschirm oben	^Home	^QE
Bildschirm unten	^End	^QX
Textanfang	^PgUp	^QR
Textende	^PgDn	^QC
Einfügen ein/aus	Ins	^V
Zeichen links löschen	Backspace	^H
Zeichen unter Cursor löschen	Del	^G
Tabulator	TAB	^I
Editor verlassen	F10	^KD
Editor m. Sichern beenden	F2	^KS

Anhang

A. ASCII-Zeichensatz

Dez.	Hex.	Ctrl-Ch.	Char	Dez.	Hex.	Char.	Dez.	Hex.	Char.	Dez.	Hex.	Char.
0	00	^@	NUL	32	20	SPC	64	40	@	96	60	`
1	01	^A	SOH	33	21	!	65	41	A	97	61	a
2	02	^B	STX	34	22	"	66	42	B	98	62	b
3	03	^C	ETX	35	23	#	67	43	C	99	63	c
4	04	^D	EOT	36	24	$	68	44	D	100	64	d
5	05	^E	ENQ	37	25	%	69	45	E	101	65	e
6	06	^F	ACK	38	26	&	70	46	F	102	66	f
7	07	^G	BEL	39	27	'	71	47	G	103	67	g
8	08	^H	BS	40	28	(	72	48	H	104	68	h
9	09	^I	HT	41	29	)	73	49	I	105	69	i
10	0A	^J	LF	42	2A	*	74	4A	J	106	6A	h
11	0B	^K	VT	43	2B	+	75	4B	K	107	6B	k
12	0C	^L	FF	44	2C	,	76	4C	L	108	6C	l
13	0D	^M	CR	45	2D	-	77	4D	M	109	6D	m
14	0E	^N	SO	46	2E	.	78	4E	N	110	6E	n
15	0F	^O	SI	47	2F	/	79	4F	O	111	6F	o
16	10	^P	DLE	48	30	0	80	50	P	112	70	p
17	11	^Q	DC1	49	31	1	81	51	Q	113	71	q
18	12	^R	DC2	50	32	2	82	52	R	114	72	r
19	13	^S	DC3	51	33	3	83	53	S	115	73	s
20	14	^T	DC4	52	34	4	84	54	T	116	74	t
21	15	^U	NAK	53	35	5	85	55	U	117	75	u
22	16	^V	SYN	54	36	6	86	56	V	118	76	v
23	17	^W	ETB	55	37	7	87	57	W	119	77	w
24	18	^X	CAN	56	38	8	88	58	X	120	78	x
25	19	^Y	EM	57	39	9	89	59	Y	121	79	y
26	1A	^Z	SUB	58	3A	:	90	5A	Z	122	7A	z
27	1B	^[	ESC	59	3B	;	91	5B	[	123	7B	{
28	1C	^\	FS	60	3C	<	92	5C	\	124	7C		
29	1D	^]	GS	61	3D	=	93	5D	]	125	7D	}
30	1E	^^	RS	62	3E	>	94	5E	^	126	7E	~
31	1F	^_	US	63	3F	?	95	5F	_	127	7F	DEL

Die ersten 32 ASCII-Zeichen sind als Steuerzeichen für Peripheriegeräte und Datenübertragung vorgesehen. Die wichtigsten davon sind:

0	NUL	Nil (nichts)
7	BEL	Bell (Klingel)
8	BS	Backspace (Rückwärtsschritt)
9	HT	Horizontal Tabulator
10	LF	Line Feed (Zeilenvorschub)
11	VT	Vertical Tabulator
12	FF	Form Feed (Formularvorschub)
13	CR	Carriage Return
27	ESC	Umschaltung (escape)

Für die meisten Steuerzeichen gibt es keine Tasten. Sie können zusammen mit der Taste <CTRL> und einem anderen Zeichen erzeugt werden, was in der ersten Spalte mit Crtl-Ch. gemeint ist (kurz als ^ bezeichnet). Sie werden häufig auch als Steuerzeichen, d.h. Kommandos von Dienstprogrammen verwendet. In Turbo C werden sie als Kommandos für den Editor benutzt (s. Kap. 24).

Die obige Tabelle enthält den ASCII-Zeichensatz in der US-Form. Für die nationalen Zeichensätze werden einige Zeichen anders belegt. Für den deutschen ASCII-Zeichensatz gilt:

[= Ä   \ = Ö   ] = Ü   { = ä | = ö   } = ü   ~ = ß   @ = §

Üblicherweise ist der ASCII-Code ein 7-Bit-Code, d.h. es gibt 128 Zeichen. Das 8. Bit kann als Paritätsbit verwendet werden. Bei manchen PC's wird aber auch ein echter 8-Bit-Code verwendet. Es gibt dann 256 Zeichen. Die ersten 128 Zeichen stimmen mit den obigen überein. Die Zeichen 128-255 werden dann für Sonderzeichen wie $\pm \Sigma$ å ϖ ¬ δ verwendet, und auch die Umlaute gehören dann zu diesen Sonderzeichen. Ein Beispiel dafür ist der IBM-Code für den IBM-PC. Es sind dann gewöhnlich bei Strings alle 256 Zeichen zugelassen, etwa "Ø μm ", während hingegen aber eine Variable nicht degré heißen darf.

Generell wäre zu betonen, daß man bei einem 8-Bit-Zeichensatz die Zeichen 128-255 dann nicht verwenden sollte, wenn man beabsichtigt, diesen Text auf einen Computer mit einem anderen Code zu übertragen.

Von besonderer Bedeutung ist das ASCII-Zeichen 27 ESCAPE. Es dient zur Steuerung von Druckern kernund Bildschirmen. Erhält ein Peripheriegerät das ASCII-Zeichen 27, so interpretiert es das oder die folgenden Zeichen als Steuerzeichen (s. Beispiel 21.7).

B. Definitions-Dateien

Definitionsdateien, auch Includedateien oder Header Files genannt, enthalten in Form von Preprozessor-Kommandos Definitionen von Konstanten oder Makros, die von Bibliotheksfunktionen benutzt werden. Sie haben die Form name.H und stehen in TURBOC\INCLUDE. Werden in einem Programm Bibliotheksfunktionen benutzt, die ihrerseits Angaben aus einer solchen Definitionsdatei benutzen, sind diese mit

    #include   <name.H>

im Programm aufzuführen. Bei den Bibliotheksfunktionen (s. Anhang C) ist dann der Name der jeweils benötigten Definitionsdatei angegeben. Im folgenden werden die Namen mit ihrem wichtigsten Inhalt aufgelistet. Da das Textdateien sind, kann man sich die Definitionsdateien name.H mit dem Editor ansehen. Es ist sogar sehr empfehlenswert, dies zu tun. Es wird dadurch nicht nur der Gebrauch der Bibliotheksfunktionen durchsichtiger, sondern man kann auch viel über den Preprozessor lernen und was Profis damit machen können.

Name	Inhalt
ALLOC.H	Funktionen und Variable zur dynamischen Speicherverwaltung.
ASSERT.H	Makro assert für Programmprüfungen.
BIOS.H	Schnittstelle zum Aufruf von BIOS-Funktionen.
CONIO.H	Schnittstelle von MS-DOS-Funktionen zur Steuerung von Tastatur und Bildschirm.
CTYPE.H	Makros zur Klassifizierung von Zeichen, Funktionen zur Umwandlung einzelner Zeichen.
DIR.H	Datentypen, Makros und Funktionen für das Umgehen mit Verzeichnissen und Pfadnamen.
DOS.H	Datentypen, Makros und Funktionen der Schnittstellen zum Aufruf von MS-DOS-Funktionen und den Intel iAPX86 Prozessoren.
ERRNO.H	Konstanten für Fehlernummern und Fehlermeldungen.
FCNTL.H	Konstanten für Zusatzparameter bei der Eröffnung von Dateien.
FLOAT.H	Konstanten für die float-Routinen bezüglich Status, Fehlermeldungen usw.

GRAPHICS.H	Funktionen, Konstanten und Datentypen für ein Graphikpaket.
IO.H	Definitionen für I/O-Routinen auf niedriger Ebene.
LIMITS.H	Parameter für die Umgebung, Informationen über die Grenzen des Compilers und der ganzzahligen Datentypen.
MATH.H	Deklarationen der Prototypen für die mathematischen Funktionen, Definition der Datenstrukturen für die Behandlung von Fehlern bei float-Verarbeitung.
MEM.H	Deklaration von Funktionen zur Speichermanipulation. Viele von ihnen finden sich auch in STRING.H.
PROCESS.H	Strukturen und Deklarationen für Prozeßverwaltung (die Funktionen spawn... und exec...).
SETJMP.H	Typen und Funktionen (setjmp/longjmp) für nichtlokale Sprünge.
SHARE.H	Definition von Parametern für Funktionen zum File sharing (Eröffnung von Dateien aus verschiedenen Programmen).
SIGNAL.H	Definitionen für den Software-Signalmechanismus.
STDARG.H	Definiton von Makros zum Lesen der Argumentliste für Funktionen mit einer variablen Zahl von Argumenten wie vprintf, vscanf usw.
STDDEF.H	Definition von einigen allgemeinen Datentypen und Makros.
STDIO.H	Definitionen von Typen und Makros für Standard E/A (stdin, stdout, stderr und E/A mit Datenströmen).
STDLIB.H	Deklaration von allgemeinen Routinen für Konvertierung, Suchen, Sortieren u.a.
STRING.H	Deklaration von Funktionen zur Manipulation von Strings und Speicherbereichen.
TIME.H	Definition von Strukturen zur Zeitkonvertierung.
VALUES.H	Definition der Grenzen und Maschinenabhängigkeiten von Turbo C für die Kompatibilität zu UNIX V.
SYS\STAT.H	Definition von symbolischen Konstanten für Öffnen und Erzeugen von Dateien.

C. Bibliotheks-Funktionen

Zu einer C-Umgebung gehören Bibliotheken von Funktionen, die ein Programm benutzen kann. Bei Turbo C stehen sie in den Dateien xxx.LIB des Verzeichnisses TURBOC\LIB. Beim Gebrauch dieser Funktionen sucht der Binder dort und fügt sie ein. Diese Bibliotheken enthalten eine sehr große Zahl von Funktionen und sind für die verschiedenen C-Umgebungen ziemlich einheitlich. In den Definitionsdateien .H stehen die Prototypen der Bibliotheksfunktionen und etwa notwendige Konstanten, Datentypen und Makros.

Die Beschreibung dieser Funktionen nimmt im Referenzhandbuch [1b] über 250 Seiten ein. Sie können hier nicht alle detailliert beschrieben werden. Sie werden für dieses Buch in drei Gruppen eingeteilt:
- Die Wichtigsten sind über das ganze Buch verstreut an den betreffenden Stellen erklärt und zumeist durch ein Beispiel erläutert.
- Die weniger Wichtigen sind im Folgenden wenigstens genannt und kurz erklärt.
- Die relativ Seltenen sind hier nicht aufgeführt.

Das ist natürlich eine sehr subjektive Auswahl, von der ich nur hoffen kann, daß sie einigermaßen repräsentativ für den Gebrauch von C ist. Für die vollständige Aufzählung muß der Leser im Referenzhandbuch [1b] nachsehen. Sicher ist auch der folgende Hinweis nützlich:

Steht im Editormodus der Cursor auf dem Namen einer Graphikfunktion, so liefert die Tastenkombination Ctrl-F1 eine Erklärung dieser Funktion und zugleich Verweise auf ähnliche bzw. damit zusammenhängende Funktionen, Konstanten oder Datentypen.

Die folgende Aufzählung ist nach Sachgebieten geordnet, innerhalb der Sachgebiete alphabetisch. Jede Funktion wird nach dem Schema aufgeführt:

F: Aufruf der Funktion   \<Definitionsdatei\>
P: Parameter
W: Wirkung (bzw. Bild x.x, wenn die Wirkung schon im Text erklärt wurde)

Mathematische Funktionen

F: `int abs(x)`   \<stdlib.h\>
P: `int x;`
W: Absolutbetrag von x, |x|

F: `double acos(x)`   \<math.h\>
P: `double x;`
W: arccos-Funktion, x muß im Intervall -1 .. +1 liegen. Der Funktionswert wird im Bogenmaß $0 .. \pi$ angegeben.

F: double **asin**(x)   <math.h>
P: double x;
W: arcsin-Funktion, x muß im Intervall -1 .. +1 liegen. Der Funktionswert wird
   im Bogenmaß -π/2 .. +π/2 angegeben.

F: double **atan**(x)   <math.h>
P: double x;
W: arctan-Funktion, Der Funktionswert wird im Bogenmaß -π/2 .. +π/2 angege
   ben.

F: double **atan2**(y,x)   <math.h>
P: double y,x;
W: arctan-Funktion von y/x. Der Funktionswert wird im Bogenmaß -π .. +π an-
   gegeben. Der Wert ist auch in der Nähe von π/2 korrekt.

F: double **ceil**(x)   <math.h>
P: double x;
W: x wird auf den nächst größeren ganzzahligen Wert gerundet.
   ceil(2.7) -> 3, ceil(4.0) -> 4, ceil(-2.7) -> -2

F: double **cos**(x)   <math.h>
P: double x;
W: cos-Funktion, x muß im Bogenmaß angegeben werden.

F: double **cosh**(x)   <math.h>
P: double x;
W: Cosinus hyperbolicus von x, cosh x

F: double **exp**(x)   <math.h>
P: double x;
W: e - Funktion e^x

F: double **fabs**(x)   <math.h>
P: double x;
W: Absolutbetrag von x, |x|

F: double **floor**(x)   <math.h>
P: double x;
W: x wird auf den nächst kleineren ganzzahligen Wert gerundet.
   floor(2.7) -> 2, floor(4.0) -> 4, floor(-2.7) -> -3

F: double **fmod**(x, y)   <math.h>
P: double x, y;
W: Rest bei der Division x/y, d.h. Lösung von x = iy + f mit i ganz und
   0 <= f < y. f ist Funktionswert.
   fmod(34.78, 2.5) --> 2.28

F: double **hypot**(x, y)   <math.h>
P: double x, y;
W: Es wird die Hypotenuse eines rechtwinkligen Dreiecks mit den Katheten x
   und y berechnet (also sqrt($x^2 + y^2$)).

F: long **labs**(x)   <stdlib.h>
P: long x;
W: Absolutbetrag von x, |x|

F: double **log**(x)   <math.h>
P: double x;
W: Natürlicher Logarithmus, ln x

F: double **log10**(x)   <math.h>
P: double x;
W: Logarithmus zur Basis 10

F: double **modf**(w, gt)   <math.h>
P: double w, *gt;
W: Eine float-Zahl w wird in einen gebrochenen Teil (Funktionswert) und einen
   ganzen Teil *gt zerlegt. s mod(23.465, &gt) --> 0.465 und
   gt = 23

F: double **pow**(x, y)   <math.h>
P: double x, y;
W: Potenzierung x^y

F: int **rand**(void)   <stdlib.h>
P: keine
W: Zufallszahlen, Bild 13.4

F: double **sin**(x)   <math.h>
P: double x;
W: sin-Funktion, x muß im Bogenmaß angegeben werden.

F: double **sinh**(x)   <math.h>
P: double x;
W: Sinus hyperbolicus von x, sinh x

F: double **sqrt**(x)   <math.h>
P: double x;
W: Quadratwurzel von x.

F: void **srand**(i)   <stdlib.h>
P: unsigned i;
W: Initialisierung Zufallszahlen, Bild 13.4

F: double **tan**(x)   <math.h>
P: double x;
W: tan-Funktion, x muß im Bogenmaß angegeben werden.

F: double **tanh**(x)   <math.h>
P: double x;
W: Tangens ʰ ̗perbolicus von x, tanh x

Funktionen für Zeichen

F: int **isalnum**(c)   <ctype.h>
P: int c;
W: Der Funktionswert ist true, wenn c ein Buchstabe ('a'..'z', 'A'..'Z') oder eine Ziffer ('0'..'9') ist, sonst false.

F: int **isalpha**(c)   <ctype.h>
P: int c;
W: Der Funktionswert ist true, wenn c ein Buchstabe ('a'..'z', 'A'..'Z') ist, sonst false.

F: int **iscntrl**(c)   <ctype.h>
P: int c;
W: Der Funktionswert ist true, wenn c ein Control-Zeichen (ASCII 0 .. 31) oder DEL (ASCII 127) ist, sonst false.

F: int **isdigit**(c)   <ctype.h>
P: int c;
W: Der Funktionswert ist true, wenn c eine Ziffer ('0'..'9') ist, sonst false.

F: int **isgraph**(c)   <ctype.h>
P: int c;
W: Der Funktionswert ist true, wenn c ein druckbares ASCII-Zeichen (33 .. 126) ist, sonst false.

F: int **islower**(c)   <ctype.h>
P: int c;
W: Der Funktionswert ist true, wenn c ein Kleinbuchstabe ('a'.. 'z') ist, sonst false.

F: int **isprint**(c)   <ctype.h>
P: int c;
W: Der Funktionswert ist true, wenn c ein druckbares ASCII-Zeichen inclusive Blank (32 .. 126) ist, sonst false.

F: int **ispunct**(c)   <ctype.h>
P: int c;
W: Der Funktionswert ist true, wenn c ein "Punktionszeichen" ist, d.h. ein
druckbares ASCII-Zeichen ohne Buchstaben und Ziffern, sonst false.

F: int **isspace**(c)   <ctype.h>
P: int c;
W: Der Funktionswert ist true, wenn c ein Blank, Tab oder Newline ist, sonst
false.

F: int **isupper**(c)   <ctype.h>
P: int c;
W: Der Funktionswert ist true, wenn c ein Großbuchstabe ('A'.. 'Z') ist, sonst
false.

F: int **isxdigit**(c)   <ctype.h>
P: int c;
W: Der Funktionswert ist true, wenn c ein Hexzeichen ('0'..'9' oder 'A'..'F'
oder 'a'..'f') ist, sonst false.

Funktionen für Strings

F: char **strcat**(str1,str2)   <string.h>
P: char *str1, *str2;
W: Bild 13.8

F: char **strchr**(str,c)   <string.h>
P: char *str; char c;
W: Der String str wird nach dem Zeichen c abgesucht. Der Funktionswert ist
ein Zeiger auf dieses Zeichen oder 0, wenn es nicht gefunden wurde.

F: int **strcmp**(str1,str2)   <string.h>
P: char *str1, *str2;
W: Bild 13.8

F: char **strcpy**(ziel,quelle)   <string.h>
P: char *ziel, *quelle;
W: Bild 13.8

F: int **stricmp**(str1, str2)   <string.h>
P: char *str1, *str2;
W: Die Strings str1 und str2 werden ohne Rücksicht auf Groß- oder Klein-
buchstaben verglichen. Der Funktionswert ist
    0 für str1 = str2
    >0 "   str1 > str2
    <0 "   str1 < str2

F: char **strdup**(str)   <string.h>
P: char *str;
W: Es wird eine Kopie des Strings str erzeugt. Der Funktionswert ist ein Zeiger auf die Kopie. Der Wert ist 0, wenn es nicht mehr genug Speicherplatz
   für die Kopie gab.

F: unsigned **strlen**(str)   <string.h>
P: char *str;
W: Bild 13.8

F: char **strlwr**(str)   <string.h>
P: char *str;
W: In dem String str werden alle Großbuchstaben in Kleinbuchstaben umge-
   wandelt. Der Funktionswert ist ein Zeiger auf diesen neuen String.

F: char **strnset**(str, c, n)   <string.h>
P: char *str, c; unsigned n;
W: Die ersten n Zeichen des String str werden auf das Zeichen c gesetzt.
   Der Funktionswert ist ein Zeiger auf den String.

F: char **strpbrk**(str, c)   <string.h>
P: char *str, *c;
W: Der String str wird nach dem ersten Vorkommen des Zeichens *c abge-
   sucht. Der Funktionswert ist ein Zeiger auf dieses Vorkommen bzw. 0.

F: char **strstr**(str1, str2)   <string.h>
P: char *str1, *str2;
W: Es wird der String str1 nach dem Vorkommen des String str2 abgesucht.
   Der Funktionswert ist ein Zeiger auf das erste Vorkommen von str2 in
   str1 oder 0, wenn str2 nicht gefunden wurde.

F: char **strupr**(str)   <string.h>
P: char *str;
W: In dem String str werden alle Kleinbuchstaben in Großbuchstaben umge-
   wandelt. Der Funktionswert ist ein Zeiger auf diesen neuen String.

Konvertierungs-Funktionen

F: double **atof**(s)   <stdlib.h>
P: char *s;
W: Der String s wird in einen double-Wert konvertiert. Der String muß eine gültige double-Zahl enthalten, sonst ist der Funktionswert 0. Die Zahl kann durch
   ein Zeichen beendet werden, das nicht in einer double-Zahl vorkommen kann.
   atof(53.7A) -> 53.7

F: int **atoi**(s)   <stdlib.h>
P: char *s;
W: Der String s wird in einen int-Wert konvertiert. Der String muß eine gültige
int-Zahl enthalten, sonst ist der Funktionswert 0. Die Zahl kann durch ein
Zeichen ungleich Ziffer beendet werden.
atoi(53.7) -> 53

F: int **atol**(s)   <stdlib.h>
P: char *s;
W: Der String s wird in einen long int-Wert konvertiert. Der String muß eine
gültige long int-Zahl enthalten, sonst ist der Funktionswert 0. Die Zahl kann
durch ein Zeichen beendet werden, das nicht in einer long int-Zahl vorkommen kann.

F: char ***gcvt**(w, ndez, puffer)   <stdlib.h>
P: double w; int ndez; char *puffer;
W: Der Wert w wird mit ndez Dezimalstellen in einen null-terminierten String
konvertiert und ab puffer gespeichert.

F: char ***itoa**(w, str, basis)   <stdlib.h>
P: int w; char *str; in basis;
W: Der Wert w wird in einen Null-terminierten String str konvertiert (zur Basis
basis). Funktionswert ist Zeiger auf str.

F: char ***ltoa**(w, str, basis)   <stdlib.h>
P: long w; char *str; in basis;
W: Wie itoa()

F: double **strtod**(str, endz)   <stdlib.h>
P: char *str, **endz;
W: Der String str wird als double-Wert interpretiert und in einen double-Wert
konvertiert (Funktionswert). endz wird auf den Wert gesetzt, bei dem die
Interpretation abgebrochen wurde.

F: long **strtol**(str, endz, basis)   <stdlib.h>
P: char * str, **endz; int basis;
W: Der String str wird als ganze Zahl zur Basis basis interpretiert und in einen long-Wert konvertiert (Funktionswert). endz wird auf den Wert gesetzt,
bei dem die Interpretation abgebrochen wurde.

F: int **toascii**(c)   <ctype.h>
P: int c;
W: Der Wert von c wird auf 0..127 begrenzt.

F: char ***ultoa**(w, str, basis)   <stdlib.h>
P: unsigned long w; char *str; int basis;
W: Wie itoa ()

F: int **tolower**(c)   <ctype.h>
P: int c;
W: Ist c ein Buchstabe, ist der Funktionswert der entsprechende Kleinbuch-
   stabe.
   Ist c kein Buchstabe, ist der Funktionswert das unveränderte Zeichen c.

F: int **toupper**(c)   <ctype.h>
P: int c;
W: Ist c ein Buchstabe, ist der Funktionswert der entsprechende Großbuchstabe.
   Ist c kein Buchstabe, ist der Funktionswert das unveränderte Zeichen c.

E/A-Funktionen

F: void **clrscr**(void)   <stdio.h>
p: keine
W: Löscht das Textfenster (DOS_Fenster)

F: int **fclose**(fp)   <stdio.h>
P: FILE *fp
W: Bild 16.2

F: int **fcloseall**(void)   <stdio.h>
P: keine
W: Alle offenen Dateien (außer stdin, stdout und stderr) werden ge
   schlossen. Der Funktionswert ist die Anzahl der dadurch geschlossenen
   Dateien.

F: int **feof**(fp)   <stdio.h>
P: FILE * fp;
W: Bild 16.7

F: int **ferror**(fp)   <stdio.h>
P: FILE *fp;
W: Bild 16.5

F: int **fflush**(fp)   <stdio.h>
P: FILE *fp;
W: Bei Ausgabedateien wird der Pufferinhalt in die Datei mit dem Strom fp
   geschrieben. Bei einer Eingabedatei wird der Puffer gelöscht.

F: char ***fgets**(str, n, fp)   <stdio.h>
P: char *str; int n; FILE *fp;
W: Bild 16.4

F: int **flushall**(void)   <stdio.h>
P: keine
W: Für jede offene Datei wird f f l u s h gemacht. Der Funktionswert ist die Ge-
   samtzahl der offenen Dateien.

F: FILE ***fopen**(filename, mode)   <stdio.h>
P: char *filename, char *mode;
`V: Bild 16.1

F: int **fprintf**(fp, "Formatstring", Argument_liste) <stdio.h>
P: FILE *fp;
W: Bild 16.6

F: int **fputc**(c, fp)   <stdio.h>
P: int c; FILE *fp;
W: Bild 16.3

F: int **fputs**(str, fp)   <stdio.h>
P: char *str; FILE *fp;
W: Bild 16.4

F: int **fread**(ptr, size, n, fp)   <stdio.h>
P: void *ptr; int size, n; FILE *fp;
W: Bild 16.7

F: int **fscanf**(fp, "Formatstring", Argument_Liste) <stdio.h>
P: FILE *fp;
W: Bild 16.6

F: int **fseek**(fp, nb, ursprung)   <stdio.h>
P: FILE *fp; long int nb; int ursprung;
W: Bild 16.8

F: long int **ftell**(fp)   <stdio.h>
P: FILE *fp;
W: Bild 16.8

F: int **fwrite**(ptr, size, n, fp)   <stdio.h>
P: void *ptr; int size, n; FILE *fp;
W: Bild 16.7

F: int **getc**(fp)   <stdio.h>
P: FILE *fp;
W: Bild 16.3

F: int **getch**(void)   <conio.h>
P: keine
W: Bild 7.2

F: int **getchar**(void)   <stdio.h>
P: keine
W: Bild 7.2

F: int **getche**(void)   <conio.h>
P: keine
W: Bild 7.2

F: char ***gets**(s)   <stdio.h>
P: char *s;
W: Bild 7.3

F: int **getw**(fp)   <stdio.h>
P: FILE *fp;
W: Über fp werden 2 Bytes (= 1 Wort) gelesen.

F: int **printf**("Formatstring",Argument_Liste)   <stdio.h>
P: Formatstring legt fest, wie ausgegeben wird, Argument_liste legt fest, was
   ausgegeben wird.
W: Bild 7.4 und 7.5

F: int **putc**(c,fp)   <stdio.h>
P: int c; FILE *fp;
W: Bild 16.3

F: int **putchar**(c)   <stdio.h>
P: char c;
W: Bild 7.2

F: int **puts**(s)   <stdio.h>
P: char s[];
W: Bild 7.3

F: int **putw**(i, fp)   <stdio.h>
P: int i; FILE *fp;
W: Über fp wird der Wert von i (2 Bytes = 1 Wort) geschrieben.

F: int **rewind**(fp)   <stdio.h>
P: FILE *fp;
W: Bild 16.9

F: int **scanf**("Formatstring",Argument_Liste);
P: Formatstring legt fest, wie gelesen wird, Argument_liste legt fest, was ge-
   lesen wird.
W: Bild 7.6 und 7.7

Anmerkung: Zu den ungepufferten E/A-Funktionen open, creat, close, read,
write, lseek, unlink, eof, filelength s. Bild 16.10

MS-DOS

F: int **absread**(lw, anzsek, seknr, puffer)   <dos.h>
P: int lw, anzseg, segnr; void *puffer;
W: Beim Laufwerk lw werden ab Sektor seknr insgesamt anzsek Sektoren
   gelesen und ab *puffer gespeichert (der Bereich ab puffer muß genü-
   gend groß sein). Bei korrekter Ausführung ist der Funktionswert 0, sonst -1.

F: int **abswrite**(lw, anzsek, seknr, puffer)   <dos.h>
P: int lw, anzseg, segnr; void *puffer;
W: Die ab *puffer stehenden Daten werden beim Laufwerk lw ab Sektor
   seknr in die folgenden anzsek Sektoren geschrieben. Bei korrekter Ausführung ist der Funktionswert 0, sonst -1.

F: int **bdos**(fnr, reg_dx, reg_al)   <dos.h>
P: int fnr; unsigned reg_dx, reg_al;
W: Bild 21.8

F: int **chdir**(name)   <dir.h>
P: char *name;
W: Bild 21.1

F: char ***getcwd**(buff, laenge)   <dir.h>
P: char *buff, int laenge;
W: Bild 21.1

F: int **getcurdir**(lw, dir)   <dir.h>
P: int lw; char *dir;
W: Es wird das aktuelle Directory des Laufwerkes lw ermittelt und ab dir gespeichert (nicht als Pfadname!). Der Funktionswert ist bei erfolgreicher Ausführung 0, sonst -1.

F: void **getdfree**(lw, w)   <dos.h>
P: unsigned char lw; struct dfree *w;
W: Es wird der freie Speicherplatz auf der Diskette in Laufwerk lw ermittelt
   und in *w gespeichert. Die Struktur dfree ist in dos.h definiert.

F: int **getdisk**(void)   <dir.h>
P: keine
W: Es wird die Nummer des aktuellen Laufwerks geliefert (0 = A, 1 = B, usw.)

F: int **intdos**(inreg, outreg)   <dos.h>
P: union REGS *inreg, *outreg;
W: Bild 21.7

F: int **int86**(inr, inreg, outreg)   <dos.h>
P: int inr; union REGS *inreg, *outreg;
W: Bild 21.6

F: int **mkdir**(name)   <dir.h>
P: char *name;
W: Bild 21.1

F: int **peek**(seg, ofs)   <dos.h>
P: unsigned seg, ofs;
W: Der Funktionswert ist der Inhalt der Speicherzellen seg:ofs und
   seg:ofs+1.

F: int **peekb**(seg, ofs)   <dos.h>
P: unsigned seg, ofs;
W: Der Funktionswert ist der Inhalt der Speicherzelle seg:ofs.

F: void **poke**(seg, ofs, wert)   <dos.h>
P: unsigned seg, ofs; int wert;
W: Der Inhalt von wert wird in den Speicherzellen seg:ofs und
   seg:ofs+1 abgespeichert.

F: void **pokeb**(seg, ofs, wert)   <dos.h>
P: unsigned seg, ofs; char wert;
W: Der Inhalt von wert wird in der Speicherzelle seg:ofs abgespeichert.

F: int **remove**(name)   <stdio.h>
P: char *name;
W: Bild 21.1

F: int **rename**(alt, neu)   <stdio.h>
P: char *alt, *neu;
W: Bild 21.1

F: int **rmdir**(name)   <dir.h>
P: char *name;
W: Bild 21.1

F: void **segread**(s)   <dos.h>
P: struct SREGS *s;
W: Bild 17.2

Datum und Uhrzeit

F: char ***asctime**(tblock)   <time.h>
P: struct tm *tblock;
W: Datum und Uhrzeit werden in einen ASCII-String konvertiert. Der Datentyp
   tm ist in time.h definiert.

F: double **difftime**(zeit1, zeit2)   <time.h>
P: time_t zeit1, zeit2;
W: Es wird die Differenz zeit2 - zeit1 in sek berechnet. Der Datentyp
    time_t ist in time.h definiert.

F: void **getdate**(d)   <dos.h>
P: struct date *d;
W: Bild 21.10

F: void **gettime**(t)   <dos.h>
P: struct time *t;
W: Bild 21.10

F: time_t **time**(zeit)   <time.h>
P: time_t *zeit;
W: In der Variablen *zeit wird die seit dem 1.1.1970 verflossene Zeit in sek
    gespeichert. Das ist auch der Funktionswert. Der Datentyp time_t ist in
    time.h als long definiert.

Dynamische Speicherverwaltung

F: int **brk**(endds)   <alloc.h>
P: void *endds;
W: Veränderung des Datensegments-Anfangs auf endds.

F: void ***calloc**(n, s)   <stdlib.h> <alloc.h>
P: unsigned n, s;
W: Bild 17.2

F: unsigned **coreleft**()   <alloc.h>
F: unsigned long coreleft()   <alloc.h>
P: keine
W: Bild 17.2

F: void **free**(b)   <stdlib.h> <calloc.h>
P: void *b;
W: Bild 17.2

F: void ***malloc**(s)   <stdlib.h> <alloc.h>
P: unsigned s;
W: Bild 17.2

F: void ***realloc**(block, newsize)   <stdlib.h> <alloc.h>
P: void *block; unsigned newsize;
W: Änderung der Größe eines dynamisch belegten Speicherblockes.

Sonstige Standard-Funktionen

F: void ***bsearch**(key, vektor, anz, groesse, comp)
                                                        <stdlib.h>
P: void *key; void *vektor; int anz, groesse;
   int(*comp)();
W: Bild 13.3

F: void **exit**(status)   <process.h>
P: int status;
W: Bild 11.3

F: void **qsort**(vektor, anz, groesse, comp)   <stdlib.h>
P: void *vektor; int anz, groesse; int (*comp)();
W: Bild 13.3

F: void **sleep**(sek)   <dos.h>
P: unsigned sek;
W: Das laufende Programm wird um sek Sekunden angehalten. Die Genauig-
   keit hängt von der Systemuhr ab.

Graphik-Funktionen

F: void far **arc**(x, y, stangle, endangle, radius); <graphics.h>
P: int x, int y, int stangle, int endangle, int radius;
W: Um den Mittelpunkt x,y wird ein Kreisbogen vom Winkel stangle bis zum
   Winkel endangle mit dem Radius radius gezeichnet (S.257 u. Beispiel 23.6)

F: void far **bar**(left, top, right, bottom);   <graphics.h>
P: int left, int top, int right, int bottom;
W: Es wird ein Balken mit der linken oberen Ecke left,top und der rechten
   unteren Ecke right,bottom gezeichnet. (S. 262 u. Beispiel 23.9)

F: void far **bar3d**(left, top, right, bottom,
                      depth, topflag);   <graphics.h>
P: int left, int top, int right, int bottom,
   int depth, int topflag;
W: Dreidimensionale Darstellung eines Balkens. (S.262 und Beispiel 23.9)

F: void far **circle**(x, y, radius);   <graphics.h>
P: int x, int y, int radius
W: Kreis um (x,y) mit radius. (S.253 u. Beispiel 23.3)

F: void far **cleardevice**(void);   <graphics.h>
P: keine
W: Löschen des Graphik-Bildschirms.

F: `void far` **clearviewport** `(void);`   `<graphics.h>`
P: keine
W: Löschen des aktuellen Viewport.

F: `void far` **closegraph** `(void);`   `<graphics.h>`
P: keine
W: Beenden des Graphikmodus. (S. 249 u. Beispiel 23.1)

F: `void far` **detectgraph** `(graphdriver, graphmode)` `;<graphics.h>`
P: `int far *graphdriver, int far *graphmode;`
W: Ermittelt den Graphiktreiber und -modus.

F: `void far` **drawpoly** `(numpoints, polypoints);`   `<graphics.h>`
P: `int numpoints, int far *polypoints;`
W: Zeichnet ein Polygon mit `numpoints` Punkten, deren Koordinaten in dem
   Feld `polypoints` hinterlegt sind. (S. 257 u. Beispiel 23.6)

F: `void far` **ellipse** `(x, y, stangle, endangle,`
   `                        xradius, yradius);`   `<graphics.h>`
P: `int x, int y, int stangle, int endangle,`
   `int xradius, int yradius;`
W: Zeichnen einer Ellipse. (S. 258 u. Beispiel 23.6)

F: `void far` **fillellipse** `(x, y, xradius, yradius);` `<graphics.h>`
P: `int x, int y, int xradius, int yradius;`
W: Zeichnen einer gefüllten Ellipse (S. 262 u. Beispiel 23.9)

F: `void far` **fillpoly** `(numpoints, polypoints);`   `<graphics.h>`
P: `int numpoints, int far *polypoints;`
W: Zeichnen eines gefüllten Polynoms. (S. 262 u. Beispiel 23.9)

F: `void far` **floodfill** `(x, y, border);`   `<graphics.h>`
P: `int x, int y, int border;`
W: Füllen einer umrahmten Region. (S. 260 u. Beispiel 23.7)

F: `void far` **getarccoords** `(arccoords);`   `<graphics.h>`
P: `struct arccoordstype far *arccoords;`
W: Liefert die Koordinaten des letzten Aufrufs von `arc()`.

F: `void far` **getaspectratio** `(xasp, yasp);`   `<graphics.h>`
P: `int far *xasp, int far *yasp;`
W: Ermittelt das physikalische Höhen-/Seitenverhältnis des Bildschirms

F: `int far` **getbkcolor** `(void);`   `<graphics.h>`
P: keine
W: Liefert die momentane Hintergrundfarbe.

F: int far **getcolor**(void);   <graphics.h>
P: keine
W: Liefert die momentane Zeichnungsfarbe.

F: char * far **getdrivername**(void);   <graphics.h>
P: keine
W: Liefert einen Zeiger auf den Namen des momentanen Graphiktreibers.

F: void far **getfillpattern**(pattern);   <graphics.h>
P: char far *pattern;
W: Liefert das zuletzt mit setfillpattern() gesetzte Bitmuster für
   Flächenfüllungen.

F: void far **getfillsettings**(fillinfo);   <graphics.h>
P: struct fillsettingstype far *fillinfo;
W: Liefert Informationen über das momentane Füllmuster.

F: int far **getgraphmode**(void);   <graphics.h>
P: keine
W: Ermittelt den momentanen Graphikmodus

F: void far **getimage**(left, top, right,
                          bottom, bitmap);   <graphics.h>
P: int left, int top, int right, int bottom,
   void far *bitmap;
W: Kopiert einen rechteckigen Bildausschnitt in eine Puffervariable.

F: void far **getlinesettings**(lineinfo);   <graphics.h>
P: struct linesettingstype far *lineinfo;
W: Ermittelt die durch letzten Aufruf von setlinestyle() gesetzten Parameter.

F: int far **getmaxcolor**(void);   <graphics.h>
P: keine
W: Liefert die Nummer der "höchsten" Farbe.

F: int far **getmaxmode**(void);   <graphics.h>
P: keine
W: Liefert die Nummer des "höchsten" Graphikmodus für den momentanen
   Treiber.

F: int far **getmaxx**(void);   <graphics.h>
P: keine
W: Liefert die maximal mögliche x-Koordinate des Bildschirms.

F: int far **getmaxy**(void);   <graphics.h>
P: keine
W: Liefert die maximal mögliche y-Koordinate des Bildschirms.

F: char * far **getmodename** (mode_number) ;   <graphics.h>
P: int mode_number;
W: Liefert einen Zeiger auf den Namen des Graphikmodus.

F: void far **getmoderange** (graphdriver, lomode,
                        himode) ;   <graphics.h>
P: int graphdriver, int far *lomode, int far *himode;
W: Ermittelt die möglichen Graphikmodi.

F: void far **getpalette** (palette)   <graphics.h>
P : struct palettetype far *palette;
W: Liefert Information über die momentane Farbpalette.

F: int far **getpalettesize** (void) ;   <graphics.h>
P: keine
W: Liefert die Größe der momentanen Farbpalette.

F: unsigned far **getpixel** (x, y) ;   <graphics.h>
P: int x, int y;
W: Liefert die Farbe eines Pixels. (S. 254 u. Beispiel 23.4)

F: void far **gettextsettings** (texttypeinfo) ;   <graphics.h>
P: struct textsettingstype far *texttypeinfo;
W: Liefert Informationen über die Parameter für folgende Ausgaben mit
   outtext () bzw. outtextxy () .

F: void far **getviewsettings** (viewport) ;   <graphics.h>
P: struct viewporttype far *viewport
W: Es werden Angaben über das gesetzte Fenster geliefert.

F : int far **getx** (void) ;   <graphics.h>
P: keine
W: Liefert die x-Koordinate der momentanen Graphikcursorposition.

F: int far **gety** (void) ;   <graphics.h>
P: keine
W: Liefert die y-Koordinate der momentanen Graphikcursorposition.

F: void far **graphdefaults** (void) ;   <graphics.h>
P: keine
W: Setzt alle Parameter des Graphikpaketes auf die Standardvorgaben zurück.

F: char * far **grapherrormsg** (errorcode) ;   <graphics.h>
P: int errorcode;
W: Liefert den Text einer Fehlermeldung. (S. 248 u. Beispiel 23.1)

F: void far **_graphfreemem**(ptr, size);   <graphics.h>
P: void far *ptr, unsigned size;
W: Zur Freigabe von dynamisch belegtem Speicherplatz.

F: void far * far **_graphgetmem**(size);   <graphics.h>
P: unsigned size;
W: Zur dynamischen Belegung von Speicherplatz.

F: int far **graphresult**(void);   <graphics.h>
P: keine
W: Liefert den Fehlerstatus der letzten Graphikoperation.

F: unsigned far **imagesize**(left, top, right,
                      bottom);   <graphics.h>
P: int left, int top, int right, int bottom;
W: Berechnet die Größe einer Puffervariablen zur Speicherung
    eines rechteckigen Bildausschnittes.

F: void far **initgraph**(graphdriver, graphmode,
                    pathtodriver);   <graphics.h>
P: int far *graphdriver, int far *graphmode,
    char far *pathtodriver
W: Initialisierung des Graphikpaketes. (S. 247 u. Beispiel 23.1)

F: int far **installuserdriver**(name, huge);   <graphics.h>
P: char far *name, int huge (*detect)(void)
W: Zur Installation eigener Graphiktreiber.

F: int far **installuserfont**(name);   <graphics.h>
P: char far *name
W: Zur Installation eigener Vektorzeichensätze.

F: void far **line**(x1, y1, x2, y2);   <graphics.h>
P: int x1, int y1, int x2, int y2
W: Zeichnen einer geraden Linie. (S. 252 u. Beispiel 23.2)

F: void far **linerel**(dx, dy);   <graphics.h>
P: int dx, int dy
W: Zeichnen einer Linie relativ zur momentanen Cursorposition.

F: void far **lineto**(x, y);   <graphics.h>
P: int x, int y;
W: Zeichnen einer geraden Linie ab der momentanen Cursorposition.

F: void far **moverel**(dx, dy);   <graphics.h>
P: int dx, int dy;
W: Bewegt den Cursor relativ zu seiner momentanen Position.

F: void far **moveto**(x, y);   <graphics.h>
P: int x, int y
W: Setzt den Graphikcursor auf bestimmten Punkt.

F: void far **outtext**(textstring);   <graphics.h>
P: char far *textstring;
W: Gibt Text ab der momentanen Cursorposition aus.

F: void far **outtextxy**(x, y, textstring);   <graphics.h>
P: int x, int y, char far *textstring;
W: Gibt Text ab (x,y) aus.

F: void far **pieslice**(x, y, stangle, endangle,
                              radius);   <graphics.h>
P: int x, int y, int stangle, int endangle, int radius
W: Zeichnet einen gefüllten Kreissektor. (S. 262 u. Beispiel 23.9)

F: void far **putimage**(left, top, bitmap, op); <graphics.h>
P: int left, int top, void far *bitmap, int op;
W: Kopiert den Inhalt einer Puffervariablen bitweise in einen
    rechteckigen Bildausschnitt.

F: void far **putpixel**(x, y, color);   <graphics.h>
P: int x, int y, int color;
W: Zeichnet einen Punkt. (S. 254 u. Beispiel 23.5)

F: void far **rectangle**(left, top, right, bottom); <graphics.h>
P: int left, int top, int right, int bottom;
W: Zeichnet ein Rechteck. (S. 252 u. Beispiel 23.2)

F: void far **restorecrtmode**(void);   <graphics.h>
P: keine
W: Setzt den Videomodus wie vor Start des Graphikpaketes.

F: void far **sector**(X, Y, StAngle, EndAngle,
                            XRadius, YRadius);   <graphics.h
P: int X, int Y, int StAngle, int EndAngle,
    int XRadius, int YRadius;
W: Zeichnet einen gefüllten Ellipsensektor. (S. 262 u. Beispiel 23.9)

F: void far **setactivepage**(int page);   <graphics.h>
P: int page
W: Legt die Graphik-Speicherseite fest.

F: void far **setallpalette**(palette);   <graphics.h>
P: struct palettetype far *palette;
W: Setzt sämtliche Einträge einer Farbpalette.

F: `void far` **`setaspectratio`**`(xasp, yasp );`   `<graphics.h>`
P: `int xasp, int yasp;`
W: Verändert das Höhen-/Seitenverhältnis des Bildschirms.

F: `void far` **`setbkcolor`**`( color);`   `<graphics.h>`
P: `int color;`
W: Setzt die Hintergrundfarbe des Bildschirms.

F: `void far` **`setcolor`**`(color);`   `<graphics.h>`
P: `int color;`
W: Setzt die Farbe für folgende Zeichenaktionen.

F: `void far` **`setfillpattern`**`(pattern, color);`   `<graphics.h>`
P: `char far *pattern, int color;`
W: Ermöglicht die freie Definition von Mustern für Flächenfüllungen.
    (S. 261 u. Beispiel 23.8)

F: `void far` **`setfillstyle`**`(pattern, color);`   `<graphics.h>`
P: `int pattern, int color;`
W: Setzt ein Muster zur Flächenfüllung. (S. 259 u. Beispiel 23.7)

F: `unsigned far` **`setgraphbufsize`**`(bufsize);`   `<graphics.h>`
P: `unsigned bufsize;`
W: Legt die Größe des Puffers für Flächenfüllungen und Polygone fest.

F: `void far` **`setgraphmode`**`(mode);`   `<graphics.h>`
P: `int mode;`
W: Schaltet in einen Graphikmodus um und löscht den Bildschirm.

F: `void far` **`setlinestyle`**`(linestyle, upattern,`
                            `thickness);`   `<graphics.h>`
P: `int linestyle, unsigned upattern, int thickness;`
W: Setzt die Linienart und -dicke für folgende Zeichenaktionen.
    (S. 256 u. Beispiel 23.5)

F: `void far` **`setpalette`**`(colornum, color);`   `<graphics.h>`
P: `int colornum, int color;`
W: Ändert einen Eintrag der momentanen Farbpalette.

F: `void far` **`setrgbpalette`**`(colornum, red, green,`
                            `blue);`   `<graphics.h>`
P: `int colornum, int red, int green, int blue;`
W: Ändert einen Eintrag der momentanen Farbpalette für den IBM-
    Adapter 8514.

F: `void far` **`settextjustify`**`(horiz, vert);`   <graphics.h>
P: `int horiz, int vert;`
W: Legt die Ausrichtung von Textausgaben durch `outtext()` und `outtextxy()` fest. (S. 265 u. Beispiel 23.11)

F: `void far` **`settextstyle`**`(font, direction,`
                          `charsize);`   <graphics.h>
P: `int font, int direction, int charsize;`
W: Legt Zeichensatz, Schreibrichtung und Zeichengröße für folgende Textausgaben fest. (S. 264 u. Beispiel 23.10)

F: `void far` **`setusercharsize`**`(multx, divx, multy,`
                          `divy);`   <graphics.h>
P: `int multx, int divx, int multy, int divy;`
W: Legt Vergrößerungsfaktoren für Graphik-Zeichensätze fest.

F: `void far` **`setviewport`**`(left, top, right,`
                          `bottom, clip);`   <graphics.h>
P: `int left, int top, int right, int bottom, int clip;`
W: Setzt ein Graphik-Zeichenfenster.

F: `void far` **`setvisualpage`**`(page);`   <graphics.h>
P: `int page;`
W: Wählt eine Graphik-Speicherseite zur Anzeige aus.

F: `void far` **`setwritemode`**`(mode);`   <graphics.h>
P: `int mode;`
W: Legt fest, ob Zeichenoperationen mit `line()` überschreiben oder mit XOR arbeiten.

F: `int far` **`textheight`**`(textstring);`   <graphics.h>
P: `char far *textstring;`
W: Liefert den vertikalen Platzbedarf eines String in Pixeln. (S. 258 u. Beispiel 23.6)

F: `int far` **`textwidth`**`(textstring);`   <graphics.h>
P: `char far *textstring;`
W: Liefert die Breite eines String in Pixeln. (S. 258 u. Beispiel 23.6)

D. Literatur

[1a] Turbo C, Band 1, Benutzerhandbuch, Heimsoeth & Borland, 1989
[1b] Turbo C, Band 2, Referenzhandbuch, Heimsoeth & Borland, 1989

[2] B.W. Kernighan/ D.M. Ritchie, Programmieren in C, Hanser, 1983

[3] C.L. Tondo/ S.E. Gimpel, Das C-Lösungsbuch zu Kernighan & Ritchie,
     Hanser, 1987
     Die reichlich kommentierten Lösungen zu den Aufgaben aus [2].

[4] A.R. Feuer, Der C-Trainer, Hanser 1988
     C-Training anhand von 12 ausführlich entwickelten Modellprogrammen.

[5] L.H. Miller/ A.E. Quilici, C in der Praxis, Oldenbourg 1989
     Ein breit angelegtes Lehrbuch über C.

[6] M.I. Bolsky, C tabellarisch. Hanser u. Prentice-Hall, 1987
     Eine sehr knappe, formelmäßige Beschreibung von C.

[7] R. v. Ammon/ M. Fröhlich, C-Tools - Werkzeuge für die Programmierung in
     C, Hanser 1987
     Eine nützliche Sammlung von C-Tools speziell für MS-DOS (für Fortge-
     schrittene).

[8] J. Purdum/ T. Leslie/ A. Stegemoller, Die C-Programmbibliothek, Markt und
     Technik, 1986
     Eine Sammlung von Programmen über Sortierverfahren, Terminalanpas-
     sungen und Dateiverwaltung mit ISAM-Zugriff (für Fortgeschrittene).

[9] Wirth, N., Algorithmen und Datenstrukturen, 3. Aufl., Teubner, 1983
     Sehr empfehlenswert für die fundamentalen Datenstrukturen und Algorith-
     men zum Sortieren, Rekursion und dynamische Informationsstrukturen.

E. Sachwortverzeichnis